나이 들고 싶은 동네

표지 설명

분홍색과 하늘색, 노란색 등 따뜻한 색상의 배경 위에 이 책에 등장하는 사례들을 잘 보여주는 삽화가 그려져 있다. 가장 상단에는 야자 이파리 치마를 입은 두 여성과 누런 털의 강아지가 훌라를 추고 있다. 그들 뒤로는 붉은색 히비스커스와 노란색 꽃이 그려져 발랄한 분위기를 더한다.

중앙에는 성인용 보행기에 의지해 걷는 회색 머리의 노인이 앞치마를 두른 사람의 보조를 받고 걷고 있다. 회색 머리의 노인은 손을 들어 반대편의 휠체어 이용자에게 인사를 건네는데, 그 역시 앞치마를 두른 고양이의 보조를 받고 있다. 짧은 뽀글 머리의 휠체어 이용자를 지원하는 고양이는 노란 빛깔 털을 지녔다.

가장 하단에는 쪽머리를 한 할머니가 탐스러운 꽃다발을 들고 지팡이를 짚고 있다. 할머니를 지원하는 사람 역시 꽃다발을 들고 있으며, 걸어가는 두 사람 뒤로 집이 두 채 그려져 있다. 그 옆에는 왕진 가방을 들고 가운을 입은 의사가 어딘가로 걸어가고 있다.

왼쪽 상단 하늘색 박스 안에 이 책의 제목 '나이 들고 싶은 동네'가 굵은 정사각형의 글씨체로 쓰여 있다. 그 아래에 흰색 박스 안에는 부제 '늙고 혼자여도 괜찮은 돌봄의 관계망 만들기'가 쓰여 있다. 이 책을 쓴 저자 '유여원'과 '추혜인'의 이름은 각각 살구색 박스에 담겨 왕진 가방을 멘 의사 위로 놓여 있다. 맨 아래 가장 오른쪽에는 이 책을 펴낸 출판사 '반비'의 로고가 있다.

이 책이 전자책, 오디오북, 점자책 등으로 만들어질 때 표지 디자인을 전달할 수 있도록 간단한 표지 설명을 덧붙인다.

추천의 글

서울시 은평구는 살기가 어때? 누군가 이렇게 물어볼 때마다 항상 대답한다. "여긴 '살림'이 있어." 살림의료복지사회적협동조합이 있다는 건, 믿고 다닐 수 있는 병원이 있다는 것 이상이다. 아무도 혼자 건강할 수 없다는 걸 아는 이들이 각자의 삶을 허물어 함께 만들어나간, 견고하게 쌓아 올린 대안적 삶이 여기 있다는 얘기다. 여기에는 무슨 일이 있으면 서로 손을 뻗어줄 사람들이 있고, 운동, 뜨개질, 공부 등 언제든 무엇이든 작당할 수 있는 사람들이 있다. 그리고 이것을 개개인의 선의에 의지하는 게 아니라 시스템으로 만들어냈다. 이게 무영(추혜인)과 어라(유여원)가 사람들과 함께 만들어낸 '노후 대책'이다. 대안이 없다고 말하는 사람에게 이 책을 권하고 싶다. 여기에 가부장제와 자본주의를 넘어서는 대안이 있다.—권김현영(여성학자)

이 책은 용감한 여성들이 서로의 곁을 지키며 만들어낸 커다란 변화의 이야기다. '살림은 우리의 노후 준비'라는 마음으로 무모해 보이는 도전을 시작한 이 배짱 좋은 비혼 여성들은 여성주의 의료와 돌봄으로 서로를 겹겹이 에워싸고 보호하는 구조를 끝내 만들어냈다. 살림에선 의료가 진료실에 갇혀 있지 않고 돌봄이 의료의 하위 개념이 아니다. '끝까지 자기답게 살다가 아는 얼굴들 사이에서 세상을 떠날 수 있는 동네'라니. 이야말로 요즘 주목받는 '통합돌봄'이 궁극적으로 도달해야 하는 모습이 아닌가. 진심 부럽고 감탄스럽다. 나도 살림이 만들어낸 것과 같은 돌봄 공동체 동네에서 살다 죽고 싶다.—김희경(작가)

이 책을 읽으며 돌봄이 선순환하는 마을 공동체가 눈에 보였다. '살림'이라는 씨앗이 서울시 은평구에 깊이 뿌리내려 수많은 사람이 두루 혜택을 누리는 호혜의 생태계를 이뤘기 때문이다. 천혜의 원시림으로 뭇 생명의 터전이 되어주는 제주 곶자왈처럼, 조합원 한 사람 한 사람이 생각·자본·노동의 협동으로 키워낸 살림은 숱한 생명을 연결하여 품고 돌보는 치유의 숲을 이뤘다. 어라와 무영은 협동을 싹틔우는 살림꾼이자 좋은 조직문화로 향하는 길을 소개하는 안내자

다. 그들과 함께 걸으며 건강한 돌봄을 주고받는 공동체가 곳곳에서 생겨나길 희망한다.—생각비행(조합원)

여성주의자로 행복하게 살기 위해서는 은행, 병원, 농장, 학교, 정당이 필요하다며, 하나하나 만들어가겠다던 어라의 씩씩한 목소리를 들었을 때가 스무 살 즈음이었다. 끝내주게 무모한 꿈이라고 생각했다. 하지만 한국에서 자란 내 또래의 여자아이가 그런 꿈을 꿀 수 있다는 것에 충격을 받은 나는, 이왕이면 그 호방한 꿈 가까이에 살고 싶었다.

    어라, 무영의 여성주의자 친구로서 살림이 만들어지는 과정을 지켜보고, 조합원이 되고, 대의원을 하며 살림의 현재를 만들어가는 일부가 되는 경험을 할 수 있었던 것은 크나큰 기쁨이었다.

    살림의 사람들이 기꺼이 서로에게 내어준 몸과 마음, 그 시간의 역사를 떠올리며 삶의 두려움을 견딜 힘을 얻는다. 내가 바라는지도 몰랐던 이 마을에서 나도 늙어갈 용기를 얻는다. 한 아이를 키우는 데 온 마을이 필요하다는데, 어른을 키우는 데도 마찬가지 아닐까?—니나(조합원)

안심하고 나이 들 수 있는 마을. 그 한 문장에 매료되어 살림조합원이 됐다. 몇 년 후, 정신 차려보니 조합의 이사를 맡고 있었다.(무서운 곳이다.) 몇 년의 감상을 한 줄로 요약하자면, '공동체, ×나 어렵다.'이다. 안심하고 나이 드는 마을은 누가 거저 주는 게 아니라, 직접 만들어야 하는 거였다. 회의에서 언젠가 나온 말이 있다. "쉬워서 하는 게 아니라 필요하니까 한다." 참 맞는 말을, 심지어 멋지게 한다.(정말 무서운 곳이다.) 책에는 쉬워서가 아니라 필요하기에 만들어간 살림의 장면이 빼곡하다. 공동체 어렵다며 징얼대다가도 이들의 이야기를 따라가며 정화된다. 쉽지 않은 일들을 늘 명랑하고 뜨겁게 해내고야 마는 이곳을, 이 사람들을 만날 수 있어서 안심이다.—은아(조합원)

몇 해 전까지 나는 혼자 쓸쓸히 맞는 죽음을 두려워하며 잠을 설쳤다. 노쇠한 엄마와 아빠를 돌보는 데 나의 젊음을 다 써버린 다음을 말이다. 앞으로도 사람들과 웃고 울고 맛있는 음식을 먹으며 대화하다가 삶을 마무리하고 싶은데, 그게 그렇게 사치인가! 다행히 이런 생각을 하는 건 나뿐만이 아니었다.

남미를 여행하면서도 쿠바의 병원을 답사하고, 형형하며 선량한 눈빛으로 사람들을 설득한다. 그렇게 모인 사람들이 또 머리를 맞대어 일구어낸 협동조합과 조합원이 있다. 누구는 상상하지 못하거나 허황되다고 여겼던 모습이 살림에서 실현되고 있다. 책을 읽는 내내 함께 서로를 돌보는 삶이 조직된 실체로 존재한다는 사실에, 내가 그 조직의 일원이라는 사실에 어찌나 안도했는지. 살림의원에 다니고, 조합원 활동에 참여하며 느낀 기쁨에 살림의 내일을 향한 궁금증과 책임감까지 더해졌다. 협동조합을 통해 나의 소망을 사치가 아닌 현실로 만들기 위해서 조합원인 나부터 고민하고 행동해야 하기에.

지금 나는 되고픈 모습이 많다. 도와달라는 말을 망설이지 않고 기꺼이 타인의 도움을 감사히 받는 나, 흰머리 휘날리면서 근육을 키우는 나, 훌라 춤과 풋살 그리고 원하는 무엇이든 하다가 아는 사람들 곁에서 삶을 마무리하는 나. 나답게 나이 들기 위해 할 수 있는 걸 해나가는 조합원들 덕에 이제 나이 먹는 게 두렵지 않다.―참새(조합원)

살림의 조합원이 되고 나서 '살림을 조금 더 일찍 알았더라면 좋았을 텐데.'라고 여러 번 생각했다. 살림을 조금 더 일찍 알았더라면 나는 지금보다 더 좋은 사람, 좋은 이웃이 되었을 거라고 확신한다. 살림이 대체 뭐길래? 살림 덕분에 나는 차별 없는 세상을 위해 여성주의의 관점이 필요하다는 걸 확신하게 되었다. 살림 덕분에 나는 돌봄에 전혀 관심 없던 사람에서 돌보는 인간으로 조금씩 진화 중이다. 내 인생에 살림이라는 든든한 지원군이 생겼다!

그러잖아도 살림을 조금 더 일찍 만나지 못해 한이었는데, 책을 읽고 나니 살림의 역사에 일찍 함께하지 못한 것이 못내 아쉽다. 살림에서 활동하는 지금도 다른 곳에선 엄두도 못 내는 일을 살림은 쉽게 해낸다는 경이를 이따금 느끼는데, 많은 시행착오를 거치면서 만들어온 살림의 문화 덕분일 테다. 살림에서는 최면에 걸린 듯이 협동하고 싶고, 다른 사람에게 잘해주고 싶고, 용기를 내보고 싶고, 막 웃게 된다. 건강하게 살고 싶다는 보통의 목표로 운동 프로그램을 찾아 두드렸던 살림의 문, 그 안에는 상상하지 못한 세계가 있었다. 어라는 "책을 쓰면서 살림과 살림의 사람들을 더욱 사랑하게 되었다."라고 말했는데 나 또한 두 사람의 글을 읽으면서 살림을 더욱 사랑하게 되었다.―보라(조합원)

차례

추천의 글 5
들어가며 15

1장 이대로 나이 들어도 괜찮을까

어쩌다 여기까지 왔을까 23
우리의 노후 준비 29
연결되고 싶어서 35
이상한 환자들: 멀리 살아도 탈퇴하지
않는 조합원 39

2장 돌보는 힘을 키우는 마을

일주일 동안의 미니 호스피스 병동 47
서로가 있어 나다운, 돌봄장 같이 쓰기 56
살림의 함께돌봄 어벤저스 62
질병만이 아니라 사람을 67
삶을 바꾸는 공부, 여성주의학교 73
기계가 아니라 관계로 건강해집니다 80
근육 부자가 찐 부자야! 88
산소 같은 모임, 오투 92
맑은 눈의 광인들, 살림FC 100
불광천을 달리는 사람들 105
두 번의 결혼식과 한 번의 장례식 111
임종을 준비하기 120
사전연명의료의향서가 제대로 쓰이려면 127
돌봄에 대한 공적·사적·인간적 대화, 돌봄살롱 134
살림이 꿈꾸는 돌봄의 미래 139

3장 병이 아닌 사람을 돌보는 의원

한글을 배우니 혈당 수치가 좋아졌다 149
차별과 혐오가 없어야 건강하다,
여성주의 의료 153
질적으로 다른 사이 158
약은 먹고 다니냐 162
숫자가 보여주지 못하는 것들 167
왕진 가방을 들고 찾아가는 진료실 173
주민 1024명의 주치의가 알려준 것 178
주민과 함께하는 약제 심의 183
골다공증약 하나를 도입하기까지 190
HIV 감염인 치과 진료 세팅기 196
성소수자 친화적 클리닉 207
모두를 위한 화장실 만들기 213

4장 돌봄과 의료 사이에서

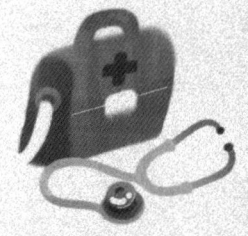

건강한 나, 건강한 이웃, 건강한 마을 225
중간집, 케어B&B라는 실험 234
토요일엔 서로돌봄카페 243
신기한 처방 251
진료실에서 이뤄지는 제안들 255
팀주치의로 함께하는 돌봄 260
돌보는 사람을 돌보기 268
의사의 수가 늘어난다면 272

5장 이제 우리가 만들어간다

PPT의 시작은 넘어지는 사람 281
우리는 3을 좋아해 284
애벌레가 나비가 되면 289
불법 의료생협들과의 악연 299
이름을 정하던 날 306
이름을 정한 후의 걱정들 310
명물 간호사의 입사 면접 314
조직도의 변천 318

6장 협동으로 지속 가능해지는 우리

협동조합을 하는 사람들 325
이름만 파티? 329
선거 투표권을 갖기까지 334
협동조합이 돈을 모으는 방법 339

사회적 가치와 재무적 가치의 조화 348
노동의 협동으로 해석하는 속담 353
자기방어 자경단 357
직원들의 자기방어훈련 362
아가씨라 불리기 싫다 366
명랑하게 안녕 370
직원들도 명랑하게 안녕 374
접으려고 해도 힘이 필요해 378

나가며 381

일러두기
- 이 책에서 언급된 단행본이 한국에서 번역·출간된 경우에는 국내에 소개된 제목을 따라 표기했다.
- 「팀주치의로 함께하는 돌봄」과 「의사의 수가 늘어난다면」은 《은평시민신문》에 기고한 글 「팀주치의로 함께하는 재활치료」와 「어떤 의사가 늘어나야 하는가?」를 다듬어서 실었다.

들어가며

여느 떡집의 풍경과 달랐다. 여기저기 의자에 둘러앉아 열심히 운동하는 이들, 머리가 하얗게 센 어르신 부부의 열중하는 표정. '건강이웃'의 사례로 등장한 사진이었다. 무슨 사연일까 싶은 이 장면이 가능했던 건, 건강이웃 애경 님(가명)의 용기 덕분이었다.

'건강이웃'은 살림의료복지사회적협동조합(이하 '살림')에서 진행하는 노인 일자리 사업의 참여자를 일컫는 말이다. 주 열다섯 시간, 둘씩 짝을 지어 하루에 두 가구를 방문한다. 방문 가정에는 대개 건강이웃보다 더 연로한 이들이 산다. 나이가 들며 자연스럽게 노쇠해졌거나 파킨슨이나 치매가 있는, 장애인 가족과 함께 살고 있는 이들이다. 같이 근력운동과 관절을 움직이는 관절가동운동을 한다. 꽤 땀이 난다. 일주일에 한 번씩 꾸준히 만나오다보니 이제는 웬

만한 친구 저리가라다.

애경이 떡집 문을 두드린 건, 2025년 초였다. 건강이웃으로서 어르신 댁에 가서 운동과 인지 활동만 진행하면 되는 줄 알았더니…… 웬걸, 운동을 같이할 어르신을 찾아오란다! 아니, 이것도 일인데 직장에서 알아서 딱딱 일거리를 줘야지, 나더러 직접 찾아오라니! 처음엔 황당했지만 이게 건강이웃의 진짜 취지라고 하는 게 아닌가.

물론 주민센터나 치매안심센터, 보건소에서도 건강이웃의 방문이 필요한 어르신을 많이 연결해주고, 동네 통장·반장들도 평소 걱정하고 챙기는 어르신을 소개해주었다. 하지만 건강이웃들이 직접 발품을 팔아 내 주변에서 운동이 필요한 어르신을 찾아내는 게 그보다 더 중요하단다. 그 얘기에 또 설득이 되어서 건강이웃이 필요한 어르신을 찾아나선 길이었다.

나는 건강이웃이야, 그러니까 동네에서 도움이 필요한 사람을 찾아내자. 못내 압박감을 느끼며, 길을 걸어다니면서도 마주 오는 사람의 얼굴을 유심히 본다. 집으로 찾아와 운동을 함께할 이웃이 필요한 분 어디 없나. 골목 골목 뒤져보기도 한다. 출근하며 오가는 길목에 위치한 떡집, 애경의 눈에 그 안에 앉아 있는 가족들이 들어왔다. 노부부와 중년의 남자 사장. 아무 표정이 없이 매일 똑같이 앉아 있는 그들의 모습.

실은 애경은 우울증을 앓은 적이 있다. 오랜 기간 겪은 우울증에서 서서히 회복되면서 건강이웃 일자리도 신청하게 되었다. 15년 만의 사회생활이었다. 떡집에 있는 사람들의 얼굴을 보며 생각했다.

'나는 저 얼굴을 알아. 내가 거울 속에서 자주 보던 표정이야.'

거절당하면 어쩌지 망설일 겨를도 없이 애경은 떡집 문을 열고 들어갔다.

"혹시 저랑 같이 일주일에 한 번씩 운동하실래요? 제가 떡집으로 매주 찾아올게요."

긴 설득이 필요하지 않았다. 가족들은 마치 기다렸다는 듯이 반겼고, 그때부터 매주 한 번씩 떡집에는 운동 수업이 열리기 시작했다. 초기 치매인 어머님은 4층 가정집에서 1층 떡집에 내려와 하루 종일 있는 것이 일과의 다였지만, 그래도 집에 혼자 있는 것보다는 떡집에 앉아 거리 풍경이라도 보는 것이 좋았다. 저혈당으로 쓰러지기 전까지는 하루에 만 보씩은 걸었다는데, 요즘은 기력이 옛날 같지 않다.

아버님은 운동하러 갈 때마다 항상 너무 열렬히 반겨

주신다. 운동도 어쩜 이렇게 열심히 하시는지 애경은 도리어 고마움을 느낀다. 일견 무뚝뚝해 보였던 중년의 아들도 시간이 지나니 표정 아래 숨은 부드러움을 알아볼 수 있게 되었다. 지나가면서 그냥 스쳐볼 때는 몰랐는데, 막상 같이 한 시간이 쌓이고 보니 여간 표정이 다채로운 게 아니다.

 어떻게 이런 관계가 가능할까. 애경은 떡집 문을 열고 들어간 용기가 '압박'에서 나왔다며 웃는다. 매주 건강이웃 사례 회의를 하면서, 다양한 방법으로 방문할 어르신을 찾아내고 함께 운동하며 달라지는 동료들의 경험을 듣다 보면 그렇게 된단다. 월급 받기 참 쉽지가 않네!

 매주 만나도 그때마다 누구냐고 성내는 인지저하(치매) 어르신의 집에 들어가는 요령, 남자 둘이 짝꿍이라 상대가 오해할까 봐 "저희 이상한 사람들 아니고요. 작업 거는 것도 아니고요. 물건 팔려는 것도 아니에요."로 인사를 건네는 전문성, 운동을 위해 조금씩 앉을 자리만 정리하자고 제안한 끝에 저장강박이 있어 물건을 산처럼 쌓아둔 할머니의 집이 몇 달에 걸쳐 깨끗해진 사연 등. 건강이웃의 수많은 사례가 살림 여기저기에 퍼지며 살림의 주치의들도 이를 듣게 됐다. 당장 정신건강의학과 의사 송송은 굵은 눈물방울부터 보인다.

"병원에서 환자 자조 모임 같은 거 만들려고 정말 애를 쓰거든요. 동네에서 평범한 동네 주민들이 이런 역할을 다 한다는 게……."

말끝을 흐리는 송송을 따라 옆에 있던 가정의학과 의사인 미지도 와락 울기 시작했다. 이런. 살림에서 일하는 의사들은 너무 쉽게 울어서 큰일이라며 놀리려고 바람을 잡던 나머지도 결국 참지 못하고 울어버렸다. 맞아, 이게 우리 병이지. 옆 사람이 울면 따라서 우는 병.

동네 사람들이 서로를 건강하게 챙기고, 이 모습을 본 주치의들이 감동 받아 더욱 열심히 일하는 곳. 살림은 그런 곳이다. 지역 주민의 자본으로 의료기관을 운영하고 지역 안에 돌봄이 흐를 수 있도록 돌봄의 관계망을 조직한다. 의료와 돌봄 사이에 다리를 놓는 이 협동조합은 무엇보다 안심하고 나이 들고 싶은 마을을 만들고자 한다.

그렇다. 이것은 '나이 들고 싶은 동네'를 함께 만들어가는 우리들의 이야기다.

1장
이대로 나이 들어도 괜찮을까

어쩌다 여기까지 왔을까

(우요일)

시작은 단순했다.

    대학에 입학하면서 새롭게 알게 된 여성주의가 너무 흥미롭고, 여성주의자 친구들과 함께 후진 세상을 욕하며 여러 활동을 도모하는 것도 다 너무 재밌는데, 여성주의자로 살아가는 것이 구만리였다. 이렇게 100살까지 행복하게 살려면 뭐가 필요하지? 이런 궁리를 모여서 하다 보니, 공통으로 꼽는 다섯 가지가 있었다. 은행, 병원, 농장, 학교, 정당이었다.

    은행이 곧바로 떠오른 건, 한때 도쿄에 있었다는 여성주의 은행의 소문과 신용도가 낮다며 대출을 받지 못했던 친구들 때문이었다. 간신히 대출을 받더라도 눈이 휘둥그레질 정도의 높은 이율로 돈을 빌릴 수밖에 없었는데, 그 이자가 몹시도 아까웠다.

이 친구들은 여성주의 활동을 남부럽지 않게 꽉꽉 채워가며 해왔고 약속도 일정도 마감도 잘 지켜왔다. 우리 사이에서는 절대로 돈을 떼먹지 않을 거라며 깊이 신뢰 받고 있는데도 사회는 번 돈도 많지 않고 경력도 불투명한 사람으로 취급했다. 이들의 신용도를 우리라도 알아주자! 그리고 삶에는 돈이 꼭 필요한 순간이 있으니 우리 스스로 돈을 모아 여성주의자들에게 적절한 이율로 빌려주자! 이런 마음으로 은행을 만들자고 생각했던 것이다.

정식 은행을 만들기 전에 연습부터 했다. 대학에 다니는 동안 친구들과 모은, 많다면 많고 적다면 적은 돈을 누군가의 자취방 보증금으로 급히 대주기도 하고, 유학 자금이 모자라거나 병원비가 필요한 친구들에게 건네기도 했다. 공중화장실의 급전 대출 광고를 보고 연락했다가 원금을 넘기도록 불어나는 이자에 마음 졸이던 친구가 그 덕분에 다시 평온한 일상을 되찾기도 했다. 8년여에 걸친 여성주의 은행이라는 작은 실험. 돈을 보태는 사람도 빌리는 사람도 적지 않았지만, 단 한 건의 미수금도 없었다. 사람에 대한 단단한 믿음을 마음 가득 채우는 놀라우면서도 뿌듯한 경험이었다. 대학을 졸업하고 여성주의 문화운동 단체 '언니네트워크'에서 상근 활동가로 사회생활을 시작할 때까지만 해도,

이 일을 더 키워서 계속하고 싶었다.

2006년 여성주의 포털 사이트 '언니네'에서 우연히 무영(추혜인)의 이름을 보고 쪽지를 보냈다. 무영과는 대학에서 반성폭력 운동을 하면서 조우한 사이였다. "올해 언니네트워크 페미니즘 캠프 기획단으로 함께 활동하지 않을래?" 몇 년 만에 처음 하는 연락이었다.(나는 캠프 기획단장이었다.) 의대 본과 4학년 생활로 눈코 뜰 새 없었을 무영은 놀랍게도 페미니즘 캠프에 합류했고, 이후 함께 활동하게 되었다. 이때 나의 화두는 '비혼'이었고, 무영의 화두는 '여성주의 병원'이었다. 두 가지 화두는 '결혼하지 않고 나이 들어서까지 건강하고 행복하게 여성주의자로 살려면 병원이 필요하다.'라는 결론으로 모였다.

무영은 의대에 다니는 동안 의대생과 의사 들을 모아 여성주의 의료 세미나를 해보았지만 공부만으로는 조직하기 어렵겠다고 느꼈다. 의료협동조합을 만들고 싶은데 의료인만으로는 쉽지 않았다. 그래서 나에게 조직 활동가로서 함께해달라고 제안했다. 은행, 학교, 농장, 정당 등은 차차 만드는 것으로 하고, 우선 병원부터 시작해보자. 무영도 곧 의사가 될 테고 함께 뜻을 모을 다른 의사들도 알고 있다는 솔깃한 이야기에 "그래? 일단 병원부터 해볼까?" 하고 쉽게 대답한 것이 지금까지 오게 될 줄이야…….

20대 중반이었던 그때는 5년이면 병원 하나를 만들 수 있을 줄 알았다. 5년 동안 병원을 만들고 그다음에 은행이나 학교도 착착 만들어가자. 하지만 착각이었다.

이제는 안다. 만드는 데야 5년이면 될 수도 있지만, 그 이후가 진짜 본 게임이라는 걸. 만드는 것보다 유지하는 게 더 어렵다는걸. 살림을 만들 때의 초심과 지향을 지키면서도 사회적 기업으로서 지속 가능하게 사업을 운영하고 직원들에게는 괜찮은 직장이 되기, 점점 더 많은 사람이 살림이라는 공동체에 합류할 수 있도록 환영하는 조직이 되기. 그건 그만큼 살림도 계속 변화해야 한다는 뜻이었다. 다양한 사람들과 여성주의를 기반으로 공동의 꿈을 꾸고 일궈나가는 일은 얼마나 흥미진진하면서도 피와 땀과 눈물로 가득한지, 그때는 상상조차 못 했다.

여성주의자로서 처음에 계획한 다섯 가지 꿈은 살림에 잔잔히 스며들어 있다. 대학이 아닌 지역에서 여성주의 입문 수업을 받을 기회를 제공하자며 여성학 박사 시타를 강사로 모셔 2010년부터 시작한 '여성주의학교'는 15년이 넘게 매년 열려왔다. 일주일에 1회, 3시간씩 10강이라는 밀도 높은 과정이지만 '내 삶을 바꾸는 공부, 세상을 바꾸는 여성주의'라는 슬로건 그대로 자신의 삶을 바꾸는 사람들이 해마다 새롭게 등장한다. 그 덕에 살림도 사회도 조금씩 더 변화한다.

살림에서 가장 먼저 만들어진 건강 소모임 중 하나였던 '주렁주렁'은 텃밭 농사를 함께 짓는 여성주의 농장이라는 꿈의 한 조각에서 시작되었다.

여성주의 정당에 대한 꿈도 버릴 순 없다. 살림에서는 선거철에 후보자에게 보건의료와 돌봄에 관한 정책을 제안하고 답변을 요청하거나, 정책 톺아보기 자리를 마련하기도 한다. 여성을 포함한 소수자가 의료와 건강, 돌봄에 관한 접근성을 법과 제도로 보장받게끔 하고 거기에 자원이 배분되게 하는 것, 우리가 바라는 정치가 이루어지도록 요구하는 일은 여전히 너무 중요하다.

여성주의 은행이라는 꿈은, 매년 총회에서 조합원의 합의하에 잉여금 일부를 직원복지기금에 적립하고 이 기금을 낮은 이율로 직원들에게 대출해주는 제도가 되었다. 간절하게 꿈꿨던 일들은 꼭 그대로는 아니더라도 나름의 생명력을 가지고 하나하나 자리 잡는 것 같기도 하다.

물론 살림이 모든 일을 다 할 필요는 없고 그것은 가능하지도 않다. 하지만 세상은 넓고 여성주의자는 다양하니,

우리와 비슷한 꿈을 꾸고 있거나 이미 그 꿈을 실현한 사람들이 반드시 있을 거라고 생각한다. 우리가 생각하지 못했던 활동을 하는 사람도, 지금 당장 참여하지는 못하더라도 조용히 응원하고 후원하고 있는 사람들도 많을 것이다.

불안한 미래, 걱정되는 노후, 종종 찾아오는 고립감이 하나도 없는 삶은 예나 지금이나 상상하기 어렵다. 하지만 가망 없는 꿈일지라도 '되나 안되나 한번 해보지, 뭐.' 하는 마음은 있었다. 일을 벌이고 나니 외로울 시간도 부족했다. 그리고 "그런 꿈이라면 나도 뭔가 해볼 수 있을 것 같은데?"라며 함께해준 이들이 있었다. 각기 다른 모양의 알맹이들이 모여 데굴데굴 굴러가며 부딪치기도 하고 합쳐지기도 하며 여러 모양을 만들어온 시간, 그 시간만큼은 조금 덜 불안하고 덜 걱정했던 것 같다.

우리의 노후 준비

(무영)

"왜 이렇게 살기로 했나요?" 혹은 "어떤 이유에서 살림을 같이 만들었나요?"라는 질문에 우리는 언제나 이렇게 답했다. 이건 우리의 '노후 준비'예요.

언니네에서 활동하는 사람들의 이야기를 엮어낸 책 『언니네 방 2』에서 무영은 썼다.

> 스스로 건강을 지키기 위해 병원을 만들면 어떨까. 여성들이 5만 원씩 10만 원씩 출자해서 의료협동조합을 만드는 거다. 출자한 여성들은 조합원이 되고 총회를 통해 병원의 운영 방식을 직접 결정한다. (……) 조합원은 원하는 만큼 충분한 시간 동안 의료인과 상담을 할 수 있다. 또한 의료인은 조합원의 가족 관계에 대해 남편이나 부모님이 있는지 묻지 않는 등 기존의 이성애적 혈연관계를

당연하게 여기지 않는다. 의료인은 일주일에 이틀 정도, 혼자 사는 여성 노인과 거동이 불편한 여성을 위한 가정 방문진료를 하고 야간엔 병원을 성폭력 위기센터로 탈바꿈하여 성폭력 피해 여성을 위한 의료 지원을 한다.

병원의 위치는 지하철역 근처, 휠체어로 이동하기 쉬운 곳에 자리한 3층 건물이면 좋겠다. 1층엔 한방 진료실, 2층엔 양방 진료실, 3층엔 조합 사무실과 강당이 있어 조합원은 양한방 협진을 받을 수 있고, 3층 강당에서 열리는 여성을 위한 건강 교실에 참여할 수 있다. (……)

가끔 간호대와 의대 여학생들이 실습을 나와 와글와글 떠들며 여성주의 의료라는 게 무엇인지 배워가기도 하고, 후일 의료인이 되어 근무하고 싶어 하는 생명력 있는 병원을 함께 만들어보면 어떨까. (……)

안락한 노후를 위한 의료 환경에 대해서도 크게 걱정할 일은 없을 듯하다. 왜냐하면 의료협동조합에서 운영하는 진료소와 호스피스 시설이 농장과 실버타운 옆에 있을 테니까. 비혼 여성들이 자신과 친구들을 위해 투자한 시간이, 자존감을 잃지 않는 노후와 평화로운 죽음을 위한 시설로 거듭나니, 이 얼마나 자유롭고 아름다운 노후일 것인가.(언니네 사람들,『언니네 방 2』, 갤리온, 2007년)

아직 의료협동조합 준비도 시작하기 전인 2007년이었다. 채 서른도 되지 않은 우리가 어째서 시종일관 노후 준비에 꽂혀 있었을까.

당시 우리를 비롯한 젊은 비혼 여성들의 목표는 '독립'이었다. 어느 정도 나이가 되면 결혼을 하는 게 당연하게 여겨지는, 또 결혼을 해야만 부모를 비롯한 원가족으로부터 벗어나 자신의 커뮤니티를 꾸릴 수 있던 때다. 결혼과 관계없이 독립하는 것이 우선의 목표일 수밖에 없었다. 전통적인 가족 테두리에서 벗어나려 몸부림친 것까진 좋았는데, 그렇게 빠져나오자마자 텅 빈 돌봄의 자리를 목도하고 말았다. 젊다고 마냥 건강하지는 않다. 아플 때면 당장 병원에 데려가주고 약을 사다 주고 죽을 끓여줄 누군가가 필요하다. 돌봄이 지속적으로 필요해지는 때가 온다면 누구에게 의지하며 살아갈 것인가.

친구의 장례식을 주관하며 "종교색을 빼주세요."라고 했더니, 전통적인 유교식 장례로 하면 되겠냐고 장례지도사가 물어왔다. "아니, 그것도 말고요." 장례지도사의 얼굴에 떠오른 '그럼 어떻게?'라는 표정. 관습에서 벗어나자면 모든 것을 하나하나 새롭게 세워나가야 하는 법이다. 당연하던 돌봄의 관계도, 돌봄의 문법도 새로 만들어가야 했다.

우리의 노후 준비는 구체적이어 보여도 실은 허황된 것이었다. 우리는 순진하게도 의료협동조합을 만들기만 하면 잘 운영될 거라고 믿었다. 그리고 서울 시내에 의료기관이 들어갈 만한 3층짜리 건물을 쉽게 살 수 있을 거라고 생각했다. 우리가 이렇게 현실에 무지했다. 그런데도 점점 더 많은 사람과 함께 20년 가까이 이 길을 걸어가고 있는 것을 보면, 노후 준비에 꽂힌 게 비단 우리만이 아니었다는 거다. 그만큼 많은 이들이 돌봄 받지 못하는 노후를 맞이할까 봐 절박했다는 증명이다.

HIV 감염인 단체로부터 자문을 요청받은 적이 있다. 상대적으로 젊은 감염인이 나이 든 감염인을 돌보게끔 케어러(carer) 양성 교육 사업을 시작하던 차였다. HIV가 만성질환화되어 감염인의 연령이 높아지고 그 수도 늘어나는 시기에 꼭 필요한 사업이었다. 진심으로 감탄했다. 사회적으로 필요한 서비스인 동시에 감염인들의 연대와 자조를 강화하는 활동이기도 했다. 게다가 감염인 커뮤니티만이 아니라 다른 모두를 위해서도 중요한 사업이었다.

돌보는 사람으로서 사업에 참여한 감염인들은 스스로 만들어나가는 돌봄의 체계가 자신의 노후도 지켜줄 버팀목이라는 마음을 가지고 있었다. HIV 감염인은 아무래도 비

감염인에 비해 자녀가 없을 가능성이 크다. 어르신 돌봄은 으레 혈연가족이 맡아야 한다고 여기는 한국 사회에서 자녀가 없는 사람의 존재를 드러내어, 자녀를 전제하지 않은 채로 존엄한 노후를 누리기 위한 필수 돌봄을 기획하는 일은 중요하다. 그것이 결국 자녀가 있는 사람에게도, 심지어 그 자녀들에게도 도움이 되는 일일 것이다.

휠체어가 자유롭게 다닐 수 있는 길에는 유아차도 실버카(성인용 보행기)도 편안하게 다닐 수 있다. 캐리어를 끌고 여행을 가는 발걸음도 더욱 가벼워진다. 높은 연석에 걸려 넘어질 염려가 없어지는 건 당연하다. 보행약자를 위한 조치는 보행에 어려움을 겪지 않는 사람에게도 편리함을 가져다준다!

비혼 여성도 마찬가지다. '결혼하지 않을 우리 비혼 여성들이 노후에도 건강하고 행복하게 살아가려면 무엇이 필요할까?' 이 질문에서 시작된 우리의 꿈이 결혼한 이들에게까지 미치지 않을 리 없다. 결혼을 전제하는 지금 사회의 돌봄 제도와 달리 우리가 만들려는 돌봄의 체계는 결혼을 했든 안 했든, 가족이 있든 없든, 누구나 존엄한 돌봄을 받을 수 있는 체계이기 때문이다.

살림의 여성학 전문 이사 시타와 치과의사 연필은 "우

리가 재벌처럼 돈이 많지 않아도 존엄한 노후를 맞이하기를 원한다면 협동조합 말고는 답이 없는 거 아니야?"라고 늘 얘기한다. 노후 준비는 돈만으로, 제도와 정책만으로 가능하지 않다는 것을 잘 알기 때문에 어떻게 협동조합을 하지 않을 수 있겠냐며 우리는 웃는다.

연결되고 싶어서

(유요원 · 쥬왜인)

살림의 의료기관에서 진료를 받아보니 믿을 수 있고 안심이 되어서 조합원으로 가입하는 이들이 있다. 그런데 의외로 진료를 받은 적 없이 가입하는 이들도 많다. 아무리 그래도 의료기관인데, 진료 한 번 받지 않고 도대체 뭘 믿고 조합원으로 가입하는 걸까. 아직 진료를 받아보진 않았지만 협동조합에서 운영하니까 믿을 수 있을 것 같아서, 가입하는 것만으로도 안심이 될 것 같아서, 여성주의학교에서 수업을 듣고 나니 가입해야 할 것 같아서, 살림을 소개한 책이나 기사를 보니 응원하고 싶어서, 지인이 추천해서…… 그 이유도 다양하다.

은평구로 이사 오면서 동네 지인에게 살림을 소개받아서 가입하는 이들도 있고, 살림을 알게 되어 은평구로 이사 오는 이들도 있다. 이처럼 조합원으로 가입하는 시점도, 이유도 다양하지만, 결국은 '연결되고 싶다'는 것이 가장 큰 이유가 아닐까.

얼마 전 살림에서 방문의료를 받는 두 환자의 가정이 같이 사전연명의료의향서 등록 교육을 받는 자리가 있었다.(사전연명의료의향서에 관해서는 122쪽을 참고하라.) 척추 수술을 받은 이후에 걷지 못하는 환자와 진행성 척수마비로 인공호흡기를 가지고 침대에 누워서 생활하는 환자의 가정이 었는데, 마침 같은 아파트 단지에 살고 있었던 것이다! 사전연명의료의향서팀에서 자원활동을 하는 둘씨가 가정으로 출장을 나가서 상담과 등록을 도왔다.

조합 사무실이 아닌 환자의 가정에서 사전연명의료의향서 등록 교육 시간이 열리고, 다른 가정도 초대되었다. 척수장애가 있는 당사자도 자신의 집에서 열리는 교육이니 휠체어를 타고 참석할 수 있었다.

원래 사전연명의료의향서 상담 시간은 삶과 죽음에 대해 평소 가지고 있던 생각을 나누고 들을 수 있어 뜻깊지만, 모두 입을 모아 좋은 이웃이 생긴 것이 더 좋았다고 했다. 같은 단지에 살고 있으니 휠체어를 타고 함께 산책할 수도 있고, 장애가 있는 생활의 어려움과 돌봄의 어려움을 깊이 나눌 수 있는 동료가 되어주기도 할 것이라고. 살림을 통해 믿을 수 있는 의료·돌봄과 연결되는 것도 소중하지만, 좋은 이웃과 좋은 친구를 만나는 것이야말로 가장 큰 행운이다.

살림의 초대 이사장인 풀씨가 한 조합원 행사에서 축사를 할 때의 이야기다. 살림의 미션과 역사, 오늘 이 행사의 의의에 대해서 말하더니, 갑자기 청중을 향해 질문을 던졌다.

"여기 계신 여러분, 살림을 만나 건강해지셨습니까?"

즐거운 마음으로 그 자리에 참여하고 있는 조합원들은 모두 신이 나서 "네!"라고 크게 답했다. 그렇지, 우리는 살림을 만나 더 건강해졌지. 끄덕끄덕 고개를 주억이는 이들도 있었다. 두 번째 질문이 이어졌다.

"살림에 와서 좋은 사람들을 많이 만나셨습니까?"

더욱 커지고 신이 난 목소리의 "네!"가 공간에 울려 퍼졌다. 그래, 여기서 진짜 좋은 사람들 많이 만났지, 맞아 맞아. 드디어 풀씨가 마지막 질문을 던졌다.

"살림에 와서 나 스스로가 더 좋은 사람, 더 좋은 이웃이 되셨습니까?"

갑자기 모두가 조용해졌다. 너무 큰 정적에 풀씨도 놀랐고 우리도 놀랐다. 전혀 예상하지 못한 질문이었다. 내가 좋은 사람, 좋은 이웃이 아니라고 생각해서가 아니었다. 내가 더 좋은 사람이 되어가고 있는가에 대해서 한 번도 스스로 질문해본 적이 없었기 때문에 뭐라 답해야 할지 몰랐던 것이다. 정적 뒤에 우리는 모두 와르르 웃었다. 좋은 이들과 연결되기를 원해 이 자리에 있는 만큼 나 스스로가 더 좋은 사람이 되어야 할 책임도 있는 거구나. 좋은 사람들의 모임에 속하고 싶다면, 우선 좋은 사람들의 모임을 만들어야 하고, 그런 모임은 참여하는 나부터가 좋은 사람이지 않으면 안 되는 것이다. 협동조합에는 무임승차란 없으니까. 다들 웃으면서 식은땀도 조금 흘렸던 건 안 비밀.

이상한 환자들: 멀리 살아도 탈퇴하지 않는 조합원

(추혜인)

살림 의료기관의 서비스 만족도를 조사한 적이 있다. 우리가 정말 만족스러운, 질 높은 의료서비스를 제공하고 있을까, 이용하는 환자들은 어떻게 느끼고 있을까. 두근두근 긴장하며 결과를 열어보았는데, 웬걸, 전체적으로는 만족도와 신뢰도가 높았지만 조합원의 만족도는 비조합원에 비해 낮았다.

어떻게 해석해야 할까? 조합원이 비조합원보다 불만이 많은 사람들이라서? 그럴 수도 있다. 의료기관을 단순히 이용하는 데 그치지 않고 협동조합의 조합원으로 출자금을 내고 가입하면서까지 적극적으로 참여하는 사람들이니, 좀 더 세상을 바꿔가겠다는 의지가 큰, 달리 말하자면 현재에 불만이 좀 더 많은 사람일 수도 있다. 아니면 원래 기대치가 너무 높았기 때문에? 기존의 의료기관과 엄청 다른 걸

기대하고 가입했는데, 딱히 그게 아니고 일반적인 의료기관과 비슷하다고 느껴서 만족도가 낮은 걸까.

여러 조합원을 만나 그 이유를 물어보았더니 예상하지 못했던 답이 나왔다. 의료서비스 만족도가 조금 낮아도 조합원이기 때문에 다른 의료기관으로 가지 않고 계속 여기에 온다는 것이다. 단지 서비스가 만족스럽다는 이유로 협동조합을 선택한 것이 아니라고 했다. 비조합원들이야 살림의 의료서비스에 대한 만족도가 낮으면 주저 없이 다른 의료기관을 선택하면 되는 사람들이다. 어차피 널리고 널린 게 의원인 마당에 살림을 고집할 이유가 없다. 하지만 조합원들은 다르다. 협동조합을 함께 만들고 운영한다는 책임감을 느낄수록, 설혹 서비스 만족도가 낮더라도 여기를 주치의 의료기관으로 정하고 다닌다는 것이다.

그런 마음이어서일까. 한동안 방문진료만 하다가 거의 1년 만에 외래 진료실로 복귀해서 진료를 보기 시작한 지 며칠이 지나지 않았을 때, 진료를 받으러 온 한 조합원이 나를 보더니 울음을 터뜨렸다.

"언제부터 나오셨어요? 너무 그리웠어요. 원장님 얼굴 보니까 진짜 진짜 좋아요. 그동안 주치의 선생님도 바뀌고 친했던 직원들도 안 보여서 너무 낯설었거든요. 다른 환자들도 원장님 안 계신다고 많이들 옮기고 해서, 나도 다른 의원으로 옮길까 생각하다가도 '아니야, 나라도 여기를 지키고 있자.' 그러면서 계속 다녔어요. 지키고 있으니까 돌아오셨네요."

나도 눈물이 울컥했다. '나라도 지키고 있자'는 마음이야말로 진짜 주인의식이 아닐까. 다른 조합원도 살림의 진료를 다른 의료기관에서의 진료와 다르게 느낀 이유를 말해준 적이 있다. 그녀는 가족 중 의사가 있어 의료서비스를 이용할 때 특별히 불편한 일을 겪은 적은 없었는데도, 살림의 진료는 확실히 다르게 다가왔다고 했다. 그런데 그것은 살림의 의료진이 특별해서가 아니었다.

"나는 협동조합의 조합원으로서 이 의료기관을 이용하는 거니까 아무래도 조합원으로서의, 그러니까 환자로서의 나의 역할이 있다고 생각하는 거지. 이게 다른 의료기관을 이용할 때와는 다른 자세를 만드는 것 같아. 여기는 전담 의사가 내 생활과 건강을 지속적이고 통합적으로 관리하는 주치의 의료기관이니까. 주치의와의 상담이 다른 의사와의 상담보다 더 좋을 것이라고 애초에 믿고 있기도 하지만, 나도 좀 더 적극적으로 진료 전에 준비를 하고 오게 돼. 내 증상과 상황을 주치의가 더 잘 이해할 수 있도록 이야기하려고 하고, 나도 의사나 간호사가 하는 말들을 더 관심 있게 들으려고 하고. 그러니까 환자가 자기 역할이 있다고 생각하면서 병원에 오는지 아닌지가 가장 크게 다른 부분인 것 같아."

주치의-주민 관계가 완성되려면 환자의 역할이 정말 중요한 것이다. 마주 앉은 의사가 '나의 주치의'라고 생각하고 하는 이야기와 당장 오늘 아픈 것만 지나가고 나면 다시 볼 일 없는 의사라고 생각한 상태로 꺼내는 이야기는 다를 수밖에 없다. 처방한 약이 잘 듣지 않을 때, 혹은 약에 부작용이 생겼을 때, 다시 볼 일 없는 의사는 그런 중요한 정보를 들을 기회가 없다. 어느 환자가 굳이 그 얘기를 하러 다시 진료실을 찾겠는가. 그냥 다른 의료기관에 가고 말지. 오히려 '주치의'라서 조금 더 불편한 이야기들을 들을 수 있다. 이런 피드백을 주는 것은 환자의 역할인데, 이 듣기 불편한 피드백이야말로 의사들을 성장시킨다. 협동조합 의료기관이라는 특성이 환자의 조합원으로서의 자기 주체성을 만드는 데 결정적인 것이다.

멀리 이사 가서 이제는 의료기관을 이용하기 쉽지 않은데도 불구하고 탈퇴하지 않는 조합원들이 있다. 무슨 마음일까 물어보니, 살림에 연결되어 있다는 감각만으로도 좀 더 건강한 내가 되는 것 같다고 한다. 멀리 있어도 서로 연결되어 있는 느낌, 꼭 가까운 곳에 살아야만 공동체는 아닌 것이다.

2장

돌보는 힘을 키우는 마을

일주일 동안의 미니 호스피스 병동

(주왜인)

20대 시절부터 우리는 모이면 늘 돌봄에 대한 이야기를 나누었다. 여럿이 모여서 회의도 하고 밥도 먹고 술도 마시고 노래도 불렀지만, 무엇보다 미래에 서로가 서로를 어떻게 돌볼 것인가를 꼭 얘기하곤 했다. 그때 우리가 상상하던 돌봄은 아주 막연해서 심리적 위안, 경제적 기여, 가사 노동과 생활 지원 등이 모두 뒤섞인 것이었다. 하지만 그렇기 때문에 품이 넓기도 했고, 우리가 이름 댈 수 있는 모든 관계를 포괄하는 돌봄이기도 했다.

우리의 친구, 특히 어라의 오랜 친구 차력사는 안정적인 직장을 그만두고 싶은 고비가 왔을 때 종종 어라가 술자리에서 했던 말을 떠올렸다.

"자, 우리가 모두 할머니가 되었을 때를 생각해. 최대한 아껴 쓰고 자급자족하더라도 현금이 조금은 필요할 거야.

안정적으로 연금이 나오는 사람이 우리 공동체에 몇 명 정도는 필요하니까, 너는 그중 한 명을 맡아줘."

당부인지 술주정인지 모를 말이었다. 아무튼 우리는 시종일관 돌봄의 관계를 조직하고 돌봄의 공동체를 만드는 일에 관심이 있었다.

다들 마냥 건강할 줄로만 알았던 시기는 너무 빠르게 지나가버렸다. 퇴사하고 싶어질 때마다 친구들을 생각하며 마음속 사직서를 눌러왔던 바로 그 차력사가 난소암에 걸린 것이다. 그것도 난소암 4기. 술자리에서 여차하면 사과도 쪼개고, 두 손가락으로 날달걀도 깨던 다부지고 딴딴한 차력사였는데.

홀로 계시는 어머니에게도 말씀드리지 못하고 시작한 투병 생활은 차력사의 10년 지기와 여러 친구들의 도움으로 수년 넘게 이어졌다. 항암치료를 정기적으로 받을 때 친구들이 차례로 병원에 동행했는데, 이건 차력사를 위한 것이기도 했지만 차력사의 지기를 위한 것이기도 했다. 돌봄의 제일선에 있는 지기가 독박 돌봄으로 무너지지 않도록 다양한 관계망을 만들어 지원하기 위함이었다.

몇 년을 지속해오던 투병이 막바지로 접어들었다. 항암치료를 하던 상급병원에서는 "이제 더 이상 항암치료를 받지 않아도 된다."라는 말로 치료 중단을 에둘러 고지했고, 이에 차력사는 자연주의 치료로 어떤 병이든 완치할 수 있다고 주장하는 경기도의 한 요양병원으로 들어가버렸다.

 매주 면회를 가던 친구들이 갈수록 쇠약해지는 차력사를 보다 못해 우리에게 도움을 청했다. 우리는 차력사를 찾아가 현재 상황을 정확히 인식하도록 돕고, 어머니에게 투병 사실을 알리고, 호스피스 병동에 입원할 것을 권하기로 했다. 차력사가 입원해 있던 요양병원을 찾아가 '임박한 너의 죽음'을 전하기 전날 나는 방바닥을 뒹굴면서 울었다.

 "왜 내가 해야 해? 누가 친구에게 이런 얘기가 하고 싶겠어?"

 차력사의 지기가 차곡차곡 모아둔 각종 검사 결과지를 함께 보며 정리가 불가피한 시점임을 확인했다. 연말까지 계획해놓은 일정이 있으니 내년에 정리를 시작하겠다는 차력사에게 나는 "아니야, 올해 여름을 넘기지 못할 가능성이 커."라고 알려주었다. 우리에게도 차력사에게도 너무 힘든 과정이었다. 하지만 우리가 나눈 대화 덕분에 차력사는 삶의 마지막을 정리하기로 다짐할 수 있었다.

 차력사는 한참의 설득 끝에 다가오는 죽음을 받아들였지만 다른 병원으로 이동하는 건 원하지 않았다. 요양병원에서 퇴원하면 다만 며칠이라도 좋으니 집에서 머물고 싶다고 했다. 코로나가 한창이던 때라 병원에 입원하면 면회가 제한되니 집에서 친구들에게 직접 마지막 인사를 하고 싶다고도 했다. 당시 차력사의 집은 직장이 있는 제주도에 있었다. 투병 기간 중 이미 휴직하고 서울에 있는 지기의 집에서 몇 년 동안 생활해온 상태로, 차력사를 돌볼 수 있는 거의 모든 관계와 자원은 서울에 모여 있었다.

지기의 집은 빌라 4층이었고 엘리베이터는 없었다. 지금 차력사의 체력으로는 집에 걸어 올라가는 것만으로도 힘겨운 일이 될 것 같았다. 며칠을 지기와 여러 친구들과 고민한 끝에 어라와 내가 함께 사는 집에서 당분간 요양을 하기로 결정했다. 우리 집에는 마침 빈방이 있었고, 아파트라 엘리베이터도 있어 접근성이 좋았다. 게다가 내가 의사이니 혹시 모를 응급 상황에 대처하기도 좋을 것 같았다. 그때부터 우리 집은 작은 호스피스 병동이 될 준비를 시작했다.

제주도에 있는 친구들이 당장 생활에 필요한 짐들을 정리해서 보내주었고, 차력사가 애지중지하던 차량을 맡아 관리해주었다. 같은 아파트에 사는 친구들은 차력사의 퇴원 날짜에 맞춰 우리 집으로 휠체어를 대여해 보내주었다. 요양병원 퇴원을 도와줄 팀, 지기의 집에서 필요한 이삿짐을 옮겨올 팀, 우리 집 빈방을 차력사와 지기에게 맞춰 꾸며줄 팀이 결성되었다. 차력사의 어머니를 집으로 모셔 소식을 전해드릴 계획도 세웠고, 충격받으실 차력사의 어머니를 다시 댁까지 잘 모실 차량 별동대도 꾸렸다.

또 다른 친구들은 차력사가 먹고 싶다는 소고기 미역국이니 새우 타코 같은 것을 10~20인분씩 요리해서 수시로 날라다 주었다. 입맛이 없는 차력사가 문병 온 친구들과 마주 앉으면 조금이나마 먹었기 때문에 그 어마어마한 양이 필요했지만, 이는 차력사를 돌보는 이들을 위한 것이기도 했다. 차력사의 친구이자 지기의 친구로서 시간을 낸 이들이었다. 심지어는 짧게나마 암 환자와 함께 생활하며 돌보는 우리가 지칠까 봐 바쁜 시간을 쪼갠 친구들도 있었다. 누군가가 홀로 돌봄의 최전선에 서게 되었을 때 배수진을 치는 일이 없도록 돌봄으로 겹겹이 에워쌌다.

차력사가 우리 집에서 지내는 일주일 동안 매일 저녁 행사가 열렸다. 차력사와 추억의 사진을 함께 보는 날, 법적으로도 효력이 있는 유언장을 다 같이 작성해보는 날, 차력사가 좋아하던 보드게임을 같이 하는 날. 우리는 축구 모임이며 캠핑, 페미니즘 캠프 사진을 보며 웃고 떠들고 함께 추억에 젖었다. 우는 사람도 없진 않았지만 웃는 사람이 훨씬 많았다. 소중한 친구들을 돌아가며 모두 만나고 난 차력사는 상태가 조금씩 더 중해지던 시점에 진짜 호스피스 병동에 입원하기로 향후 거취를 결정했다. 그렇게 먹고 싶다고 노래를 부르던 자장면과 탕수육을 거하게 시켜 마지막 식사를 나눠 먹는 것으로 일주일을 머무른 비공인 가정집 호스피스 미니 병동을 정리하고 진짜 호스피스 병동으로 이사했다.

입원할 수 있는 호스피스 병동을 알아보고 필요한 물품을 가져다주기 위해 매일 방문하는 팀이 또 꾸려졌다. 차력사가 좋아할 만한 위치와 나무를 골라 수목장할 곳을 알아볼 때도 마찬가지였다. 떠나기 전날까지도 지기가 호스피스 병동에서 차력사와 친구들을 줌으로 연결해준 덕분에 이제 말을 할 수는 없지만 들을 수는 있을지도 모르는 차력사에게 행복했던 일, 고마웠던 일, 웃겼던 일을 이야기했다. 차력사 곁에는 늘 많은 사람들이 함께였다.

누구보다 올곧아서 '선비'라고 놀림받던 차력사는, 아픈 동안 우리에게 한 번도 내보인 적 없는 다양한 모습을 보여주었다. 아마 누구에게도 보여주고 싶지 않은 모습이었을 것이다. 그 변화무쌍한 시기를 함께 보내며 조력한 우리들의 경험은 두고두고 돌아볼 소중한 역사가 되었다. 누군가가 끝까지 자기답게 살다가 아는 얼굴들 사이에서 죽으려면, 얼마나 많은 사람이 몸과 마음과 시간을 기여해야 하며, 그리고 그것을 뒷받침하는 구조가 있어야 가능한지 더욱 생생하게 그릴 수 있게 된 것이다.

그러고 나서 나와 어라는 주변 친구들의 집중 케어를 받기 시작했다. 그 친구들 중에는 차력사를 돌보는 데 함께했던 이들도 있었고, 차력사를 직접 알지는 못하지만 우리가 잠시나마 돌봄의 제일선에 있었던 것을 아는 이들도 있었다. 우리가 생애 말기 환자를 돌보는 과정에서 지치고 소진되었을까 봐 많은 친구들이 우리 곁으로 바짝 당겨서 앉고 있었다. 우리에게 손가락 하나 까딱하지 말고 가만히 있으라고 한 후 차력사를 위해 대여했던 휠체어와 돌봄 용품을 반납하고 차력사와 지기가 머물렀던 방을 청소해주었다. 무엇보다 암말 말고 맛있는 거나 먹으러 가자고 한 자리에서는, 나의 온갖 부대낌과 하소연을 묵묵히 들어주었다.

십수 년씩 치매 어르신을 돌본 가족도 주변에서 숱하게 봤고, 몇 년간 차력사를 바로 옆에서 돌봐온 지기도 있는 마당에 며칠 돌본 게 뭐 대수라고. 어디 가서 함부로 투덜거릴 형편은 아니었지만, 진료하느라 바쁜 와중에 암 환자의 까다로운 입맛에 맞춰 요리를 매끼 내느라 분주했고 매일 밤

치르는 각종 행사 뒷감당을 하느라 고단하기도 했다. 그런데 차력사는 눈치도 없이 밥투정, 반찬 투정을 하니, 하루하루 쇠약해져가는 모습에 마음이 아프면서도 '어떻게 지가 나한테 반찬 투정을 할 수가 있어?' 하는 마음이 문득문득 끓어오르곤 했던 것이다. 이 양가적인 감정 때문에 마음이 파일 때, 나는 친구들에게 달려갈 수밖에 없었다.

정말 실컷 투덜거렸다. 내가 아무리 투덜거려도 차력사에 대한 나의 애정과 안타까움을 의심하지 않을 친구들이기에, 또 차력사에 대한 친구들의 애정이 식지 않을 것임을 알고 있었기에 마음 놓고 투덜댈 수 있었다. 욕을 하다가도 안타까움과 슬픔에 펑펑 울기도 하며 왔다 갔다 하는 내 마음에 친구들은 공감하며 안아주었다. 돌보는 사람이 지쳐 나가떨어지지 않도록 돌보는 사람들을 돌보자는, 살림다운 돌봄의 약속이 떠올랐다.

돌보는 사람을 돌볼 때, 돌봄은 계속될 수 있다. 그러려면 돌보는 사람이 다수가 될 수 있도록 함께 돌보는 사람, 그리고 그 돌보는 사람들을 돌보는 사람, 다시 그들을 지원하는 사람 등 점점 더 많은 이들이 때로는 깊숙하게 때로는 얕게 돌봄에 연루되어야 한다. 늘 누군가를 돌보거나 돌보고 있는 이들을 돌보며, 숨 쉬듯이 돌봄이 일상에 당연히 스며들어 있는 사회가 되기를, 그리고 나도 돌봄의 자장 안에서 언제나 돌봄 받으며 살아가고 아프고 죽을 수 있기를 바란다.

서로가 있어 나다운, 돌봄장 같이 쓰기

(유여원)

나이 들고 아플 미래가 두렵지 않은 사람이 있을까? 지금은 젊고 건강하더라도 언젠가는 아프고 약해질 것을 우리는 안다. 현실을 살아내기도 만만치 않건만, 앞으로를 그리자니 더 무섭다. 가끔 두려움에 압도되어 우울해지기도 하고 깊게 생각해봤자 답도 없는 것 같아서 외면하기도 한다.

나도 너도 누구나 다 그런 두려움을 품고 있다면, 지금 여기에서부터 함께 이야기해보면 어떨까? 지금 당장은 해결되지 않아도 말을 꺼내고 이야기를 나누다 보면 속이 조금은 시원해질지도 모르고, 서로의 삶이 겹치는 그 순간 작게나마 위로가 될지도 모른다. 그렇게 한 번, 두 번 마주 앉아 서로를 조금씩 더 알게 되고, 느슨하지만 안심되는 관계가 생겨날지도 모른다.

돌봄 이야기를 의식적으로 꺼내야 하는 건 아직 우리

사회에서 돌봄이 충분히 중요하게 다뤄지지 않았기 때문이다. 지금 당장 절실하지 않은 사람은 늘 바쁘다는 이유로 돌봄에 관해 생각하길 미루고, 이미 돌봄의 한복판에 있는 사람은 너무 많은 에너지와 시간을 돌봄에 쏟느라 돌봄에 대해 이야기할 여유조차 갖기 어렵다. 그래서 더더욱, 조금은 간지럽고 민망하더라도 돌봄 이야기를 심상하게 꺼내볼 수 있는 공간이 필요하다.

살림에서 사람들이 모일 때면 종종 '돌봄장'이라는 것을 사용한다. 돌봄장은 돌봄에 관해 이야기를 꺼내고 싶어도 막연하기만 할 때 쉽고 편하게 이야기를 나눌 수 있도록 돕는 도구다. 유언장이 내가 죽고 나서 어떻게 해달라는 부탁이라면, 돌봄장은 내가 살아 있을 때 어떻게 해달라는 부탁에 가깝다. 누구에게 어떤 돌봄을 부탁하고 싶은지, 나는 다른 사람을 어떻게 돌보고 어디까지 돌볼 수 있을지 하나하나 생각해보게 한다.

돌봄장은 크게 세 부분으로 나뉘어 있다. 돌봄 받는 나를 상상하기, 돌보는 나를 상상하기, 그리고 돌보는 우리의 관계 그려보기. 혼자서 일기장처럼 적을 수도 있지만, 함께 모여 나눠보면 이야기는 더 풍성해지고 더 깊어진다.

살림 조합원이 삼삼오오 모여 만든 돌봄장은 살림의

동네 뜨개질 모임에서 시작되었다. 어느 모임원이 중증 질환을 진단받고 수술과 재활 과정을 밟게 되었다. 모임 사람들은 자연스럽게 서로 역할을 나눠가며 입원과 수술, 치료와 회복을 함께했다. 돌보는 사람도 여럿, 돌보는 시간도 여러 날이니 내가 맡는 동안 무슨 일이 있었는지, 의료적으로 유의해야 할 점은 무엇인지, 아픈 모임원의 취향은 어떤지 등을 다음 사람에게 잘 전달해야 했다.

병원에서 의사나 간호사가 하듯이 인계장을 써보자는 의견이 나왔다. 누가 언제 돌봤고, 무슨 이야기를 나눴고, 주의할 점은 무엇인지, 다음 돌보는 사람에게 보낼 따뜻한 말 한마디까지, 세상에 하나뿐인 돌봄 노트가 생겼다. 이 공동의 경험은 갑자기 아프기 전에 이런 준비가 되어 있으면 좋겠다는 생각으로 이어졌고, 곧 살림의 돌봄장 만들기 모임이 꾸려졌다.

돌봄 이야기를 시작하자 관계가 달라졌다. 몇 년 동안이나 함께 반찬을 만들고 책을 읽고 동네 산책을 하며 서로의 집을 드나들던 사이여도, 작정하고 꺼내기 전엔 전혀 몰랐던 속사정이 있었다. 매주 지방을 오가며 어머니를 간병하고 있었다는 이야기, 마음이 깊게 가라앉아 직장을 그만두고 집에만 머무는데 오늘 이 모임이 한 달 만의 첫 외출이라는 이야기, 아이의 발달이 느려 고민이 많지만 듣는 사람 마음 무거울까 봐 말 못 했다는 이야기, 고관절 수술 후 거동이 불편해진 아버지를 돌보며 어린 시절 아버지로부터 받은 폭력이 되새김질되어 너무 괘씸한데도 인간적으로는 안타까워 느끼는 복잡함, 암이 재발한 친구가 더는 치료를 받지 않겠다고 했을 때 느꼈던 당혹감과 무력감. 모임이 깊어지면서 조심스레 솔직한 이야기들이 이어진다. 공간이 마련되지 않으면 절대 스스로 내놓기 힘든 이야기다.

그래서 돌봄장은 경청하는 태도를 약속하며 시작한다.

- 고통과 불행의 경험을 경쟁하지 않기.
- 아픈 몸을 섣불리 아무것도 하지 못하는 몸으로 규정하거나 간주하지 않기.
- 질병의 원인을 쉽게 진단하지 않으며 그 당사자를 탓하지 않기.
- 돌봄을 주고받는 관계를 당연시하지 않기.
- 환자와 돌보는 사람 사이에 위계를 두지 않기.
- 긍정적인 감정을 강요하지 않고, 감정을 자기 검열하지 않기.
- 건강한 몸을 당연히 갖춰야 할 '정상'으로 바라보지

않기.
- 질병과 돌봄을 자연스러운 삶의 일부로 생각하기. 아픈 개인의 삶 전체를 비극으로 바라보거나 그 사람의 전부라고 생각하지 않기.

말하는 사람은 용기를 내고, 듣는 사람은 경청하며 신뢰를 보여준다. 그 시간 자체가 돌아봄이고 돌봄이다. 여기에서 나온 이야기는 이후의 돌봄을 준비하는 씨앗이 된다.

물론 지금 당장 돌봄이 주된 관심사가 아닌 사람도 있다. 그럴 땐 기억을 되살려보거나 상상해본다. 과거에 돌봄을 받았던 기억, 누군가를 돌봤던 순간, 내가 좋아하는 것들. 그때는 몰랐지만 지금 돌이켜보니 돌봄이었구나 싶은 일들이 떠오른다. '이런 돌봄은 받고 싶지 않구나.', '나는 이런 걸 해주는 걸 좋아하는구나.', '나는 지금 이런 상태구나.' 하고 조용히 자신을 이해하게 된다.

재미있는 건 '나를 돌봐줬으면 싶은 사람'과 '내가 돌보고 싶은 사람'이 같지 않을 수도 있다는 점이다. 혹은 '내가 줄 수 있는 돌봄'과 '내가 받고 싶은 돌봄'이 같지 않을 수도 있다. 돌봄의 필요성을 인지하지만 정작 누군가를 돌보려니 막막한 사람도 있고, 오히려 돌봄을 다른 이에게 청하는 것이 어렵게 느껴지는 사람도 있다. 돌봐달라는 요청이 몰리는 누군가도 있을 것이다. 그러면서 우리의 관계도 이해하게 된다.

다행인 건, 이 모든 걸 혼자 마주하지 않는다는 사실이다. 같이 나누다 보면 그리 무겁기만 한 이야기가 아님을, 함께 나눌수록 마음이 가벼워짐을, 당장 해결된 게 없는데 왜 나아지는지 조금 어리둥절하지만 확실히 느끼게 된다. 불안했던 미래여도 함께 상상하고 나면 신기하게도 힘이 난다. 돌봄을 잘 받고 잘 나눌 수 있는 삶, 돌봄의 이야기가 넘치고 흐르는 세상을 상상해본다.

살림의 함께돌봄 어벤저스

(우요원 · 주왜인)

우리 동네에는 중증 장애인이 생활하는 장애인 지원주택이 여러 채 있다. 다양한 유형의 중증 장애가 있는 이들이 생활하지만 이곳은 '시설'이 아니다. 장애인들이 자신의 이름으로 주택공사로부터 임대한 엄연한 '집'이다. 빌라 전체에 장애가 있어도 생활하기 편하도록 접근성을 높이는 공사가 되어 있고, 장애 유형에 맞춰 각 집 안도 개조되어 있다. 집이니만큼 사생활이 보호되며 개개인이 선호하는 방식대로 생활할 수 있을뿐더러, 모여 사는 덕분에 의료나 돌봄을 원활하게 제공받는다는 이점도 누린다. 살림도 이곳에 정기적으로 방문진료를 나가고 있다.

하루는 한 고위 공무원이 방문했다. 지체장애가 있는 70대 여성이 활동지원사와 함께 생활하는 모습을 보고 공무원이 물었다.

"어르신, 며느리 같고 참 좋지요?"

이 질문에 장애인 여성은 답했다.

"며느리는 무슨 며느리입니까. 나를 돌봐주는 선생님이지."

여성의 까칠한 대답에 공무원은 무척 황망해했다. 이야기를 전해 들은 우리는 한참을 웃었다. 돌봄을 가족 구성원이, 그중에서도 여성이 마땅히 담당해야 한다고 생각하는 사람들에게 안심할 수 있는 돌봄은 '시스템'이 갖춰져야 함을 당사자가 짚어준 셈이었기 때문이다.

우리는 살림다운 돌봄을 '자기돌봄', '서로돌봄', '함께돌봄'으로 정리한다. 이걸 들은 사람들은 자기돌봄과 서로돌봄은 알겠는데 함께돌봄은 뭐냐고 질문하곤 한다. 서로돌봄과 함께돌봄이 어떻게 다른 것이냐고.

서로돌봄이 품앗이처럼 친밀한 관계에서 돌봄을 서로 주고받는 것이라면, 이런 개인적 네트워크만으로는 만들어 낼 수 없는 조직적 힘이나 제도를 통한 돌봄이 바로 '함께돌봄'이다. 그리고 살림의 함께돌봄을 구성하는 중요한 축에는 돌봄을 전문으로 하는 직원들이 있다.

전 국민의 돌봄을 사회가 함께 책임진다는 면에서, 혼자 생활하기 힘든 노인 등에게 돌봄을 제공하는 장기요양보험제도는 무척 중요하다. 하지만 이 제도만으로 '함께돌봄'을 실천하기에는 좀 부족하다. 안타깝게도 운영 지침이 상당히 빡빡하다. 어르신이 감기에 걸려 데이케어센터에 하루 못 나오면, 하루치 수가가 줄어드는 식이다. 고작 하루 때문에 직원을 줄일 수도 없고, 공간을 줄일 수도 없는데 말이다. 학생이 아파서 학교를 하루 결석한다고, 선생님의 급여를 하루치만큼 깎는다면 얼마나 황당한가.

어떻게 하면 지속 가능하면서도 존엄한 돌봄의 모델을 만들 수 있을까. 살림데이케어센터(이하 '데이케어센터')에는 직원이 아닌 이들도 빈번하게 방문한다. 자원활동으로 방문한 조합원들은 프로그램에 같이 참여하기도 하고, 프로그램 참여를 힘들어하는 어르신의 곁에 앉아 일대일로 대화를 나누기도 한다. 휠체어를 밀며 함께 근교에 놀러 나가기도 하고, 식사 후 칫솔질도 도와드린다.

오는 누구든 반나절만 있어도 입을 모아 하는 이야기가 있다. 돌봄노동은 정말 전문적인 분야라는 것! 일하는 사람의 스태미너와 유연함, 리액션, 그리고 놀라운 상황별 대응력에 감탄하면서 돌봄노동의 가치를 크게 깨달았다는 것이다.

살림의 돌봄노동자들은 일상적인 돌봄노동을 수행할

뿐 아니라 아마추어인 자원활동 조합원들에게 돌봄의 기술과 태도를 가르치며 돌보는 경험을 확장하고 있다. 치매 어르신들을 위해 휴머니튜드 접근법+을 공부하며 돌보는 사람과 돌봄 받는 사람 모두의 인권이 더욱 존중될 수 있는 관계를 꿈꾼다. 돌봄은 팀워크이기에 같이 일하는 사람들과 더 좋은 돌봄 환경을 만들기 위해 비폭력 대화법을 익히며 회의를 거듭한다.

중국에서 오래 살다 와서 한국말이 서툰 이용자를 위해 중국어를 공부해서 말을 걸어보니 드디어 대화가 되었다며 뛸 듯이 기뻐하는 작업치료사, 열 번도 더 들은 이야기를 오늘도 웃는 낯으로 맞장구치며 재미나게 들어주는 요양보호사, 현지조사를 나온 건강보험공단으로부터 "일하는 분들, 이용하는 분들 모두 너무 좋다고 하시더라고요. 앞으로도 이렇게만 계속하시면 될 것 같아요."라는 평가를 들을 수 있게 해주는 직원들.

물론 장기요양보험제도의 돌봄 금액은 꼭 상향 조정되어야 한다. 돌봄에 자원을 충분히 배분하지 않으면서 어떻게 '돌보는 사회'를 만들어갈 수 있을까. 마치 깨끗한 공기

+ 치매 당사자가 인간으로서 존중받는 케어를 받을 때 인지기능이 더 좋아지고 돌보는 사람과 더 좋은 관계를 맺을 수 있다고 믿는 환자 중심의 케어법.

나 물처럼 당연시하니 보이지 않았을 뿐 돌봄은 항상 존재해왔고 누구에게나 필요하다. 어린이나 어르신, 장애인, 환자만이 아니라 우리 모두에게 숨 쉬듯이 필요한 것이다. 이런 필수적인 돌봄이 자연스럽게 존재하는 것이 아닌 누군가의 사랑과 노동을 통해 제공되어야 한다는 사실이 이제야 서서히 인식되기 시작했고, 가시화되자마자 돌봄은 정말 무서운 것이 되어버렸다. 어떠한 자원도 배분되지 않던 영역에 처음으로 자원이 배분되기 시작할 때, 그 지출은 너무 크고 무서워 보이게 마련이다. 하지만 좋은 돌봄이라는 다음 스텝을 밟기 위해 꼭 필요하다.

질병만이 아니라 사람을

(호연)

안부를 물을 때마다 "응, 나야 항상 열심히 재미있게 하고 있지! 매일매일이 아주 다이나믹해. 평범한 날이 하루도 없어, 진짜. 근데…… 나 내년까지만 일하면 안 될까?" 하고 웃는 봉봉. 그 한마디가 꼭 농담 같지만은 않아서, 든든하면서도 살짝 불안하다.

오늘도 와글와글 북적이는 돌봄의 현장 한가운데 있는 봉봉은 데이케어센터에서 주간보호와 방문요양을 총괄한다. 봉봉은 초대 이사 중 한 명으로 살림과의 인연을 시작했다. 다른 직장을 다니면서 퇴근 후 각종 회의에 참여하고 조합을 운영하는 역할이었다. 오래 다니던 직장을 잠시 쉬던 2019년 무렵, 봉봉은 방문진료에 동행하는 자원활동을 해달라는 요청을 받았다. 봉봉의 장롱 속 간호사 면허를 소환한 것이었다. 와상 어르신이나 중증 장애인의 가정으로 방문진료를 나갈 때 의사 혼자서 가기는 힘드니까 지원 인력으로 동행해달라고. 그것이 계기가 되어 봉봉은 장기요양등급을 받은 어르신을 돌보는 공공기관을 새 일터로 삼게 되었고, 많은 현장 경험을 쌓은 뒤 살림데이케어센터의 센터장으로 돌아와주었다.

살림에서 임원, 자원활동가, 직원의 위치를 두루 겪은 봉봉에게는 앞으로 꼭 해보고 싶은 일 몇 가지가 있다. 첫째는 어르신과 가족의 역할을 소중하게 여기는 돌봄 문화를 만들어가는 일이다. 데이케어센터로 자원활동을 나간 날이었다. 안마의자를 좋아해서 늘 독차지하다시피 하는 어르신이 계셨다. 그날도 어김없이 안마의자에 푹 몸을 기대고 계셨는데, 요양보호사가 가까이 가서 물었다. "오늘은 손님도 오셨으니 우리 센터의 질서를 한번 보여드립시다. 이제 다른 분께 안마의자를 양보해주시면 어떨까요?" 그 어르신은 나를 슬쩍 보며 안마의자에서 쿨하게 일어났다. 평소에는 열 번 이상 말해도 꿍한 표정으로 꿈쩍도 안 한다는데 손님이 왔다는 얘기에 반응한 것이다. 치매 어르신도 다 사회생활을 한다. 어떤 역할을 해주기를 기대하고 요청하면 기꺼이 그 역할을 맡는다.

가족들도 마찬가지다. 데이케어센터에서는 요양보호

사 자격증을 가진 가족 구성원이 장기요양등급을 받은 가족을 직접 돌보는 가족요양을 믹스해서 이용할 수 있다. 어르신이 데이케어센터로 주 6일 모두 나오는 게 아니라, 하루는 가족들이 돌보게 해 가족들에게는 약간의 급여를, 어르신에게는 센터와 가정에서 연속적으로 돌봄이 이루어질 수 있는 환경을 제공한다. 가족요양을 맡는 가족도 엄연히 데이케어센터의 직원이라 교육과 회식에 참석하곤 하는데, 이때를 너무 좋아하는 이들이 있다. 다른 가족이나 요양보호사들과 교류하면서 돌봄에 관한 정보뿐만 아니라 일상의 고충이나 마음을 나누게 되어 정말 좋단다. 먼저 겪은 이, 함께 겪고 있는 이의 격려만큼 든든한 것도 없으니까.

둘째는 돌봄과 의료의 연결을 강화하는 것이다. 늘 웃으며 프로그램에 참여하던 어르신이 있었다. 어느 날부터 갑자기 울고 짜증을 내고 손을 점점 더 떨기 시작했다. 마침 어르신을 살뜰히 돌보던 딸이 유럽 여행을 떠난 시기와 맞물렸고, 어르신은 고마운 딸을 향해 갑자기 "나만 두고 자기들끼리 여행을 갔다."라며 서러워했다. 그런 적이 없었기에 직원들은 걱정했다. 심리적인 영향일까?

무영이 데이케어센터를 방문하는 날, 봉봉은 상황을 설명했다. 투약 기록을 확인해보니 그 무렵부터 새로운 치매

약이 처방된 상황. 초조함, 짜증, 감정의 동요, 손 떨림 같은 부작용이 나타날 수 있는 약이었다. 치매약을 처방한 정신건강의학과 주치의에게 무영이 상황을 전달했고, 데이케어센터 직원들의 꼼꼼한 관찰을 신뢰한 정신건강의학과 주치의는 약을 바꾸었다. 일주일도 되지 않아 어르신의 상태는 훨씬 좋아졌다.

봉봉은 이것이 살림이 가진 힘이라고 말한다. 어르신의 평소 상태를 잘 알고 있고 평소와 달라진 모습을 발견할 수 있는 직원들이 있으니까, 그리고 그 얘기에 귀를 기울여 주는 의료진이 함께하니까 가능한 일이라는 것이다. 살림의 돌봄이 특별한 이유는 의료와의 긴밀한 연결 덕분이니, 이 특장점을 더 살려보고 싶은 것이다.

셋째는 돌봄 자원활동을 더 조직하는 것이다. 데이케어센터엔 지금도 많은 자원활동 조합원, 지역 주민들이 드나든다. 어르신 생신 잔치에 연주 동아리, 댄스 동아리가 축하 공연을 하러 오기도 하고, 나들이 때마다 휠체어를 밀어주고 어르신들의 안전을 지키기 위해 출동하는 조합원들도 있다. 정기적으로 어르신들의 식사를 돕거나 칫솔질을 도우러 오거나, 인생 2막을 준비하는 과정에서 요양보호사가 자기 적성에 맞을지를 확인하기 위해서 한 달 동안 정기적으로 자원활동을 하러 오기도 한다. 살림레크리에이션연구회에서 데이케어센터 오락 프로그램을 개발하는 데 열성인 조합원들도 있다.

돌보는 사람이 많아지면 돌봄의 품질은 당연히 올라간다. 밥 먹을 때 눈 맞추며 말 한마디 건네면 확실히 한 술이라도 더 뜨고, 재활 시간에도 옆에서 "한 번 더!" 해드리면 숨차도 한 번 더 해낸다. 같이하면 더 재밌고, 기분이 좋아지면 왠지 인지력도 상승하는 것 같다.

언제든 누구나 큰 부담 없이 자원활동을 해볼 수 있는 공간으로서 지역 안에서 돌봄사업소는 중요한 책임을 진다. 살림엔 연중무휴 실습생들이 오는데, 하루 이상 실습을 나오는 경우에는 의대생이든 간호대생이든 가급적 데이케어센터 실습도 잡으려고 한다. 질병만이 아니라 사람을, 의료만이 아니라 돌봄을 같이 경험할 수 있는 곳이기 때문이다. 이런 의미 있는 시간들이 많아지길, 그래서 자원활동이 더 보람 있고 즐거운 일이 되길. 그게 바로 봉봉의 꿈이다.

지금은 돌아가신 나의 외할머니가 생전에 방문요양을 받고 계셨을 때, 어머니가 스승의 날에 요양보호사께 꽃다발을 드렸던 적이 있다. "우리 어머니의 매일매일의 삶을 지켜주고 응원해주시니까 어머니의 선생님인 셈이죠." 어머니가 그 요양보호사께 전했던 이야기다. 방문요양, 스승의 날, 꽃다발. 애매한 조합인 듯 보이지만, 요양보호사는 눈물을 흘릴 정도로 감동했다고 한다. 자신의 애씀을 알아주는 이를 만나서. 모든 돌보는 선생님과 봉봉의 장기 근속을 응원한다.

삶을 바꾸는 공부, 여성주의학교

(추요엽)

동네에서 여성주의 이야기를 하려니 솔직히 처음에는 부담스러웠다. 듣는 사람도 상당히 부담스럽지만, 말하는 입장에서도 어색해서 설명을 시작하려고 하면 입이 다 굳을 지경이었다.

여성주의의료생협준비모임? 여성주의가 무슨 말이에요? 여자만 할 수 있는 거예요? 의료랑 여성이랑 무슨 상관이죠? 남성주의 의료협동조합은 없나요? 등등.

여성주의를 감출 생각이 없는 살림의 정관에는 떡하니 "여성주의 건강관을 지향하는 의료복지사회적협동조합"이라고 쓰여 있었고, 인터뷰 기사마다 "여성주의자와 의료인, 지역 주민이 함께 만들었다"고 소개되었다. 창립 전에도, 창립한 후에도, 언제나 어디서나 수시로 여성주의에 대한 질문을 받을 수밖에 없던 것이 당연지사.

여성주의에 관해 질문하는 조합원도, 질문 받는 조합원도 그 나름대로 좋은 대화를 풀어나가고 있으리라. 하지만 여성주의를 이마에 걸고 의료협동조합을 하려면, 우리가 추구하는 여성주의가 무엇인지, 여성주의가 얼마나 의료와 복지, 협동과 밀접한 관계가 있는지를 점점 더 많은 사람들과 공유해야 했다. 필요한 것이 있다면 그런 활동을 할 수 있는 사람을 찾으면 되지! 할 수 있는 사람은 보통 늘 근처에 있기 마련이다. 문제는 정작 그 사람은 자신의 역량을 모르는 경우가 종종 있다는 것.

의료협동조합을 준비하던 시절, 여성주의의 관점에서 건강과 의료를 어떻게 바라봐야 할지 강의를 해줄 만한 적합한 사람이 떠올라 연락했다. 시타였다. 시타는 손사래를 치며 곤란하다고 그런 내용은 생각해본 적이 없다고 했지만, 모든 일에는 '처음'이 있지 않은가? 부탁을 받은 김에 한번 고민해봐달라고 했다. 우리는 당장 정답을 알고 싶은 것이 아니라 거기서 시작해서 더 많은 이야기를 해나갈 거니까 걱정하지 말고 편하게 준비해달라고. 그랬더니 이런 제목의 강의 자료가 도착했다. '의료지식/실천에 대한 여성주의 비판.'

예상과는 다른 진지한 제목에 놀랐지만, 부탁한 마당

에 불평할 수는 없으니 일단 강의는 시작되었다. 세 시간 후 나를 비롯한 모든 참여자가 같은 생각을 했다. '저 친구 잡아! 여기서 끝낼 수는 없어. 우린 여성주의 공부를 더 해야겠어. 아니, 모든 사람이 여성주의 공부를 하면 할수록 다 같이 더 건강해질 수 있을 거야!'

왜 지금까지 환자-의사 관계에서 설명하기 힘든 불편을 느껴왔는지 뭔가 실마리가 잡힐 것 같았다. 나의 신체가 조각조각 관리되고 있다는 거북함, 나의 통증이나 불편함이 잘 전달되지 않는다는 답답함. 평소 병원을 이용하며 느낀 감정을 설명할 수 있는 언어가 생길 것 같아서 강의에 온 기력을 다 쏟아붓고 계단을 터덜터덜 내려가던 시타를 1층 현관 앞에서 붙잡았다. 우리와 지역 사람들 모두를 위한 '기초 여성주의 강좌'를 열면 어떻겠냐고 제안했다.

대학에는 한 학기짜리 여성학 수업이 있다. 그러나 대학 밖 공간에서는 충분한 시간을 들여 체계적으로 차근차근 여성주의에 대해 배우기가 마땅치 않다. 겨울날 저녁, 거리의 추위로 혼미한 상태에서 "응? 뭘 하라고? 내가?" 하던 시타는 두 달 뒤인 2010년 4월, 장장 총 10강 매회 3시간짜리 강좌 '여성주의의료생협(준)과 함께하는 여성주의학교'의 전담 강사로 서게 됐다.

그때부터 올해까지 시타는 단 한 해도 쉬지 않고(1년에 두 번 한 적은 있다.) 이어지는 살림 여성주의학교의 강사이자, 의료협동조합 전대미문 유일한 여성학 전문 이사로 15년 넘게 살림과 함께 살아오고 있다. 여성주의학교의 모토 '내 삶을 바꾸는 공부, 세상을 바꾸는 여성주의' 그대로 시타와 함께 살림의 여성주의는 지역으로, 협동조합으로, 건강과 의료로, 남성으로, 돌봄으로, 공동체로 점점 더 확장될 수 있었다.

여성주의학교 수강생들이 모여 자기 삶의 변화와 앞으로 해나가고 싶은 것들에 대해 이야기를 나누는 자리가 있었다. 누군가 시타에게 질문했다. 그 힘들다는 살림의 임원으로 활동해오면서, 또 창립부터 지금까지 매해 한 번도 똑같은 내용으로 진행된 적 없던 여성주의학교의 전담 강사로서, 시타의 여성주의는 어떻게 변화해왔는지?

"전…… 살림 활동을 하지 않았다면 지금 완전히 다른 사람으로 살고 있을 거라 생각합니다."

시타는 종종 살림을 통해 그전 같으면 만나지 않았을 사람을 만나게 되었다고 이야기한다. 살림에서 활동했기 때문에 '사람이 변할 수 있다'는 것을 조금 더 믿게 되었다고. 무엇보다 시타 자신이 변해왔기 때문에 진짜로 그 변화의 힘을 믿는다고.

살림 역시 시타가 없었다면 지금의 살림이었을 리가 없다. 살림의 여성주의를 약자의 입장에서 세상을 다시 해석하는 관점이자, 승자도 패자도 없는 대안적 사회구조를 만들어가는 비전으로, 한 사람 한 사람에게서 출발해 함께 변화를 만들어가는 운동으로 정의하지도 못했을 것이다.

각자 삶 속에서 마주하는 불편을 나의 언어로, 여성주의 관점으로 설명할 수 있을 때 느끼는 자유로움이 있다. 부정의한 상황 속에서 '나는 이렇게 생각하는데 너는 어떤지' 물어보고 같이 대화할 사람과 공간이 있다는 데서 얻는 힘도 있다. 열린 마음과 서로에 대한 존중, 무엇보다 내가 누구든 어떤 생각을 하든 일단 환영받고 보는 경험은 살림과 여성주의를 점점 더 풍부하게 만든다.

이게 어떻게 가능할까? 시타는 살림이 여성주의 문화를 만들고 지켜나가는 기본 구조를 정립하는 과정에서 큰 역할을 해주었다. 처음으로 말을 꺼내는 그 '첫 번째 사람'의 용기를 응원하고 격려하면서 그 사람이 외롭지 않도록 귀 기울여주는 '두 번째 사람'이 있다. 두 사람의 뒤를 이어 나도 함께하고 싶다며, 다 같이 이야기를 나눠보자고 합류하는 '세 번째 사람'이 등장한다. 단순한 구조지만 프랙털처럼 끊임없이 서로를 잇는 연결과 행동이 일어난다. 5000명을 넘어선 살림의 조합원이 앞으로 만 명, 10만 명이 되더라도 연쇄는 계속될 거라는, 아니 어쩌면 사회 전체가 실은 이렇게 이어지는 것일지도 모르겠다는 생각이 든다.

'첫 번째 사람', '두 번째 사람', '세 번째 사람'은 그저 몇몇 사이에서만 통용되는 말은 아니다. 살림 10주년 기념 다큐멘터리의 영화의 제목(「두 번째 사람」)으로, 살림의 모든 조합원이 함께 만든 '살림조합원의 열네 가지 약속'의 일부로 등장한다.

1. 불편함을 느낄 때는 정중하지만 솔직하게 이야기합니다.(첫 번째 사람이 되는 것)
2. 누군가가 불편함을 호소할 때는 진지하게 경청합니다.(두 번째 사람이 되는 것)
3. 불편함에 대해 '함께 논의하는 장'을 만듭니다.(세 번째 사람이 되는 것)

시타는 가끔 자기가 어떻게 여기까지 왔는지 되짚어보곤 한단다. 새로 기획하는 강좌인데 마치 원래 있는 강의인 양 강사로 섭외한 그때, 이제 막 창립하려는 살림의 '첫 여성학 전문 이사'를 맡아달라고 요청했던 그때, 순진한 시타는 전국의 의료협동조합에는 당연히 전문 이사 제도가 있는 줄 착각하고 말았다. 본인이 첫 출발을 하고 나면 자연스럽게 두 번째, 세 번째 여성학 전문 이사도 생길 줄 알았다고 말이다.

    어떻게 하면 여성주의를 지향하는 의료협동조합인 살림을 잘 설명할 수 있을까. 시타는 고민한다. 어떤 만남과 활동의 자리를 마련해야 여성주의자가 되어보고 싶은 마음이 들까. 여성주의자가 많아지는 데 그치지 않고, 여성주의 문화를 바탕으로 조직을 만들고 운영하려면 무엇을 해나가야 할까. 자나 깨나 고심한다. 그런 고민은 보는 사람도 한 발짝 더 힘을 내게 만든다.

    가끔 그런 시타가 고맙고 안쓰럽고 든든하다. 이런 마음을 표현하면 시타는 몸 둘 바를 몰라 하며 "살림에는 그런 사람 엄청 많지 않나……."라며 먼 산을 쳐다본다. 살림에 '그런 사람'이 많다면, 그런 사람으로 오랜 기간 살아온 첫 번째 사람이 있었기 때문일 것이다.

영화 「두 번째 사람」

기계가 아니라 관계로 건강해집니다

(우요원 · 주왜인)

다-짐(gym): 우리 모두 다의 운동공간(gym)
다-짐(gym): 무엇이든 다 할 수 있는 운동공간
다짐: 건강한 관계를 튼튼히 다지다
다짐: 함께 건강해지자고 다짐하다

    다짐은 2013년 '우리마을 건강활력소'라는 슬로건을 내세우며 문을 열었다. 2012년 살림의원이 개원한 뒤, 건강을 위해 조합원과 무엇을 같이 할 수 있을까 고민하던 차였다. 살림의원 개원 전에는 조합원을 대상으로 다양한 건강 증진 프로그램을 운영했는데, 막상 사업소를 만들고 나니 매일 흑자 아니면 적자인 살얼음판이었다. 지하철역 바로 앞에 의원을 내느라 한없이 좁아진 공간에서 조합원 활동이나 건강 교육을 하기도 마땅치 않았다. 건강 소모임은 도서

관부터 시민단체 회의실, 주민센터까지 동네 곳곳의 장소를 빌려가며 자치력을 발휘했지만 언제든 모일 수 있는 거점 공간이 절실했다.

다른 문제도 있었다. 조합원들이 건강할 때는 의원에 굳이 오지 않았다. 건강할 때나 그렇지 않을 때나 편하게 올 수 있는 의료협동조합을 목표로 했지만, 아픈 사람이 대기실에 가득 기다리고 있으면 순서를 양보해야 하나 하고 불편해지기 마련이었다. 조합 사무실은 진료실 바로 옆 0.6평 면적이 전부였다. 회의는 고사하고 주사 맞기가 싫어 종일 목청껏 울어대는 아이들의 소리에 대화도 쉽지 않았다.

때마침 열혈 활동조합원 중에 여성주의를 지향하는 운동공간을 운영하고 싶다는 꿈을 가진 운동처방사 데조로가 있었다. 보디프로필 바람에 휘둘리지 않고, 다른 사람의 시선을 신경 쓰지 않고, 그저 몸을 움직이는 순수한 기쁨을 맛보는 이들이 늘어나는 꿈. 어떤 몸과 체력을 가지고 있더라도 자기에게 맞는 운동을 할 수 있는 환경에서, 무엇보다 혼자가 아니라 같이 건강해지고 싶은 사람과 운동하는 꿈. 이런 꿈을 가진 사람이 나타났으니 다음은 협동으로 꿈을 실현할 차례다.

가장 먼저 조사부터 했다. 조합원들에게 어떤 운동이

하고 싶은지, 다른 운동센터에 다니면서 무엇이 좋고 무엇이 아쉬웠는지, 헬스장 기부 천사가 되지 않으려면 어떤 대책이 필요한지 물어봤다. 답변들은 무척 고무적이었다. 살림에 운동공간이 생긴다면 그동안 아껴뒀던 내 몸을 한번 움직여보겠노라는 사람, 여성주의 자기방어훈련을 배우고 싶다는 사람, 다른 사람의 시선을 신경 쓰지 않고 나에게 몰입하는 운동을 혼자가 아니라 함께하고 싶다는 사람. 새로운 운동공간을 원하는 이들이 이렇게나 많다니! 우리는 신이 났다.

하지만 다짐을 만들기로 결정하는 과정은 결코 순탄하지 않았다. 당장 살림의원도 하루 매출을 걱정하는 마당에, 거리에는 운동센터가 넘쳐난다.(물론 거리에는 의원도 넘쳐난다.) 우리가 만들려는 공간은 운동공간이면서도 조합원들이 모여서 회의하고 활동하며 조합 직원들이 일할 수 있는 사무 공간이어야 했다. 살림의원과 가까우면 좋겠지만, 그러면 임대료가 높아진다. 휠체어가 들어가는 의원 공간을 찾기도 정말 쉽지 않았는데, 휠체어가 들어가는 운동공간도 찾아야 한다니!

협동조합의 미래를 생각하면 정체성을 지키고 만드는 활동, 즉 교육과 모임은 조합원의 자율성과 자치력을 높이고 주인의식을 심어주는 핵심 과정이다. 하지만 매달 손익계산서를 확인하며 일희일비하던 시기였기에 경영을 책임지고 있는 이사회는 긴 논의와 고심을 거듭했다.

가까스로 매출과 비용이 같아지는 손익분기점에 도달한 조합에 경영적 부담이 되지는 않을까. 여윳돈이 있다면 직원들의 낮은 급여를 먼저 올리거나 의료기기를 더 좋은 것으로 바꾸어야 하는 게 아닐까. 조합원과 주민들이 과연 돈을 내고 등록해야 하는 운동센터를 다니고 싶어 할까.(지금까지와 달리 무료 프로그램이 아닌데!) 작년에 개원하면서 출자금 모금 캠페인을 그렇게 열심히 했는데 올해 또 새로운 공간을 만들자고 모금을 하면 조합원들이 부담스러워하지는 않을까. 수많은 고민을 거듭하며 계획을 검토했다.

막상 다짐을 열고 보니, 우리를 고무시켰던 조합원의 답변들이 조금은 희망 사항에 불과했다. 새로운 운동공간과 운동에 대한 바람이 곧바로 등록으로 이어지지는 않았던 것이다. 운동은 '내가 당장 하려는 일'이 아니라 '언젠가 내가 했으면 싶은 일'이었다. 1순위가 아닌, 그다음 순위의 욕구를 행동으로 옮기게 하는 노력은 다짐을 운영하는 내내 계속되어야 했다. 또 협동조합의 경영에서 조합원 욕구조사는 중요한 정보를 주지만, 그것이 실제 수요와 동일하지는 않을 수 있다는 귀한 깨달음을 얻었다.

다짐의 시그니처 운동 수업으로 데조로는 각자의 체력에 맞춰 서로 다른 강도로 운동하는 운동클리닉을 열었다. 당시 한국에서 경험하기 힘들었던 강사 유리의 아프리칸 댄스, 조합원들이 함께 참여해서 개발한 '나와 이웃을 지키는 자기방어훈련 특강' 등 새롭고 다양한 프로그램이 계속 기획되었다. 역량 있는 운동 강사이자 살림의 조합원들이 다짐을 더욱 풍요롭게 만들었다. 물리치료사 철봉이 운동 강사로 합류하자 재활 프로그램이 생겨났고, 철봉이 영양사가 되었을 땐 식이 상담이 더해졌다. 공원과 운동장이 있고 시민사회단체 등이 입주할 수 있어 마을 공유지처럼 운영되던 서울혁신파크 안에 '혁신다짐' 지점이 생기는 등 다짐이 확장되기도 했다.

운동 수업을 듣다가 남다른 흥미와 재능을 발견한 조합원들은 좀 더 본격적으로 운동을 하기도 했다. 생애 처음으로 다짐에서 운동을 시작했는데, 협동하며 운동하는 재미에 푹 빠져 40~50대에 생활체육지도사가 되어 지금까지 협동운동의 모임지기이자 운동 강사로 활동하는 조합원들이 많다. 이와 같은 생생한 순환이 다짐의 특별함이 아닐까.

'운동, 그거 뭐 마음만 먹으면 어디서나 할 수 있지 않나?'라고 생각하겠지만, 다짐에서 운동을 해본 사람은 다르다고 말한다. 내 몸, 다른 사람 몸에 대한 편견 없이, 다이어트에 대한 강박 없이, 자신의 신체를 사랑하기 위해 하는 운동. 그리고 무엇보다 계속해서 운동할 수 있도록 독려하는 동료들과 함께하는 평범한 듯 특별한 운동들이 있다. 퀴어 친화적이며 성평등한 운동 문화를 지향하는 '퀴어근육키워', 50대에 처음 발레슈즈를 신어보는 남성도 어떤 차림으로건 함께할 수 있는 '편견 없는 발레'처럼 말이다.

그리고 다짐에는 거울이 없다. 우리는 거울도 없는 운동공간에서 근력운동을 하고 발레를 배우고 훌라를 춘다. 처음 다짐에 온 전문 운동 강사들은 거울이 없다는 사실에 충격을 받는다. 어떻게 거울도 없이 춤을 배우지? 하지만 거울이 없기 때문에 운동할 때의 복장과 몸매를 남들과 비교하거나 내가 어떻게 보일지를 신경 쓰지 않고, 온전히 자기 몸이 주는 느낌에 집중하는 다지머(다짐에서 운동하는 사람)를 만나고 나면 말이 바뀐다.

"거울이 없는 것도 나름대로 좋은데요? 잘 즐기시는 것 같아요. 무엇보다 옆 사람을 보고 따라하기가 힘드니 동작을 잘 외우게 되네요."

거울이 없으니 볼 곳이 강사님의 얼굴뿐이라, 초롱초롱

한 다지머들의 눈동자를 마주쳐야 하는 곤혹스런 기쁨은 덤이겠지만.

다짐의 대청소는 의원이나 치과 대청소처럼 조합원들이 함께 참여한다. 매번 운동이 끝날 때마다 사용한 운동기구를 간단하게 소독하지만, 대청소 때는 그간의 묵은 때와 냄새를 다 날려 보낼 작정으로 깨끗이 쓸고 닦는다. 내 집도 이렇게까지 청소하진 않는다는 게 다짐 대청소에 처음 참여한 조합원들의 소감이다. 다짐에서 운동한다는 건, 단순히 돈을 내고 강습을 등록하는 것과는 다르다. 이 공간과 가치를 유지하기 위해 나도 기여하겠다는 약속이다.

다짐의 벽에는 이런 말이 붙어 있다.

"기계가 아니라 관계로 건강해집니다."

다짐 출신의 운동 강사가 점점 많아지는 걸 기뻐하고 응원하는 이들. 누군가 운동에 안 나오면 이유가 궁금하고 걱정되어 연락하는 이들. 주치의로부터 운동을 권유받아 이곳에 나왔더니 얼떨결에 주말 대청소까지 참여하고, 거기서 갑자기 결성된 일본어 공부 모임까지 들어가게 된 이들. 폼롤러 모임에서 만났는데 등산도 같이 다니다가 절친이 된 이들. 기계가 아무리 좋은들, 기계까지 오게 하는 건 결국 관계다. 다짐에선 깨끗한 운동공간과 잘 닦인 기구들을 보면서 누군가의 기여를 떠올린다. 그리고 나도 다음에 해야지 다짐하게 된다.

근육 부자가 찐 부자야!

(부요안)

다짐의 터줏대감이자 흰머리 휘날리는 80대 언니들이 종종 외치는 말이 있다.

"돈도 좋지만, 근육 부자가 찐 부자야!"

전무후무한 여성주의 협동운동공간, 건강거점 다짐에는 2013년부터 함께 운동해온 왕언니들이 있다. 이름하여 '흰머리 휘날리며'.

2013년에 다짐을 만들면서 조합원들은 누구와 함께 근력을 키우고 근육을 만들면 좋을지 깊이 궁리했다. 그러던 중 번뜩이는 아이디어 하나가 머리를 스쳤다. 지금 근육이 가장 절실한 사람들은? 근육이 빠르게 줄어드는, 하지만 일상생활의 기능과 건강을 유지하기 위해서 근육이 꼭 필요한 60대 이상의 시민이다. 그러니 이들을 위한 근력운동을 개발해보자는 아이디어였다.

주민자치회관이나 노인복지관 등에서 운영하는 유산소 운동이나 스트레칭 프로그램은 적지 않았지만, 근력운동 프로그램은 거의 없었다. 하다가 다칠까 봐, 혹은 노인에게 근력운동이 그렇게 중요하다는 생각이 흔치 않았기 때문일지도 모른다. 노년기에 특화된 근력운동이라는 발상이 신선했기 때문일까? 만들어지고 얼마 지나지 않아 다짐의 운동 모임에는 구름처럼 사람들이 몰려들었다.

하지만 뭔가 부끄러우셨던 걸까. 모임이 이어지면서 할아버지들은 어느새 안 나오시게 되었고, 아직 너무 젊은 탓에 '막내 라인'으로 불리던 60대 참여자도 조금씩 줄어 흰머리 휘날리며는 명실공히 70~80대 여성 주축의 근력운동 모임이 되었다. 스쿼트 스무 개가 거뜬해지고, 동네 행사에서 득근(근육을 얻는다!) 체조 공연을 하고, 심지어 방송 출연도 했지만 뭐니 뭐니 해도 가장 자랑스러운 점은 흰머리 휘날리며를 시작하고 상당한 기간 동안 같이 운동한 멤버 중 넘어져서 어딘가 부러지거나 다친 사람이 없었다는 것이다. 시니어 운동이니만큼 자세를 바꿀 때 무리하지 않도록 해 기립성 저혈압에서 오는 어지러움이 없도록 했고, 근력만큼 중요한 밸런스를 키워 넘어지지 않도록 했다.

이전과 보폭과 걸음걸이가 달라져 대체 비결이 무엇이

냐고 물어본 주변 친구들도 노년 여성 운동 모임 흰머리 휘날리며에 합류했다. 주 1회 운동 모임은 주 2회로, 구산다짐과 혁신다짐 두 곳으로 네 개 모임까지 늘어났고, 동네 왕언니들은 한 명 한 명 살림 조합원으로도 가입했다. 그중 한명인 홍반장 님은 강사가 조합원 가입서를 봉투에 넣어 드렸을 때 청첩장을 주는 줄 알고 너무 좋아하셨다가 아니라는 것을 알고 살짝 실망하시기도 했지만, 이후에도 모임원들을 챙기며 오래오래 열렬한 조합원으로 활동했다.

젊은 조합원들보다 더 균형을 잘 잡는 코어 좋은 할머니들은 운동만 함께하는 게 아니다. 사전연명의료의향서 등록을 위해 함께 죽음에 대해 얘기하고, 조합 소식지나 달력 포장 같은 노동에 참여한다. 흰머리 휘날리며 덕에 처음으로 손에 발이 닿아봤다며 기뻐하던 할머니들이 이제 돈보다 자식보다 더 좋은 게 근육과 친구라고 한다. 운동과 근육이 내 노후연금이라는 할머니들.

흰머리 휘날리며에서 운동을 시작한 할머니들은 이제 자치적으로 운영하는 협동운동 모임 '시니어파워'를 만들었다. 오랜 기간 다짐에서 여러 운동 모임을 진행해온 조합원 지네의 도움이 있었다. 스스로 운동 모임을 만들고 참여자들도 모으고 비용도 마련했다. 함께하는 운동은 근육만 만

드는 것이 아니라, 함께라면 뭐든 할 수 있다는 자신감도, 협동하는 마음도 만들어가는 과정인가 보다.

    근육 있는 할머니로 나이 들어가기, 노년에 인생 처음으로 해보는 동작 해내기, 이렇게 우리의 미래는 조금 더 다채로워진다.

산소 같은 모임, 오투

(유요원 · 주왜인)

등산화라는 것이 필요한 줄도 모르고 운동화에 캔버스화만 신고 아무 준비도 없이 일단 산에 간 용감한 여자들이 있었다. 때는 2010년. 전주 모악산에서 전국의 의료협동조합 조합원 수백 명이 모여 함께 등산하는 날이었다. 며칠 전부터 부산스럽게 도시락도 준비하고 승합차도 빌려 콧노래를 부르며 전주로 가서 신나게 등산을 시작했는데, 비 온 뒤 가을 산에는 젖은 낙엽이 잔뜩 깔려 미끄러웠고 전국 의료협동조합 조합원 중 가장 젊었던 우리의 체력이 가장 저질이었다.

다른 협동조합의 조합원들이 모두 하산해 뒤풀이가 한창일 때, 최종 집결 시간을 한 시간이나 더 넘기고 기다시피 내려온 우리는 박수를 받았다. 아직 '살림'이라는 이름이 없이 '여성주의의료생협준비모임'으로 활동하던 우리에게 전국의 의료협동조합 선배들은 "여성주의가 뭔지는 잘 모르겠지만 일단 체력부터 길러요. 협동도 체력이 있어야 해."라고, 지금 생각해도 너무 지당한 말씀을 해주었다.

선배들은 많은 것을 알려주었다. 초보자는 어디서 무슨 등산화를 사면 되는지부터, 협동조합에 필수인 산행 모임이 흥하려면 모임지기가 컵라면과 뜨거운 물, 믹스커피를 챙겨가서 정상에서 짠하고 내밀어줘야 한다든가, 일단 모임을 시작하면 몇 명이 오든 한 달에 최소 한 번은 가까운 북한산에라도 올라 모임을 유지해야 한다는 등 다양한 비급을 전수해줬다.

서울로 돌아오자마자 바로 등산화를 주문했다. 등산화를 신으니 놀랍게도 산길에 발이 쫙쫙 붙었다. 다 같이 공동 구매를 한 덕에 식당에서 밥을 먹고 나올 때마다 누구 신발인지 헷갈리는 것이 흠이었지만. 등산화 덕에 자신감이 생긴 우리는 산행 모임을 만들었다. 모임은 누가 이끌지? 아직 산을 잘 타는 사람이 없는데? 원래 잘해서 시작하는 게 아니라 하다 보면 잘하게 되는 것이니, 하고 싶은 사람이 하는 게 좋겠다.

"협동조합이 잘되려면 걷기 모임이랑 산행 모임, 요리 모임은 하나씩 있어야 한대. 그럼 하나씩 모임지기를 맡자."라는 어라의 말에 '할 수 있는 거라면 뭐든 해야 한다'는 활동가의 마음으로 산행 모임은 무영이, 요리 모임과 걷기 모임은 어라가 맡기로 했다. 등산이라곤 어렸을 때 부모님과 가본 것이 전부였던 무영이 이끄는 살림의 첫 번째 건강 소모임 '오투'가 만들어졌다.(왜 오투냐면 '산행 소모임' 줄여서 산소, 그러니까 오투(O_2)이다.)

모임원들도 산을 타본 적 없는 초보만 잔뜩 모였다. 우선은 은평구에서 가까운 북한산부터. 등산로 초입의 안내판에는 분명 초보자 코스라 적혀 있는데 산에 올라가기만 하면 길을 잃기가 수차례, 발은 미끄러지기 일쑤였다. 이것이 취미 활동인가 사서 하는 고생인가 헷갈리면서도 한 달에 한 번은 꾸역꾸역 정기 산행을 하고 있을 무렵, 무려 지리산등산학교 출신 산악인 복어가 나타났다. 산행 모임의 2대 모임지기가 된 복어는 마구잡이로 산을 타며 고생하던 우리를 전문적인 지식과 따뜻한 리더십으로 살살 꾀어가며 등산의 맛을 알게 해주었다. "바로 저기가 정상이니 조금만 더 가보자!(물론 거짓말임.)"

제대로 발을 딛는 법과 등산스틱 사용법을 가르쳐주고, 중간중간 맛있는 간식과 커피를 나눠주었다. 연말에는 산에서 찍은 사진을 모아 모임원들에게 선물하기도 했다. 복어의 업적을 다 이야기하자면 북한산 족두리봉만큼 쌓을 수 있겠지만, 역시 최고의 성과는 그다음 모임지기로 웃자를 앉힌 것이다.

모임지기로 10년 넘게 장기 집권하며 살림 역사상 최장수 임기를 자랑하는 웃자웃자(줄여서 '웃자')는 만능 체육인이다.(부업은 한의사다.) 암벽을 타고 역도를 하는 생활체육 지도자이고, 살림의 여러 운동 모임에서 강사로 자원활동하며, 다짐에서는 자치회장으로 활약한다.(그러니까 부업으로 한의원을 운영한다.) 하지만 웃자도 처음부터 그랬던 것은 아니다. 오투에 나온 지 얼마 되지 않았을 때, 당시의 모임지기 복어는 웃자에게 다음 모임지기가 되어달라고 권했다. 제안을 받고 웃자는 되물었다. "저는 산을 전혀 못 타는데도 산행 모임의 모임지기가 될 수 있나요?" 오투는 가장 느린 걸음에 맞춰 산을 타는 문화를 갖고 있다. 그러므로 다 같이 가장 느린 모임지기를 기다려주며 즐겁게 산을 타면 된다.

가장 느린 사람의 속도에 맞춰 산행한다는 오투의 지향은 처음부터 지금까지 한 번도 변한 적이 없다. 각자 자기 속도대로 안전히 산에 오르고 다른 이들을 기꺼이 기다려준다. 그래서 오랜만에 산을 오르는 사람도, 초보자도 부담이 없다. 세 시간 코스를 다섯 시간 동안 가지만, 그 시간만큼은 내내 너무나 재미있고 즐겁다. 그게 바로 오투에서 배운 협동의 맛이다. 그럼에도 모임원 중에 오랫동안 활동해 온 준프로 산악인들이 꽤 있다는 것은 놀랍다. 가파른 암벽을 타고 설악산 공룡능선을 달려서 주파하는 이들이, 오투의 느린 산행도 너무 소중하다며 모임 운영에 참여한다. 이들이 없으면 오투의 안전한 산행은 불가능했을지도 모른다.

오투 모임지기들은 1년의 산행 일정을 계획할 때면 난이도를 고려해 다양하게 루트를 짜고 사전 답사를 다녀오기도 한다. 생전 처음 산에 가는 사람이 눈꽃과 상고대의 아름다움을 즐길 수 있도록 준비하고, 누구나 자신에게 맞는 코스에 합류할 수 있도록 든든하게 지원해준다. 공동의 짐은 나누어질 수 있도록 하며, 각자가 작은 기여라도 할 수 있도록 배려한다. 오투에서는 "혼자 가면 빨리 가지만 여럿이 가면 멀리 간다."라는, 협동조합 세계에서 가장 인기 있는 격언을 몸으로 직접 체험할 수 있다.

산행에 처음 참여한 조합원이 있었다. 산길을 다람쥐처럼 재빠르게 잘 오르다가 능선의 바윗길을 만나 난관에 부딪혔다. 바로 고소공포증. 가파르고 아찔하게 느껴지는 바윗길을 도무지 지날 수 없었던 것이다. 차라리 가지 않는 것이 좋을까, 그래도 함께하면 헤쳐나갈 수 있지 않을까. 모두가 논의한 끝에 결국 바윗길을 지나지 않고 하산하기로 결정했다. 하산 후의 뒤풀이 자리에서 다른 모임원은 말했다. "사실 나도 조금 겁이 났는데 하산하게 되어 내심 안심이었다." 언제나 약자의 입장에서 생각하자는 결의를 다시 한번 다지는 자리였다.

차이를 인정하고 다양성을 유지하면서도 흩어지지 않고 모이는 힘은 그저 시간이 흘러간다고 쌓이는 게 아니라는 것을 오투를 보며 느낀다. 60여 명의 인원으로 살림에서 가장 큰 건강 소모임인 만큼 오투에는 협동의 노하우도 많이 쌓여 있다. 오투 모임원들은 사람이 잘 모이지 않거나, 의견을 조율하기가 어렵거나, 서로에게 상처받고 속상한 일이 생기거나, 가끔은 좀 더 큰 행사를 열어보고 싶다는 다른 건강 소모임의 고충을 들어주고 좋은 멘토가 되어준다.

때로는 오투 안에서 일어난 일만 오투에서 해결되는 건 아니다. 살림의 신입조합원 환영회 '살림파티'에는 자기소개 시간이 있다. 불리고 싶은 이름이나 별명을 말하며 어떻게 살림과 인연을 맺었는지를 이야기하는 자리다. 한 남성 신입조합원이 스스로를 다음처럼 소개하는 일이 있었다. "제 별명은 '오빠'입니다. 오빠라고 불러주세요."

본인 혼자만 남성이고 다른 참여자는 모두 자신보다 어려 보이는 여성이라 농담 삼아 한 말이었겠지만, 그 자리에 참석한 아무도 웃지 않았다. 살림에서는 나이와 위계, 고착된 성역할 등에서 벗어나 민주적이고 인간적인 관계를 맺기를 바라며 별명을 사용한다. 그런데 별명을 '오빠'로 하겠다니 어떻게 대응해야 하지? 첫 만남부터 스스로 정한 별명을 타박할 수도 없지만, 그렇다고 이 별명을 그대로 사용하도록 놔둘 수도 없는 노릇이다. 일단은 다들 그를 '오빠 님'이라고 불렀다. 그리고 다행히 두 번째 기회가 열렸다. 그 신입 조합원이 오투에 관심이 있다고 한 것이다.

살림파티에서의 일을 전해 들은 오투 모임지기들은 머리를 맞댔다. 드디어 '오빠 님'과 함께하게 된 1박 2일 산행의 밤. 산을 타는 동안 나이 지긋한 아저씨 모임원들이 그에게 차례로 다가가 정중하고 진지하게 인사했다. 그의 별명을 호명하면서.

"오빠 님, 만나서 반갑습니다. 앞으로도 살림에서 또 산에서 자주 뵐게요."

'오빠'라고 불리고자 농담을 한 의도에서 뭔가 많이 어긋난 상황이었다. 밤이 되어 산장에 모여 앉은 모임원들은 한 명씩 돌아가며 자기의 별명과 별명을 지은 이유를 소개하기 시작했다. 스스로 어떤 사람이고자 하는 마음에서 붙인 별명인지 나누었다. 자기 차례가 오자 '오빠 님'은 결단을 내렸다.

"다들 이렇게 좋은 의미를 담아 별명을 지으셨군요. 저도 좀 숙고해서 별명을 바꿔보고 싶습니다."

그러니까 가장 느린 사람에게 속도를 맞춰 함께 조금씩 나아간다는 오투의 지향은 비단 산을 타는 데서만 발휘되는 게 아닌 것이다.

혹시나 산에서 위기에 처한 사람을 만나면 도와주자며 심폐소생술 교육도 받고, 휴지 한 장, 라면 국물 한 모금도 산에 남기고 오지 않기 위해 노력하는 사람들. 산행으로 나도, 산도, 공동체도 조금 더 건강해지기를 기원하며 오투는 오늘도 함께 산을 탄다.

오투 모임지기배 글짓기 대회에서 큰 웃음을 줬던 소무라이의 이행시를 기억하며.

오늘은 / 투데이
오늘 밤 / 투나잇
오늘이 지나면 / 투모로우
오래오래 / 투게더

맑은 눈의 광인들, 살림FC

(호우연)

> 2022년 9월 창단해서 완벽한 결과보다는 협동의 과정을 중시하고, 승부를 위해 다른 팀원을 배척하거나 실력으로 위계를 만들지 않는 따뜻한 조직이지만, 시합에 나가면 로고처럼 맑은 눈 광인이 되는 집단입니다. 네, 그냥 그렇다고요.—파란치

살림FC의 유튜브 채널 소개글이다. 20대에서 60대까지 다양한 세대의 여성들이 매주, 아니 일주일에도 몇 번씩 모여 공을 차는 풋살클럽. 하지만 공만 차는 모임은 아니다. 1년에 두 번 열리는 전체 회의에서는 여성 풋살클럽으로서 우리가 말하는 '여성'이란 누구인지, 여성이라면 나이와 관계없이 누구나 들어올 수 있는지, 트랜스여성이 함께하고 싶어 하면 입단할 수 있는지를 이야기한다. 그렇다. 우리는 풋

살을 하고 싶어서 모였지만 끝내 회의를 하고야 마는 사람들이다. 머리가 아프다.

　만들고 지켜가고 싶은 문화를 생각하며 모임의 '약속'도 만든다. 서로를 어떻게 대하자는 태도에 대한 것부터, 모임 회비는 어떻게 마련한다는 실질적인 것까지 내용이 다양하다. 경기에 관한 것도 있다. 잘하는 사람을 중심으로 경기에 출전하게 하거나 각자 제일 잘하는 포지션만을 전담하게 하지 않고, 모두가 모든 포지션을 골고루 돌아가며 연습하고 경기에 출전한다. 이게 과연 좋은 전략일까, 이기는 데 도움이 될까. 하지만 함께 즐기는 데는 확실히 도움이 된다. 꼭 같이 경기에 나가자고, 이렇게 저렇게 연습을 더 해보라고 조언해주고 격려해주는 동료들이 있기 때문이다.(내가 시합에 나가면 살림FC의 승률은 떨어지지만 나는 꿋꿋하게 참여한다.)

"풋살 하러 왔는데 약속도 정해야 한다고?"

"공 찬 시간보다 회의한 시간이 더 긴 것 같다."

"처음 만난 사이에 나이, 직업 안 물어보려니 뭔가 좀 어색해서 친해지기 힘들다."

처음부터 이 모든 것이 익숙하지는 않았지만, 왠지 살림FC의 분위기가 좋다고 웃으며 다시 모임에 나온다. 다른 풋살 모임에서 살림FC를 참고해 그 모임만의 약속을 만들고 싶다고 물어온다. 그러면 흔쾌히 허락한다. 뿌듯한 마음으로.

지금은 꽤 잘 나가는 살림의 건강 소모임 중 하나인 살림FC는 2022년 9월, 살림밥상에서 점심을 먹던 나와 마토가 풋살이 해보고 싶다고 갑작스럽게 도모하며 출발했다. 무언가를 작당하고 싶은데 나 말고도 좋아할 다른 사람이 있을 게 분명하면, 일단 주변에 말을 많이 퍼뜨리고 다녀야 한다. "풋살이 하고 싶다! 같이 풋살 할 사람 어디 없나요?" 노래를 부르고 다니다 보니 누군가 은아가 풋살 공을 들고 회의에 왔다는 정보를 전해준다.

은아에게 연락해 우리도 풋살을 해보고 싶은데 어떻게 시작해야 할지 잘 모르겠다고 했더니, 본인도 썩 잘 알지는 못하지만 우선 동대문에 신발을 사러 가자고 했다. 다양한 사이즈의 풋살화를 그나마 고를 수 있는 큰 매장은 죄다 동대문에 있기 때문이란다.

장비는 의지를 만든다. 풋살화를 구비하고 나니 마음이 이미 풀밭을 뛰어다녔다. 마포구에서 열리는 여성 풋살 모임에 참여해 처음으로 풋살 공도 굴려보고, 연습은 어떻게 하는지도 보았다. 그냥 달리려니 금방 멈춰 서곤 했는데, 공이 굴러가니 계속 쫓아가게 되는 마법!

동네에서 여성 친구들이랑 같이 풋살을 할 수 있으면 얼마나 좋을까? 우리 셋은 일단 임시로 풋살 수업을 네 차례 열어서, 모임을 만들어 운영할 수 있을 만큼 다른 사람들도 풋살에 관심이 있는지 알아보기로 했다. 조합원 중에도 아직 조합원이 아닌 사람 중에도 풋살을 하고 싶은 여성은 정말 많았다. 일시적이었던 풋살 수업은 이제는 최소 주 1회 만나는 꾸준한 정기 모임으로 이어졌고, 두 해를 넘긴 어엿한 풋살클럽 '살림FC'가 되었다.

모임 운영에도 열심이고 다른 멤버를 위해 정기 연습도 진행해줄 만큼 열정적인 멤버 쉬리에게 물어본 적이 있다. 쉬리 또래를 주축으로 이뤄진 강팀들도 많은데 굳이 살림FC에 꾸준히 참여하는 이유가 무엇인지 말이다.

쉬리는 "내가 몇 살인지, 직업이 뭔지, 애인은 있는지를 시시콜콜 묻지 않으면서도 그저 살림FC에서 만났다는 이유만으로 이렇게까지 환대해주는 분위기가 너무 신기하고 좋았다."라고 말했다. 그리고 같이 뛰는 중장년 멤버들을 보면서 "나도 나이가 더 들어도 풋살을 계속할 수 있겠구나." 싶었다고 말이다.

「두 번째 사람」에서 살림FC의 멤버 첼라는 내가 좋아하는 일을 함께할 사람들이 있고, 그 시간을 순수하게 즐길 수 있는 자유로움, 아이 셋의 엄마거나 누군가의 아내가 아닌 나 그 자체로 존재하는 순간이 주는 기쁨에 대해서 반짝이는 얼굴로 이야기한다. 인터뷰하는 첼라의 뒤로 바닥이 다 까진 진관 풋살장이 보이고, 풋살을 이제 막 시작해 복장도 장비도 마구잡이인 2022년의 우리가 마구 웃고 소리 지르며 뛰어다닌다. 보기만 해도 순식간에 행복해진다. 이제는 상당한 실력에 이르러(정말이다!) 조직적으로 움직이며 현란한 팀플레이도 곧잘 펼치는 현재의 살림FC에도 그 힘과 즐거움은 여전하다.

각자의 체력과 컨디션에 따라 자기 몸이 움직이길 원하는 정도까지 시간과 열정을 들이고 싶은 만큼 하면 된다. 서로가 다르고 개성이 있기에 더 다양한 색깔을 띤다. 물론 잔디밭에서는 맑은 눈의 광인으로 달려야겠지만.

불광천을 달리는 사람들

(주왜인)

"혹시 불달이세요?"

매주 금요일 오후 8시, 응암역 인근 불광천 비둘기집 앞에서 접선하는 사람들이 있다. 이들은 '불달'. '불광천을 달리는 사람들' 혹은 '불금에 달리는 사람들'이라는 뜻의 살림 건강 소모임 불달의 모임원들이다.

살림 소모임의 큰 특징 하나는 같은 취미를 공유하더라도 경험과 실력의 차이가 천차만별인 사람들이 자연스럽게 함께 논다는 것인데, 불달이 대표적이다. 태어나서 지금까지 한 번도 자의로 달려본 적 없는 사람, 횡단보도의 신호등이 깜빡거릴 때조차 뛰어본 적이 없는 사람, 눈앞의 버스정류장에 정차한 버스는 절대 내 버스가 아니었던(달려가서 버스를 잡아 본 적이 없기에) 해맑은 달리기 초보부터, 퇴근하는 길이 이 방향이니 기왕 달려서 퇴근할까 싶어 왔다는 출

퇴근 복장의 직장인, 풀코스 마라톤을 처음으로 준비해보는 사람, 완주 경험이 수십 차례인 사람까지 각양각색이다.

나는 진료실에서 환자들에게 종종 불달을 추천하곤 한다. 주로 유산소운동이 필요하거나 골밀도를 높이기 위해 체중을 싣는 운동이 필요한 이들에게 권하니 당뇨나 지방간을 진단받은 이들에게도, 골다공증으로 운동이 필요한 이들에게도 불달을 제안한다. 매주 금요일 저녁 8시에 접선 위치에 둥글게 모여 몸을 풀고 있는 사람들이 보이면 "혹시 살림 분들이신가요?"라고 물어보고 합류하라고 정보를 준다.

불달을 진료실에서 본격적으로 소개하기 시작한 건 두 가지 계기 때문이었다. 첫째는 요즘 달리는 많은 사람이 그렇듯이 코로나19 때문이었다. 실내 운동이 제한되었던 시기를 거치면서 실외에서도 꾸준히 할 수 있는 다른 운동이 필요했다. 둘째는 살림의원에 다니는 트랜스젠더들과 대화하면서였다.

나는 원래 달리기와 수영 중 고르라면 수영파였다. 기본적으로 몸을 움직이는 걸 좋아하는 편이지만, 운동을 안 하면 어떤 결과가 닥쳐오는지를 익힌 바 있어 살기 위해서라도 규칙적으로 운동한다는 것이 정확하겠다. 나를 몇십 년째 괴롭히는 두통은 아침 커피와 아침 운동을 거르기 시작하고 사흘째가 되면 어김없이 나타난다. 진료실에서 매일 환자들을 마주할 건강한 에너지를 유지하기 위해 나에게 운동은 필수다.

게다가 의료협동조합 의사로서 생활 습관을 변화시켜 스스로의 건강을 증진하게끔 실천을 독려하고 개개인에 맞는 운동을 실질적으로 조언하려면 이것저것 다양한 운동을 경험해보아야 했던 탓도 있었다. 직업 정신의 발로인 셈인데, 다행히 살림에는 운동공간 다짐이 있어 다양한 운동 프로그램들이 운영되고 있었다. 다짐의 모든 프로그램을 다 체험하지는 못했지만 요가와 필라테스, TRX 근력운동, 복싱, 줌바, 발레 등을 경험한 끝에, 땀을 많이 흘리고 땀띠가 잘 생기는 신체적 특성을 고려해 최종적으로 아침 수영에 정착했다.

하지만 수영이 누구에게나 접근하기 쉬운 운동은 아니다. 거리와 시간, 비용의 제약도 크지만, 무엇보다 한국의 수영장은 성별이 나뉜 탈의실밖에 운영하지 않는다. 이 점이 트랜스젠더들에게는 제일 큰 제약이다. 한 트랜스젠더는 호르몬 치료를 시작한 후 가장 불편한 점으로 "수영장과 워터파크에 가지 못하는 것"을 꼽았다. 수영이 가장 좋아하는 운동이었는데, 호르몬 치료를 받기 시작하면서 어느 성별로도 명확하게 규정하기 힘든 몸이 되자 수영장은커녕 헬스장에도 다니기 힘들다고 했다.

여기까지 생각이 미치자 달리기가 정말 좋은 운동이라고 여겨졌다. 트랜스젠더든 아니든, 돈이 있든 없든, 성별이 어떻든, 달리기는 권할 만했다.(물론 달리기를 할 수 없는 장애가 있는 이들도 있다. 그런 경우에는 거주지 근처의 장애인 전문 체육센터를 추천한다.) 진료실에서 자주 권하다 보니 직접 뛰어봐야 어떤 이들에게 권할 만한지 알 게 아닌가. 그래서 나도 달리기 시작했다.

불달은 처음 보는 얼굴이 와도 나이와 성별 같은 건 캐묻지 않는다. 달리기 경험이 있는지, 오늘 어떻게 뛰고 싶은지를 물어본다. 30분에서 한 시간 동안 각자의 속도에 맞춰 자유롭게 뛰어도 좋고, 걷다 뛰다 해도 좋다. 그러다 보면 초보자가 지치지 않게 옆에서 페이스를 맞춰주며 뛰는 모임원이 꼭 나타난다.

달리기 초보랍시고 먼저 묻지도 않았는데 이것저것 알려주지 않는다. 냉정하다는 게 아니라, 먼저 아는 척하며 무작정 가르치려고 들지 않는다는 것이다. 하지만 뭔가를 물어본다면 그때는 친절하고 자상하게, 정말 열심히 알려준다. 무릎이나 발목, 어깨 등에 무리가 가는 자세로 달리는 사람에게는 달리기 강좌 영상을 보여주며 같이 공부하기도 하고, 자신의 발에 맞는 러닝화를 찾는 사람에게 적절한 조언을 해주기도 한다. 언제? 본인이 원할 때, 그 사람이 부탁할 때.

매주 나가서 달리지 못해도 그럴 만한 사정이 있음을 알아주고, 오랜만에 나와도 반갑게 맞아주는 사람들. 경쟁하거나 평가하지 않고, 서로 당연하게 존댓말을 쓰며, 필요한 것이 있을 때 살짝 챙겨주는 관계. 이런 불달의 든든한 정신적 지주이자 모임지기는 조합원 평화다.

평화는 거의 빠지지 않고 금요일마다 불광천을 달린다. 조합원들이 집중적으로 운동을 실천하는 기간이었던 '함께건강실천단' 동안에는 심지어 매일 달리기도 했다. 달리러 나온 단 한 명의 모임원이 서운하고 심심할까 봐, 기껏 세운 운동 결심이 꺾일까 봐, 100일 동안 매일 저녁 불광천을 달린 사람이 평화다. 이런 평화가 지키고 있기에 달리고자 하는 누구에게라도 불달을 추천할 수 있다.

지하철 6호선 응암역 부근 불광천 산책로가 시작하는 지점에는 '비둘기집'이라고 불리는 하얀 아파트형 새집이 있다. 금요일 저녁 8시 그 앞에 수줍은 표정이지만 뭔가 러닝 전문가의 포스를 풍기는 자세의 아저씨를 만난다면 조용히 다가가서 암호를 대듯이 물어봐야 한다.

"혹시, 불달이세요?"

두 번의 결혼식과 한 번의 장례식

⟨주요은⟩

조합원 250명이 100일 동안 매일같이 하루 1만 보 걷기를 실천해보자며 함께건강실천단을 꾸리고 있을 때였다. 여기 참여할 사람을 모으는 데 열을 올리던 물빛은 문득 생각했다. 다른 사람만 운동하라고 꾈 게 아니라 나도 운동을 좀 해야 갱년기를 수월히 넘기지. 생각하면 곧바로 행동하고야 마는 물빛이 봉화를 피워 올렸다. 훌라 추고 싶은 갱년기 여자들 모여! 그렇게 훌라 건강 소모임은 2023년에 혜성처럼 등장했다.

갱년기를 지낸 열 명 남짓한 여자들을 주축으로 한나 선생님에게 훌라를 배우기 시작했다.(나는 갱년기는 아니었지만 주치의 특전으로 함께할 수 있었다. 살림의 주치의는 많은 특혜를 누린다!) 훌라를 시작한 언니들은 춤도 춤이지만, 머리에 꽂을 꽃핀을 사랴 꽃목걸이 레이를 사랴 바빴다. 치마는 또 어떻고? 평소엔 절대 입을 수 없는, 입는 순간 야자 잎사귀 사이로 꽃잎이 출렁이고 파도와 태양이 밀려오는 파우스커트를 쇼핑하는 재미가 쏠쏠했더랬다.

　우리는 변변한 이름도 없이 급한 대로 '알로하(Aloha, '사랑'을 뜻하는 하와이어로 인사말로 쓰인다.)'라고 불렸다. 뭐라고 불리든 문제가 되지 않았다. 살림의 다른 건강 소모임은 '잠삼책(잠자기 전에 30분 동안 책 읽는 모임)', '불달', '수분나눔위원회(물을 자주 마시자는 모임)', '하루 시 한 수(하루에 시 한 수씩 나누는 모임)', '퀴어근육키워' 등이었으므로 딱히 이름을 헷갈릴 일도 없었다. 그래서 새로 이름을 붙일 필요를 못 느끼며 1년을 훌라를 춰왔는데, 2024년 봄에 옆 동네 마포구에서 열린 훌라 댄스 페스티벌에 나갔다가 정신이 번쩍 들었다. 이렇게 훌라가 유행이면 전국에 알로하라는 이름의 모임은 얼마나 많을 것인가? 수많은 알로하 중 하나가 되기 전에 얼른 모임명을 짓자. '살림' 더하기 '알로하', 그리하여 '살로하'. 우리는 '살로하'로 개명했다. 그래서 지금은 "살림, 알로하, 살로하, 살러 와!"로 불린다.

　살로하는 아마추어라기엔 놀라울 정도로 많은 공연에 섭외됐다. 훌라를 배우기 시작한 지 딱 3개월 만에 건강실천단의 해단식에서 어설프지만 신나게 춤추며 데뷔한 이래,

은평구 각 동의 주민 축제, 데이케어센터 입소 어르신의 생신 잔치, 중증 장애인 시설 입소자의 환갑잔치, 풍물패 거리 축제, 먹거리 생협 20주년 기념식, 마을 송년회 등 크고 작은 무대에 섰다. 축제나 행사가 몰릴 때는 하루에 두 개 이상의 공연에 섭외될 정도로 명실공히 동네 행사의 아이돌이 되어가고 있었다.

보통 아마추어 댄스팀은 공연할 행사를 잡기 위해 노력해야 한다는데, 우리는 "대체 이 많은 행사는 누가 물어오는 거냐?"라며 스케줄 관리 인공지능 비서를 도입해야 한다고 너스레를 떨 정도였다. 그렇다고 살로하가 훌라를 기가 막히게 잘 추냐 하면 꼭 그렇지도 않다. 머리에 꽃을 꽂았기에 행복할 뿐이다. 보는 이들이 질리지 않게 공연마다 레퍼토리를 바꿔서 막 배운 곡을 무대에 올리려다 보니 매번 약간씩 어설펐다. 그 실수가 동네에서는 소소히 즐길 이야깃거리가 되어주기도 했다.

나는 가끔 진료실에서 "저번에 훌라 공연 잘 봤어요." 하는 환자의 말에 좀 부끄러워도 했다가 "우리 센터 와서 요렇게 요렇게 춤췄잖아."라며 손동작을 귀엽게 흉내 내는 팔순 넘은 어르신을 보면서 묘한 감동을 느끼기도 했다. 하여튼 많은 공연을 소화하느라 실로 바쁜 나날이었다.

처음으로 결혼식 축하 공연 섭외가 들어왔다. 살림의 조합원이자 우리의 친구, 성소수자 인권단체의 활동가이기도 한 캔디. 캔디가 자신의 여자친구와 이태원에서 올리는 퀴어 결혼식이었다. 아직 법적으로는 인정되지 않는 동성 간의 결혼이지만, 두 사람의 가족과 지인이 와서 함께 축하하는 멋진 자리였다.

동성결혼이 낯선 중년 여성이 대부분이지만 이 퀴어 결혼식에서 축무를 추는 일은 살로하의 모임원들에게는 당연히 기뻤다. 오히려 모임원들은 이런 뜻깊은 결혼식에 불러주어 감사하다고 눈물을 글썽거렸다. 우리는 둘의 사랑을 응원하는 '빨주노초파보' 여섯 색깔 무지개로 치마를 맞춰 입고 「하와이안 웨딩 송(The Hawaiian Wedding Song)」에 맞춰 훌라를 췄다. 살림과 훌라의 정신은 사랑과 평등, 나눔, 공존으로 통했다.

연이어 홍 선생님의 장례식이 있었다. 엄밀하게는 장례식이 아니고 퇴임식이었다. 재직하던 중학교에서 이미 공식적으로 학교장 퇴임식을 올렸지만, 선생님은 '은평학부모네트워크'의 주축으로 지역사회에서 오래 활동해왔기에 동네 사람들도 퇴임식을 열고 싶어 했다. 하지만 선생님도, 선생님의 가족도, 우리 모두 다 알았다. 퇴임식이 홍 선생님과의 마지막 만남이리라는 것을.

홍 선생님은 살림의 아주 초창기부터 조합원이었다. 원체 강건한 체질로 병원을 잘 다닐 일이 없던 분이었는데, 암을 진단받고는 수술을 어디서 받을지부터 항암치료를 어디서 받을지, 신약 항암제 임상 시험에 참여할지, 항암제 부작용에 어떻게 대응할지까지 살림의원에 꾸준히 상담해왔다. 항암치료를 받는 동안에도 홍 선생님은 계속 교사로, 그것도 교장으로 바쁘게 일하셨다.

어느 날 대학병원의 담당 교수가 "지금은 간 상태가 좋지 않아 항암치료를 지속할 수 없다. 간 수치가 좋아지면 그때 다시 시작하자."라고 하면서 당분간 치료할 수 없으니 대학병원에 오지 말라 했다고 얘기를 전해주었다.

"간 수치가 좋아지면 다시 오라고 들었어요. 언제쯤 좋아질까요? 좋아질 수 있을까요?"

간 수치가 좋아지면? 간 수치가 좋아진다고? 담즙을 몸 밖으로 빼낼 수 있도록 배액관을 두 개나 꽂은 홍 선생님으로부터 이 얘기를 전해 들은 나는 "간 수치가 좋아지면"이라는 조건부 문장에 서늘한 의아함을 느끼고 간 초음파 검사를 권했다. 그리고 상당히 전이된 암을 발견했다.

간 수치가 좋아지면 항암치료를 다시 하자는 교수의 말

은, 간 수치가 좋아질 수 없으니 치료를 중단하겠다는 선언이었다. 그러면 그 사실을 정확하게 전달했어야지. 이렇게 희망 고문하듯이 얼버무릴 게 아니라. 나는 초음파 검사를 다 마치기도 전부터 울먹거리며 홍 선생님께 전했다.

"선생님, 제가 이 말씀을 드려도 될지 모르겠는데요. 지금 암이 간에 많이 전이되어 있어요. 더는 항암치료가 힘든 상황이에요."

"항암치료가 힘들다면 이제 뭘 해야 하지요?"

"이제 마지막을 준비하셔야 할 것 같아요."

"마지막이라면…… 제가 죽는다는 건가요?"

"네. 가족 분들께도 말씀드리고 같이 준비하셔야 할 것 같아요."

"아, 그렇군요. 제가 곧 죽는군요. 안 그래도 내년에 학교를 퇴직하려고 생각하고 있었어요."

"아니에요, 선생님. 앞으로 길면 두세 달. 아마 이번 여름을 넘기기 힘들 거예요."

"아, 제 생각보다 남은 시간이 많지 않군요. 이런……."

점잖은 선생님의 담담한 목소리에 더 눈물이 났다. 홍 선생님보다 많이 울지 않으려 했지만 쉽지 않았다. 간신히 마음을 추스르고 학교에 명예퇴직을 신청하고 호스피스 완화의학과 진료를 예약하는 일을 의논했다. 다행히 살림의원의 다른 의사 선생님이 호스피스 전문이라 통증 조절과 향후 계획을 짜는 데 큰 도움이 되어주었다.

두어 달 후 동네 주민들이 홍 선생님의 퇴임식에서 살로하가 공연해달라고 부탁했다. 이미 호스피스 병동에 입원해 있던 선생님이 다행히도 외출증을 끊어서 나올 수 있을 정도로 컨디션이 좋았던 날, 교장 선생님의 명예로운 퇴임을 축하하는 동네잔치가 열렸다. 동네 사람들은 선생님과의 추억을 얘기했고, 선생님은 좋은 교육을 위해 평생을 노력해온 와중에 겪은 여러 에피소드를 들려주었다. 선생님의 노력으로 달라진 학교가 담긴 동영상도 같이 보았다.

우리는 「유 아 마이 선샤인(You are my sunshine)」에 맞춰 훌라를 추기로 했다. "오늘 공연은 퇴임 축하 공연이야. 절대 울기 없기!"라고 수차례 다짐하고 주먹도 불끈 쥐었건만, 선생님과 눈이 마주치는 순간부터 노래가 끝날 때까지 줄줄 우느라 어떻게 춤췄는지도 모를 지경이었다. 살로하의 어떤 이는 선생님과 은평학부모네트워크에서 같이 활동했고, 어떤 이는 선생님이 재직한 학교의 시민사회운영위원이고, 다른 이는 그 학교의 학부모, 또 다른 이는 선생님의 주치의였던 것이다. 우리 모두가 선생님과 함께 이 지역에서 살아왔다.

　공연이 끝나고 살로하가 우는 바람에 덩달아 울었다고 동네 사람들은 타박했지만, 홍 선생님은 정작 우리의 훌라를 보며 활짝 웃었다. 퇴임 잔치에는 수백 명의 가족, 친지, 이웃, 동료, 동지가 함께했다. 마지막까지 선생님이 덜 고통스럽기를, 소중한 추억이 선생님과 가족들에게 끝까지 힘이 되기를 간절히 기도했다.

　다시 두어 달 후, 살로하에서 열심히 활동하는 블라의 아들 결혼식. 여느 결혼식과 다르지 않은 결혼식으로만 알았는데, 시어머니 될 블라가 한복 차림으로 버진로드 한가운데에서 덩실덩실 훌라를 추며 하객들의 격한 박수를 받는 순간 더는 예사롭지 않은 결혼식이 되어버렸다.

　살로하는 축하 공연을 마치고 결혼식 피로연까지 즐기며 오래 자리를 지켰다. 블라가 동네 마당발인 만큼 홍 선생님의 퇴임식에서 보았던 얼굴을 많이 마주쳤다. "다시 만나니까 좋네요." "슬픈 자리에서만이 아니라 기쁜 자리에서 보니까 또 좋네요." "그땐 훌라 공연 보면서 많이 울었는데, 오늘은 많이 웃을 수 있어서 좋네요." 다정하게 서로를 껴안으며 안녕을 빌었다.

　두 번의 결혼식과 한 번의 장례식. 2024년 한 해 동안

살로하가 오른 가장 큰 무대다. 그리고 이건 퀴어 결혼식이든 이성애자의 결혼식이든 관계없이 평등하게 축하하고, 기쁜 일이든 슬프고 아픈 일이든 함께 겪어가고 있는 우리 동네의 이야기이기도 하다.

임종을 준비하기

(주왜인)

4년 전쯤, 친구이자 살림의원의 첫 간호사 레이의 고양이가 암으로 무지개다리를 건넜다. 우리는 레이와 함께 산 적이 있고 그때 그 고양이도 우리와 같이 살았다. 갑자기 아픈 고양이를 데리고 동물병원에 동행했던 이틀 뒤, 나는 일하던 도중 고양이의 부고를 들었고 그날 진료를 마치자마자 어라와 함께 레이의 집으로 갔다. 레이는 죽은 고양이를 깨끗한 종이 관에 담아 집으로 데려온 터였다. 화장장을 내일로 예약했으니 마지막 밤은 고양이와 함께 보내겠다고 했다.

우리는 사후 강직으로 딱딱하게 굳은, 하지만 털은 여전히 길고 부드러워 마치 살아 있는 것 같은 고양이를 쓰다듬으며 애도했다. 그 와중에 "꼬리는 사후 강직이 안 온다."라는 레이의 말에 손가락으로 꼬리를 말아보기도 했다. "진짜네. 꼬리는 안 딱딱하네. 엄청 부드럽다." 이야기를 나누며 울기도 웃기도 했다.

그러고는 2주쯤 지났으려나. 이번에는 다른 친구들이 15년째 키워오던 강아지를 떠나보냈다. 친구들은 강아지와 함께 마지막 밤을 보내겠다고 했고, 우리는 문상을 하러 갔다. 얼마 전에 레이에게 들은 '꼬리는 사후 강직이 안 온다'는 이야기를 전해줬다. 고양이만 그런 거 아냐? 어라, 강아지도 그렇네. 눈물 바람이던 강아지 보호자들이 잠시나마 꼬리를 말아보며 웃었다. 슬펐지만 평온하고 다정했다.

반려묘, 반려견의 장례를 연이어 겪은 후 사람의 임종에 생각이 미쳤다. 사람의 임종도 이렇다면 얼마나 좋을까. 단 몇 시간만이라도 쓰다듬고 어루만지며 울고 웃으며 애도의 시간을 누릴 수 있다면 얼마나 좋을까.

방문진료를 다니다 보면 병원이 아닌 집에서 임종을 맞고 싶다는 분을 많이 만난다. 거동이 불편해 병원에 가기조차 힘든 상황에서 방문진료를 신청한 대부분은 불필요한 연명치료를 받지 않겠다고 결정한다. 그러나 사람의 임종은 반려동물의 것과 다르다. '법률적인 사건'이며 '법률적인 절차'를 따라야 한다. 마음을 굳게 먹는다고 가능한 게 아니라 여러 준비가 필요할 수밖에 없다.

살림에서는 방문진료 환자나 그 보호자에게 '가정임종

교육'을 제공하곤 한다. 임종 준비 과정에서 진료·간호·돌봄의 원칙은 무엇인지, 임종에 가까워지는 환자에게 어떤 증상이 나타나는지, 임종이 의심될 때 당황해서 119에 전화하는 것 말고 어디에 연락해야 하는지, 보호자로서 어떤 돌봄을 할 수 있는지, 그리고 임종 전에 준비해야 할 서류는 무엇이고 임종 이후에 발급받아야 하는 서류는 무엇인지 등. 의료에서 행정의 영역까지 아우르며 임종 준비를 돕는 다양한 내용이 포함되어 있다.

그리고 '생애 말기 돌봄 키트'라는 작은 주머니를 건넨다. 주머니에는 임종 전후로 사용할 수 있는 향기롭고 부드러운 물티슈, 포근하게 발을 감싸 안식을 건넬 수면 양말, 전신을 닦을 수 있는 일회용 수건 등이 들어 있다.

환자의 의식과 인지가 괜찮다면 '사전연명의료의향서'를 작성하여 등록하도록 돕는다. 이것은 환자 스스로가 불필요한 연명치료를 받지 않겠다는 의사를 공식적으로 밝히는 서류로, 환자의 거동이 불편하다면 가정에서 태블릿으로 작성한 뒤에 연명의료정보처리시스템에 등록하게 한다. 단 환자의 의식과 인지가 뚜렷하지 않다면 평소 연명치료에 대해 가지고 있던 생각을 보호자가 미리 모아놓도록 한다.

그다음으로는 진단서가 필요하다. 임종이 예견되는 상

황이므로 사망진단서가 아니다. 추후에 사망진단서나 시체검안서를 작성해야 하는 의사들이 사망 원인을 추정할 수 있도록 정확한 상병명과 방문진료 내용을 꼼꼼히 쓴 진단서다. 원인 불명의 갑작스러운 사망이 아니라는 것을 경찰에 알려야 불필요한 부검을 피하고 가족이 함께 평화로이 장례를 치를 수 있기 때문이다.

체인스토크 호흡(Cheyne-Stokes respiration)[+]과 같은 임종의 징후가 뚜렷해지면 가족을 모두 불러 모아야 한다. 부모의 임종으로 자녀들 사이에서 오해나 분쟁이 일어나지 않으려면 가족이 함께 임종을 지켜야 한다. 이 과정이 순탄하지 않다면 임종 과정을 동영상으로 기록하는 것도 좋다. 실제로 임종 직전까지 환자를 제대로 돌보지도 않던 가족이 나타나 임종 과정에 대해 문제를 제기하는 경우도 많다. 어머니의 뜻에 따라 연명치료를 하지 않은 것을 학대나 방임이라고 몰아붙이거나, 임종 과정에서 119에 전화하지 않았다고 살인이라고 주장하며 수사 기관에 고발하는 일도

[+] 심한 심장 질환, 뇌 손상, 중독 등의 상황에서 발생하는 호흡 패턴. 깊은숨을 몇 번 몰아서 쉰 후에 점점 호흡이 얕아지다가 잠시 멈추었다가 다시 깊은숨을 쉬는 비정상적인 형태로 반복적으로 나타난다. 임종 직전에 주로 나타나서, 임종을 예측하는 호흡으로 불린다.

종종 있다. 우리는 이를 '미국 사는 둘째 아들 증후군'이라고 부른다. 뒤늦게 나타나서 효자 노릇을 한다고.

임종 후에는 119가 아닌 112에 신고하도록 알려드린다. 어차피 119에 신고하든 112에 신고하든 경찰과 소방이 공조하게 되어 있지만, 엄밀하게 따지자면 사망 건이기 때문에 112에 신고하는 것이 맞다. 그리고 경찰이 도착했을 때 사전연명의료의향서와 임종이 예견된다고 적힌 진단서를 제시하면 좋다. 그러면 검안의를 불러 외인사(外因死)가 아닌 병사임을 확인한 후 장례를 시작할 수 있을 것이다.

얼마 전 내가 방문진료를 다녀온 할머니는 말기 대장암으로 돌아가셨다. 그분의 며느리인 풀꽃은 미리 우리에게 들은 바가 있어, 할머니의 호흡이 짧고 가쁘게 끊어질 듯 이어지자 나에게 전화를 줬다.

"지금 어머님이 짧고 가쁜 호흡을 하시다가 호흡이 길어졌다가 다시 짧은 호흡을 하시다가를 반복하시는데요. 이게 선생님이 설명해준 임종기로 가는 신호가 맞지요?"

"네, 그런 것 같네요. 체인스토크 호흡은 환자가 너무 힘들어 보여 안타깝겠지만, 실제로 환자의 의식은 떨어져 있는 상태라 아주 힘들지는 않습니다. 임종이 머지않은 것 같아요."

"이제 가족들 다 오라고 해야겠네요. 감사합니다."

풀꽃은 슬프지만 차분히 다음을 준비했다. 멀리 사는 가족을 호출했고, 모든 가족이 모인 집에서 할머니가 가족의 손을 잡고 돌아가시자 한두 시간 정도 애도와 기도의 시간을 가졌다. 마음을 추스른 뒤 112에 신고했더니, 정작 현장에 출동한 경찰만이 평온한 가족의 모습에 당황해했다. 풀꽃이 "검안의사를 불러주세요."라며 내가 진즉에 써준 진단서를 보여주자 경찰은 어떻게 일반인이 이런 내용을 다 아느냐고 깜짝 놀랐다고 한다.

풀꽃은 나와 함께 방문진료를 다닌 적이 있다. 의료진 혼자 방문 진료를 다니던 시절, 의료진의 안전을 위해 조합원 자원활동으로 방문진료를 처음으로 가는 가정에 동행해 주었다. 같이 방문했던 가정으로 처방전이나 약을 배달하는 자원활동을 해주기도 했다. 그리고 사전연명의료의향서 작성을 돕는 교육도 하고 있다.

시어머니의 임종을 겪은 뒤, 풀꽃의 교육 내용은 한층 생생해졌다. 각종 신고와 서류, 지켜야 할 절차로 인해 정신없을 줄로 알았던 임종을 가족과 함께 평온하게 치르고 나자, 얼마나 준비하느냐에 따라 임종이 달라질 수도 있음을 확실하게 느꼈다고 했다. 풀꽃은 그 첫 시작이 사전연명의료의향서 작성임을, 그리고 어떤 죽음을 바라는지에 대해 가족, 이웃과 미리 이야기 나누는 일이 얼마나 중요한지를 힘주어 강조한다.

    내 아버지는 지방 소도시에서 비단 공장을 운영했다. 가끔 종로의 주단 집이 아닌 그 먼 경상남도의 공장까지 직접 비단을 사러 오는 서울 사람들이 있었는데, 자녀의 결혼식을 앞둔 이들뿐만 아니라 수의를 짓기 위해 오는 이들도 많았다. 초등학생이었던 어린 내 눈에도 한참 젊어 보이는 이들이 흰색이나 크림색 수의 일습을 맞출 비단을 끊어가는 걸 보면서, 죽을 준비를 뭐 하러 저리 일찍부터 하나 생각했다. 거기다 내 어머니는 피부색에 어울리는 비단을 추천하며 "이렇게 맞추면 참 고우실 겁니다."라고 말씀하시니, 이미 죽은 마당에 낯빛에 어울리는 비단이 당최 무슨 의미람 싶기도 했다. 그런 기억이 요즘 방문진료를 하는 틈틈이 떠오른다. 그런 일도 크게 보면 하나의 임종 준비일 수도 있겠다.

사전연명의료의향서가 제대로 쓰이려면

(추혜인)

한 환자가 진료실에서 사전연명의료의향서에 대해서 물어봤다. 나는 그분이 등록을 원하는 줄 알고 열심히 설명했다.

"이 서류는 연명치료를 앞두고 작성하는 게 아니라 미리 작성하는 거예요. 나이가 만 19세 이상이면 누구나 등록할 수 있어요."

"이걸 등록해놓으면 심폐소생술을 안 하는 게 맞죠?"

"모든 심폐소생술은 아니고요. 더는 인공호흡기나 심폐소생술 같은 게 의학적으로 의미가 없는 상황일 때, 하지 않을 수 있게 되는 거예요."

살림은 은평구에서 세 번째로 사전연명의료의향서를 등록할 수 있는 기관이 되었다. 앞선 두 곳은 은평구보건소와 건강보험공단 은평지사였으니 모두 공공기관이다. 살림은 공공기관이 아니기 때문에 원할 때 언제든 방문해서 등록할 수 있는 것은 아니다. 등록 기간이 한 달에 한 번으로 정해져 있다. 이때 방문해 교육과 상담이 진행되는 식이다. 사전연명의료의향서 상담과 등록을 모두 자원활동가 조합원들이 맡고 있기 때문이다.

"다음 달 사전연명의료의향서 등록 시간을 알려드릴까요?"

알고 보니 이분은 이미 보건소에서 몇 년 전에 등록을 하셨단다. 그런데도 갑자기 이야기를 꺼낸 건 최근에 돌아가신 지인의 임종 과정을 지켜보았기 때문이었다. 말기 암 환자였는데 중환자실 치료 중에 심폐소생술까지 받다가 돌아가셨다는 이야기를 들으며, 문득 저렇게 무의미한 연명치료를 받다가 죽고 싶지는 않다는 생각이 들었다고 했다. 예전에 등록한 사전연명의료의향서가 떠올랐고 임종 과정에서 그것이 제대로 작동할지 궁금해진 것이다.

나는 지갑에 넣고 다니던 '사전연명의료의향서 등록카드'를 꺼냈다.

"이거 받으셨어요? 혹시 못 받으셨거나 잃어버리셨으면 다시 국립연명의료관리기관에 신청하시면 돼요. 불안하시면 이거라도 지갑에 넣고 다니세요. 그리고 가족, 자녀가 있다면 등록했다고 미리 다 말씀해놓으시고요. 서류가 있어도 가족이 반대하면 당사자가 원하는 대로 되지 않을 수도 있거든요."

레이의 고양이가 갑작스러운 장 파열로 패혈증이 와서 입원한 적이 있다. 암이 원인이라는 진단을 받은 후, 레이는 고양이의 수술동의서를 쓰면서 심폐소생술 거부 서약서에도 사인했다. 이미 복강으로 전이된 말기 암이라는 판정을 받았고 그로 인해 장이 파열되어서 응급 수술을 받아야 하는 상황. 수술이 성공적으로 끝난다고 하더라도 완치는커녕 기나긴 항암치료가 남은 터였다. 레이는 간호사이니 이런 과정을 너무 잘 알고 있었고, 수술 중 혹은 수술 후에 문제가 생기더라도 더는 고양이를 괴롭히지 않았으면 하는 마음에 심폐소생술 거부 서약서를 미리 쓴 것이었다.

수술 후 회복실로 옮겨진 고양이의 생체 징후가 약해져 가던 다음 날 새벽, 심폐소생술 거부 서약서는 그야말로 휴지 조각이 되었다. 야간 당직을 서던 수의사가 당연한 일처럼 심폐소생술을 했기 때문이다. 자기는 주치의가 아닌 당직일 뿐이라 그런 서류가 작성되어 있는 줄도 몰랐다고, 알았다 한들 읽어볼 여유가 없었을 거라고 했다. 아무 의미가 없는 심폐소생술이었다.

어라의 외할머니에게도 이런 일이 일어났다. 장 파열로

대학병원에서 수술을 받고 중환자실에서 요양병원으로 옮기며 심폐소생술을 하지 않겠다고 했다. 할머니의 평소 뜻이었기에 가족 모두 동의했고 사인도 했다. 그러나 할머니의 호흡이 약해지던 때에 할머니의 바람도 가족의 동의서도 모두 소용이 없었다. 흉부 압박으로 작은 가슴이 뼈가 부러지고 멍이 들었고 그 상태로 할머니는 임종을 맞이하게 되었다. 가족은 항의했지만, 담당 의사는 "너무 위급한 상황이라 그런 서류를 확인할 새가 없었다."라고 했다. 가장 위급해지는 그때 가장 필요한 서류였잖아!

이런 일들이 종종 있으니 사전연명의료의향서를 등록하고도 불안해하는 사람이 있을 수밖에 없다. 작성자는 대체로 '국가에 등록까지 해놓았으니 연명치료 여부를 결정해야 하는 상황이 오면 가족 모두에게 알려지겠지.'라고 기대하지만, 실제로는 전혀 그렇지 않다.

살림은 사전연명의료의향서 등록기관이기는 하지만 열람은 할 수 없다. 서류를 열람하려면 병원 내에 의료기관윤리위원회를 설치하고 연명의료 계획서를 작성할 수 있는 기관이어야 한다. 일반적인 의료기관에서는 조회도 불가능하다는 뜻이다. 가족들도 가족관계증명서를 첨부해 정식 열람을 신청해야만 서류를 볼 수 있다.(사전연명의료의향서는 국립연명의료관리기관 홈페이지에서 본인 인증을 통해 조회할 수 있다.) 그러니 서류의 등록 여부조차 모르는 상황이라면 더더욱 당사자의 의사를 알기 쉽지 않다.

열심히 상담받아 등록한 사전연명의료의향서가 휴지 조각이 되는 상황을 피하려면, 평소에 죽음과 연명치료에 대해 어떤 입장인지 가족과 지인에게 꾸준히 얘기해놓아야 한다. 등록만 해놓는 것이 아니라 적어도 "사전연명의료의향서를 등록해놓았어."라는 말이라도 전해야 한다. 그래야 조회해볼 수 있으니까.

그래서 살림에서는 사전연명의료의향서 등록 전 미리 죽음에 대해서 가족, 지인들과 서로 이야기 나누는 시간을 가지도록 권하고 있다. 연명치료와 사전연명의료의향서에 대한 단체 교육을 먼저 진행하고, 교육 참여자가 죽음에 관해 이야기를 나눌 수 있는 시간을 가진 후 개별적으로 등록을 진행한다. 물론 등록은 일대일로 다른 누구의 시선이나 종용, 방해도 없이 이루어진다. 교육을 받았다고 해서 꼭 등록을 해야 하는 것도 아니다.

참여자들이 교육받으러 온 이유도 여러 가지다. 암으로 돌아가신 엄마의 투병 과정을 지켜보면서 생의 마지막에 대해 고민하게 되었다는 사람도, 가족들의 경제적 부담을 덜어주기 위해서 선택하겠다는 사람도, 의료 자원의 효율적인 활용을 위해 불필요한 치료는 받지 않겠다는 사람도, 존엄한 죽음을 위해 왔다는 사람도, 아직 잘 모르겠으니 다음에 가족들과 함께 다시 찾아오겠다는 사람도 있다. 서로 잘 아는 사이지만 이런 깊은 이야기는 처음인 관계도 있고, 생전 처음 만났는데도 죽음에 대한 솔직한 이야기들을 나누다 보니 마음이 활짝 열리는 관계들도 있다. 이 주제에 대해서 한 번이라도 이야기 나눠보는 것 자체가 중요하다.

얼마 전부터 의대, 간호대 학생들이나 전공의들이 살림에 실습을 나올 때마다, 사전연명의료의향서 등록을 돕는 자원활동 조합원이 이들을 교육한다. 보건·의료 전공 학생들에 대한 연명치료 교육이 전문 의료인이 아닌 시민에 의해 이뤄지는 것이다.

    앞으로 일생을 보건·의료 전문가로서 시민에게 의료 정보와 지식을 전달하고 교육하면서 살아가게 될 학생들이 비전문가 시민들로부터 중요한 교육을 받는 것. 그 관계의 역전이야말로 의료협동조합에서 학생들이 배워가야 할 더 중요한 가치인지도 모른다. 심지어 그 교육이 '삶과 죽음'에 대한 것이니 더더욱. 시민들이 얼마나 자신의 삶과 죽음을 스스로 결정하고 싶어 하는지 예비 의료인들이 직접 배울 수 있는 소중한 기회가 아닌가. 거기에서부터 환자의 주체성에 대한 존중이 시작될 수 있다.

돌봄에 대한 공적·사적·인간적 대화, 돌봄살롱

(우요현)

우리는 처음부터 이런 말을 해왔다.

"당신이 함께한다면, 건강할 때 건강을 지키고 돌봄이 필요할 땐 충분히 돌봄 받을 수 있는 커뮤니티를 만들 수 있어요."

여성주의자, 1인 가구, 비혼·기혼 여성, 단체 활동가, 의료인, 돌봄 종사자, 그리고 지역 주민 누구에게나 함께하자며 부지런히 말을 건넸다. 아픈 사람에게는 당면한 문제이지 않냐고 했고, 아프지 않은 사람에게는 아플까 봐 걱정된다면 미래를 준비하자 했고, 이미 아팠던 사람에게는 다음엔 다르게 아플 수 있을 거라고 했다. 이런 얘기들을 하고 다니는 무영과 내게 친구들은 "부부 사기단이 떴다."라며 놀리곤 했다.

먼저 꾐에 넘어간 사람들은 바쁜 시간을 쪼개가며 일

하랴 활동하랴 정신없이 살다가 문득 한탄한다.

'내가 무슨 부귀영화를 누리겠다고 이렇게까지 열심히 살림 활동을 하고 있지?'

그러다가도 어느새 주변 사람들에게 살림 활동을 권유하는 스스로를 발견하며 놀란다나. 협동이라는 게 하면 할수록 할 수 있는 일, 하고 싶은 일이 많아지는 법이다. 필요한 사람이 늘어나는 수밖에 없는 것이다. 꺼진 불도 쓸모를 찾아내고, 고양이 손이라도 빌려야 일이 돌아가는 살림에서는 누구라도 양손 가득히 할 일이 있기 마련이다.

서로 돌보는, 돌봄이 흐르는 커뮤니티를 만들자고 본격적으로 이야기하고 난 후부터 조합원들이 함께 할 일은 더욱 많아졌다. 모두의 이야기와 필요를 모아서 살림다운 돌봄을 '자기돌봄·서로돌봄·함께돌봄'으로 정의하고 나니, 이제는 나 자신도 더 돌봐야 하고, 옆 사람도 함께 돌봐야 하고, 더 나아가 돌봄 자원활동이나 돌봄사업소 운영에도 참여해야 하는 것이다.

의료사업소와 비교하면 돌봄사업소 운영은 의료인이 아닌 조합원들도 상대적으로 할 수 있는 일, 뭐라도 도움이 될 것 같은 일이 많다. 내 손끝이 어떤 역할을 한다는 실감이 짜릿했던 것인지, 조합원들은 '내가 당장 할 수 있는 일'

과 '돌봄 이야기를 같이 나누고 싶은 사람'을 순식간에 떠올렸고, 돌봄학교와 공부 모임, 자원활동이 이어졌다. 함께 배우고 함께 해보면서 그릴 수 있는 돌봄의 지평도 점점 넓어졌다. 돌보는 사람도, 돌봄 받는 사람도 지금보다 훨씬 더 많아져야 한다는 것도 느꼈고, 돌봄의 주제와 공간이 더 다양해져야 한다는 것도 알게 되었다. 돌봄에 대한 대화가 많아질수록 돌봄이 더 친숙해지고 '아프거나 늙는 일'이 조금은 덜 무서워진다는 걸 체감하게 되었다.

여기서 말하는 돌봄에 대한 대화는 단순한 정보 전달도, 지인들 사이에서 조심스레 털어놓는 이야기만도 아니다. 조합활동팀 직원 탱자의 표현을 빌리자면, 분명 공적인 대화이지만 사적이기도 해서 시간이 지날수록 신뢰와 친밀함, 동료애가 자란다나. 예를 들면 이런 식이다. 어머니를 오랫동안 간병해온 딸이 '어머니를 죽이고 싶었던 마음'을 조심스럽게 털어놓았다. 그걸 들은 조합원들은 딸을 지지하고 격려할 뿐 아니라 그들을 지원하기 위해 우리가 할 수 있는 일이 무엇인지 같이 찾아본다. 당사자가 '나는 지금 무엇이 필요하지?', '주변 사람들에게 어떤 지원을 요청하면 좋을까?', '우리 사회는 어떻게 달라지면 좋을까?'를 고민하게 하는 것이다. 어머니의 문제에서 나의 문제로, 우리 사회의 문제로까지 자연스럽게 이어지는 대화들이 지속되면서 문제를 해결할 수 있는 관계가 만들어지기도 한다.

이런 대화를 좀 더 안전하고, 체계적으로 해보기 위해 조합원과 의료·돌봄 전문가 들이 함께 '돌봄살롱'을 열었다. 돌봄살롱의 주제는 매달 달랐다. 노년, 아동, 반려동물, 1인가구, 케어러, 마음건강, 주거 등. 돌봄이 필요한 이들과 돌봄을 제공하는 이들을 가리지 않고 다채로운 이야기가 흐르는 시간이다.

많이 아팠던 파트너를 몇 년간 집중적으로 돌보다 떠나보낸 경험, 공동육아 협동조합을 통해 왁자지껄한 아이들을 함께 동네에서 키우려니 너무 시끄럽다고 쫓겨날 판이라 아예 산 아래쪽에 마음껏 떠들 수 있는 집을 사기까지의 이야기, 주거공동체를 만들어 서로를 돌보는 경험을 나누어 본 실험까지 진하고 생생하고 다정한 이야기들이 쏟아져 나왔다. 혼자 버티던 밤, 입이 떨어지지 않았던 순간, 누군가를 돌보면서 너무나 힘들었던 시간들이 하나둘 수면 위로 올라왔다. 누군가는 울었고, 누군가는 끄덕였고, 누군가는 탄식했고, 누군가는 격려했다. 가끔은 온라인으로 만나기도 했다. 당장 돌봄의 현장을 떠나기 어려운 이들이나 아직 집 밖을 나서기 두려운 이들과도 연결되기를 바랐기 때문이다.

비난받지 않고 말할 수 있는 사적인 시공간과 함께 돌봄을 그려나가는 공적인 시공간, 그 둘이 어우러질 때 돌봄은 조금 더 인간적인 얼굴을 갖게 되는 것 같다. 살림이 오랫동안 던져온 '당신이 함께한다면'이라는 제안은 여전히 유효하다. 함께할 사람이 많아질수록 돌봄의 지형은 넓어지니까. 각자의 방식으로 각자의 자리에서, 우리는 조금 더 안심할 수 있는 사회를 만들어가고 있다.

살림이 꿈꾸는 돌봄의 미래

(우요안)

살림 조합원 이야기마당에서 이 말이 튀어나왔을 때, 많은 이들이 고개를 끄덕였다.

"끝까지 나답게 살다가 아는 얼굴들 사이에서 죽고 싶다."

지금도 조합 곳곳에서 회자되고 있는 이 말은 이제는 살림다운 돌봄의 대표 슬로건이 되어버렸다. 그리고 우리는 묻기 시작했다. '나다움은 뭐지? 나답게 살기 위해서 어떤 돌봄이 필요할까?'

대답은 두 가지로 귀결됐다. 하나는 '죽음과 돌봄에 있어서의 자기결정권'이고, 다른 하나는 '선택지의 다양성'이었다.

2022년, '서로가 있어 나답게'라는 살림의 조합원 프로그램이 시작되었다. 돌봄과 죽음 앞에서 내가 원하는 것을 스스로 표현하고 결정하는 법을 다뤘다. 프로그램의 구체적인 내용은 크게 세 가지였다. 내가 받고 싶은 돌봄을 적어보는 돌봄장 쓰기, 법적 효력을 가진 유언장 작성하기, 연명의료에 대한 교육을 듣고 사전연명의료의향서를 등록하기. 이 세 가지를 핵심으로, 나답게 살고 나답게 죽기 위한 자기결정권을 연습했다. 중요한 건 이 모든 결정이 혼자만의 일이 아니었다는 점이다. 나의 평소 신념을 이해하는 사람들과 미리 나누고 함께 결정하는 관계가 무엇보다 중요했다

그런 관계는 갑자기 만들어지지 않는다. 일상의 접촉과 대화를 통해 천천히 쌓여간다. 그래서 '서로가 있어 나답게'를 기획한 조합원들은 특히 비혼, 장애인, 1인 가구나 성소수자도 이 과정을 안전하게 활용할 수 있도록 고민했다. 생활 동반자가 법적인 보호자로 인정받지 못하는 상황에서 어떻게 하면 병원에서 잘 대처할 수 있는지, 유언장을 어떻게 작성해야 소송 위험을 줄일 수 있는지를 제시하기도 했다. 그 노력은 유언장·돌봄장 쓰기 행사 등으로 지금도 이어지고 있고, 2024년부터는 성년후견제도 강의도 이 과정에 새롭게 추가되었다.

선택지의 다양성 역시 중요한 요소였다. 우리가 돌봄을 받는 상황을 상상해보자. 만약 가능한 선택지가 딱 하나뿐

이라면? 나다움을 지키긴 어렵다. 누군가를 돌볼 때도, 내가 돌봄 받을 때도 마찬가지이다. '모든 걸 나 혼자 책임지는 독박 돌봄'이 힘든 이유는 선택의 여지가 없기 때문이다. 아프고 나이 들어도 내가 '나'로 존재할 수 있으려면, 돌봄의 관계와 활동은 더 다채로워야 한다. 요양병원이나 시설이 필요한 순간도 있지만, 시설밖에 선택지가 없다면 사람은 쉽게 고립된다. 장기요양등급을 받아 꾸준한 돌봄이 필요한 단계도 있지만, 조금의 도움이면 충분한 시기도 있다. 다른 집안일은 다 문제없이 할 수 있지만 침대보를 가는 것이나 가구 옮기는 것처럼 힘이 필요한 건 어려운 사람, 인지기능 저하가 시작되었지만 치매는 아닌 사람, 운동은 해야 하는데 넘어질까 봐 도저히 혼자서 하기가 힘든 사람. 이런 다양한 입장과 인생의 시기에 맞춰 돌봄이 유연하게 흐를 수 있다면, 삶은 훨씬 덜 두려워질 것이고 우리는 훨씬 덜 고립될 것이다.

돌봄의 선택지를 늘리기 위해서는 돌봄을 제공할 수 있는 사람들의 수가 절실하다. 한국 사회의 돌봄 위기는 필요에 비해 돌봄을 제공할 사람이 부족한 데서 비롯되었다. 하지만 전일제로 돌봄노동에 종사하는 사람만 돌봄을 제공할 수 있는 것은 아니다. 다양한 사람들이 제공하는 다양한

1년에 몇 번만 참여할 수 있다.	한 달에 한두 번 비정기적으로 참여할 수 있다.	한 달에 한두 번 정기적으로 참여할 수 있다.	돌봄을 직업으로 삼고 싶다. (파트타임)	돌봄을 직업으로 삼고 싶다. (전일제)
데이케어센터 야유회 동행	서로돌봄카페 자원활동	서로돌봄카페 카페지기	건강이웃	요양보호사 - 데이케어 - 방문요양
방문진료 동행	데이케어센터 레크리에이션 자원활동	사전연명의료 의향서 등록 자원활동	병원 동행 지원	장애인 활동지원사

돌봄을 엮어낼 수 있다면? 그래서 살림은 '누구라도, 뭐라도, 하나라도' 할 수 있는 돌봄 구조를 만들어가고 있다. 우리는 이것을 '돌봄 매트릭스'라고 부른다.

어느 정도 시간을 낼 수 있는지, 어떤 성향인지, 일자리를 원하는지 자원활동을 원하는지 등에 따라 돌봄에 참여하는 방법이 여러 가지다. 살림은 이 매트릭스를 좀 더 촘촘하고 다양하게 짜나가고 있는 중이다.

요즘 살림에서 가장 힙한 공간은 청년 세대를 중심으

로 한 동네 친구 만들기 모임이다. 120명이 넘는 사람들이 카톡방을 중심으로 다달이 유언장 쓰기, 번아웃 방지 강좌, 채식만두 빚기 등의 프로그램을 열고, 명절에는 대안가족 놀이까지 벌인다. 젊디젊은 이들이지만 모이면 자연스럽게 돌봄을 실천하는 모습을 보면서 결국 돌봄이 필요 없는 나이란 없다는 걸 모두가 체감한다.

하지만 돌봄은 연습이 필요하다. 잘 돌보는 데도, 잘 돌봄 받는 데도. 돌봄은 관계 안에서 만들어지기에 내가 어디까지 나누고 받을 수 있는지 그 한계를 구체적으로 살펴야 한다. 조합원 쭌은 '서로가 있어 나답게'에 참여하고 돌봄 자원활동도 열심히 했지만, 정작 자신이 크게 아팠을 때 도움을 청하지 못했다. 집을 관리할 수 없을 만큼 아팠지만 친구들에게 미안해서, 혹은 일이 있을 때 서로 돌보자고 약속한 적이 없어서 결국 민간 청소업체에 연락했다. 쭌은 이렇게 말했다.

"내 개인적인 아픔을 꺼내놓는다면, 타인에게 조금 민폐 아닌가요?"

다른 조합원들도 마찬가지였다. 실제로 돌봄장을 쓰는 과정에서 '아프면 친구를 부를 것인가?'라는 질문에 절반이 넘는 이들이 어려울 것 같다고 답했다. 하지만 '친구가 아프면 내가 가서 도울 것인가?'라는 질문에는 모두가 그렇다고 답했다.

누구나 돌봄이 필요한 순간이 있고, 우리가 바라는 돌봄은 혼자서는 만들지 못한다. 진짜 필요한 순간이 오면 소수의 지인만으로는 부족하다. 믿고 말할 수 있는 공간, 말했을 때 기꺼이 응답할 사람들, 그리고 돌봄에 대한 평등한 소통을 가능하게 하는 언어와 구조. 우리에게는 그런 '돌봄 커뮤니티'가 필요하다.

3장
병이 아닌 사람을 돌보는 의원

한글을 배우니 혈당 수치가 좋아졌다

(주왜인)

당뇨, 고혈압, 고지혈증, 심부전, 뇌경색, 퇴행성 무릎관절염. 처음 할머니가 살림의원을 찾아왔을 때 가지고 있던 병력이다. 체중이 87킬로그램에 달하니 체중을 감량하지 않고서는 혈당 조절도, 혈압 조절도, 무릎 통증 완화도 요원했다.

    나는 진료실에서 열심히 혈당 조절에 대해 설명했다. 운동을 할 수 있도록 흰머리 휘날리며에도 연결해드렸으나 할머니는 두어 번 나오더니 이내 발길을 끊고 오직 진료만 받았다. 혈당은 쉽게 조절되지 않았고 체중도 쉬 빠지지 않았다.

    결국 혈당 조절에 대한 간호사 양파의 일대일 교육이 본격적으로 시작되었다. 집중적인 식단 관리를 위해 할머니를 상담실로 모신 날, 양파의 열성에 할머니의 마음이 움직였던 것인지 양파가 정성껏 준비한 교육 자료를 읽지 못해 안타까웠던 것인지, 지금까지 진료실에서는 단 한 번도 하지 않았던 이야기를 처음으로 꺼냈다.

"저는 사실 한글을 읽을 줄 몰라요. 못 배웠어요."

자료를 가지고 식단 교육을 하던 양파는 당황했다.

"글을 모르신다고요? 그럼 제가 식단표와 교육 자료를 드려도 읽으실 수가 없겠군요."

"그런데 저 한글 배우고 싶어요. 배우고 싶은데 어디서 배워야 하는지 몰라요."

일흔이 넘도록 한글을 읽을 줄 모르는 채 살아왔다는 사실을 주치의에게는 알리고 싶지 않았던 걸까. 아니면 충분히 자기 얘기를 하기엔 진료 시간이 짧았던 걸까. 대기실은 늘 북적거리고 진료 시간은 정신없고 빠듯하니 진료만 받고 나가기에도 항상 시간이 부족하긴 하다.

할머니가 한글을 배우고 싶어 한다는 말을 전해 들은 살림 직원들은 분주해졌다. 은평구 노인복지관과 평생학습관 홈페이지에 들어가서 한글 교실이 있는지 살펴봤다.

평소 진료실 안에서 무슨 일을 하는지 조합원들에게 종종 물어봤던 게 이럴 때 도움이 된다. 나는 한글 문해 교육 강사로 활동하는 조합원 골목에게 연락했다. 마침 골목이 알려준 정보를 바탕으로 직원들이 할머니 수준에 딱 맞는 한글 교실을 찾아낼 수 있었고, 근처 노인복지관에서 며칠 후 시작되는 한글 기초반에 등록하시는 걸 도왔다.

할머니의 체중은 87킬로그램에서 73킬로그램까지 줄었고, 몇 달 후부터 혈당도 잘 조절되기 시작하여 당화혈색소는 8.6에서 무려 6.8로 내려왔다! 당화혈색소 6.8은 70대 어르신에게는 당뇨 조절 목표를 달성하고도 남는 정도의 수치다.

나는 할머니의 당뇨 관리 전략을 바꾸었다. 집에서 혈당을 자주 체크하기 힘들다는 것도 알았고 한글을 읽지 못한다는 것도 알았으니, 다른 전략이 필요했다. 주사 맞기를 부담스러워하는 할머니를 끝내 설득해 식욕과 체중을 줄일 수 있는 주사약제를 주 1회 처방하기 시작했다. 주사를 집에서 혼자 놓기는 힘들다고 해서 일주일에 한 번씩 주사를 맞으러 의원으로 오시라고도 했다. 자주 만나니 직원들과도 친해졌고 그만큼 교육의 효과도 커졌다. 할머니의 식단도 점점 바뀌었다.

한글을 읽을 줄 알게 된 할머니는 이제는 자기 약과 아들 약 봉투를 쉽게 구별할 수 있다. 어려운 외국어로 된 약 이름도 좀 더 귀에 들어오게 되었다. 식구들에게 이런저런 오지랖 섞인 간섭도 조금은 하기 시작했으며, 한글 교실의 다른 할머니들과도 친교가 생겨 사회 활동 영역을 넓혔다.

할머니의 당뇨는 단순히 약만 바꿨다고 조설된 게 아니다. 한글을 모른다는 고백이 없었다면 약이 바뀌지 않았을 수도 있고, 약이 바뀌었어도 식단이 달라지지 않았다면 큰 변화가 없었을 수도 있다.

할머니의 고백과 함께 직원들도 바뀌었다. 우리 동네에 어떤 자원이 있는지를 그리고 이를 어떤 환자에게 연결하면 좋은지 알게 되었고, 살림의 조합원이 마을의 연결망 구석구석에서 허브 역할을 하고 있다는 것도 깨닫게 되었다. 이게 '한글을 배웠더니 건강해진' 게 아니면 뭘까?

차별과 혐오가 없어야 건강하다: 여성주의 의료

(추혜인)

"뭐 이런 정도로 병원에 데리고 오셨어요?"

"아이가 이렇게 아파하는데, 왜 이제야 오셨어요?"

진료실에 아이를 데리고 온 여성 보호자들이 가장 많이 하는 질문이 있다. 아이가 아플 때, 도대체 언제 병원에 와야 욕을 먹지 않느냐는 것이다. 너무 일찍 오면 이 정도 증상으로 뭘 병원까지 오느냐는 눈치를 받고, 너무 늦게 오면 무심하다는 눈총을 받는다. 결국 여성 보호자들은 진료실 안팎에서 끊임없이 평가받고, 그 평가의 대부분은 '엄마'라는 정체성을 겨냥한다.

어떤 엄마는 아이가 아토피가 생겼다고 울었다. 임신 중 뭘 잘못 먹었나, 집안이 너무 더러워서 그런가, 아니면 너무 강박적으로 청결을 유지했던 탓에 오히려 아이의 타고난 면역력이 떨어진 게 문제였을까. 이래도 비난, 저래도 비난을 받아왔기 때문에 자기 비난과 자책이 내면화되어 있었다. 아이의 건강이 과연 엄마 개인만의 책임일까. 육아의 주체를 거의 자동으로 '엄마'로 환원한 후 아이가 아파도 엄마 탓, 늦게 병원에 와도 엄마 탓, 너무 일찍 와도 엄마 탓을 하는 것은 여성혐오다. 그래서 여성주의 의료는 이런 질문을 던진다. 의료가 여성혐오에서 자유롭기 위해서 우리는 뭘 해야 할까.

살림의 진료실에서는 가능한 '엄마'라는 단어를 덜 쓰려고 노력한다. 나윤이 엄마를 직접 호명할 때는 당연히 '나윤이 어머니'라고 부르지만, 일반적인 육아 상식을 알려줄 때는 "엄마가 이렇게 해줘야 한다."라고 말하지 않는다. 가급적이면 '보호자' 혹은 '엄마 아빠'라고 말하려 애쓴다. 어린이 환자와 내원하는 보호자의 90퍼센트 이상이 여성이라는 현실 속에서도, 우리는 언어를 의식적으로 선택한다. 돌봄의 부담이 여성에게만 지워지지 않기를 바라는 마음에서 작은 언어 하나라도 바꾸고 싶기 때문이다.

마찬가지로 살림의 대기실엔 화장품 광고나 미용 주사 안내문이 없다. 많은 피부 미용 광고가 여성혐오를 담고 있다. 대놓고 얘기하지 않아도 '예뻐져야 한다.', '날씬해져야 한다.'라는 압박을 준다. 물론 우리도 보톡스, 영양수액 같은 치료를 한다. 하지만 그것을 '피부 미백', '주름 개선'이라는 말로 포장해서 광고하진 않는다. 두통, 턱관절 통증, 혈류 개선, 파킨슨 증상 완화 같은 기능을 목적으로 설명하고, 실제 그 목적에 맞게 처방한다. 외모에 대한 강박과 경쟁이 의료를 타고 확장되지 않기를 바라기 때문이다.

그런데 여성주의 의료는 여성혐오만 넘어선다고 되는 게 아니다. '여성에 의한 의료'나 '여성을 위한 의료'에 머무르지도 않는다. 핵심은 의료가 누구를 중심으로 설계되어 있고, 그 구조가 누구에게 불리하게 작동해왔는가를 비판적으로 바라보는 시선이다.

우리는 진료 중 환자를 비난하지 않으려 애쓴다. "이렇게 될 때까지 뭐 하셨어요?" 같은 말은 최악이다. 아픈 것을 개인의 나태나 무지 탓으로 돌리는 말은 환자에게 낙인을 찍고 자기돌봄의 동기도 꺾는다. 그저 불안을 주거나 의료인에 대한 방어적 태도를 강화할 뿐이다. 진짜로 궁금해서 하는 질문이 아니라 그저 탓하기 위해 하는 질문이기 때문이다.

그렇다고 해서 환자의 책임이 아예 없다거나 환자의 실천이 중요하지 않다는 말은 아니다. 우리는 여전히 환자와 함께 노력한다. 그 과정에서 비난이 아니라 협동을 선택하는 편이 더 유효하다고 여기는 것일 뿐이다. 환자의 삶을 이해하려는 질문에서 출발해 그 삶의 리듬 위에 의료적 제안을 더해가는 것이다.

이것은 우리가 고민하는 관계 설정의 문제다. 여성주의의 관점에서 의사와 환자는 서로 배우고 존중하고 의견을 주고받으며 함께 성장해가는 관계이지, 일방적으로 의료서비스를 제공하고 제공받기만 하는 관계가 아니기 때문이다.

처음 여성주의 병원을 세워야겠다고 마음먹으며, 나는 단순히 내가 '여성주의 의사'가 되면 내가 운영하는 병원도 자연스럽게 여성주의 병원이 될 것이라고 생각했다. 하지만 아니었다. 병원의 소유 구조는 의사-환자 관계에도 영향을 미친다. 그러니 우리는 한 사람이 소유하는 형태가 아닌, 다수가 주인인 협동조합의 형식을 취할 수밖에 없었다.

여성주의 의료란 단지 진료실 안에서의 태도나 감수성에 머물지 않는다. 의료제도의 구조적 불평등에 개입하려는 분명한 의지가 있어야 한다. 살림의원에는 주민번호 뒷자리가 '2000000'으로 접수되는 환자들이 있다. 성폭력이나 가정폭력 피해자 쉼터를 통해 진료를 받으러 오는 여성들이다. 이들은 가해자인 남편이나 아버지의 피부양자로 건강보험에 가입되어 있는 경우가 많은데, 가해자로부터 도망쳐 있는 동안에는 남편이나 아버지 명의의 건강보험을 쓰기가 어렵다. 그래서 우리는 비보험으로 접수하고 필요한 경우 진료비를 지원하며 의료적 보호와 안전을 제공한다.

여성주의만으로 건강한 세상을 만드는 것은 어렵다. 하지만 여성주의 없이 건강한 세상은 불가능하다. 건강은 몸의 문제가 아니라 살아가는 조건의 총합이기 때문이다. 차별과 혐오가 만연한 사회에서 아프지 않은 사람은 아무도 없다. 돌봄이 필요 없는 사람도 없다.

질적으로 다른 사이

(추외인)

질적으로 다른 사이. 아띠의 농담이 그 시작이었다.

여성주의 의료협동조합을 준비하던 나와 어라가 서울시 은평구로 막 이사 와서 동네 사람을 만나려고 생각했을 때, 처음으로 소개받은 동네 언니가 아띠였다. 열린사회은평시민회의 대표로 '은평지역사회네트워크', 일명 '은지네'라는 예쁜 이름의 동네 주민 네트워크를 함께 이끌고 있었다. 어떻게 보면 여성주의 의료협동조합이 은평구라는 지역사회에 안착하는 데 큰 역할을 한 사람이기도 하다.

2012년, 살림의원이 막 개원한 즈음 나에게 자궁경부암 검사를 받은 아띠가 서로 민망해질 수도 있는 타이밍에서 농담을 던졌다.

"우리는 이제 질적으로 이전과는 다른 관계가 된 거잖아? 질적으로도 무영과 아는 사이가 되었으니 보통 사이가 아니랄까?"

아띠는 이 이야기를 살림의원에서 자궁경부암 검사를 받기 꺼리는 다른 동네 언니들에게 들려주고 다녔다. 의사랑 아는 얼굴인 건 좋지만 거기까지 보여주기는 조금 민망하다는 언니들의 말에 '질적으로 아는 사이'가 되는 게 얼마나 좋은지 아느냐며 아띠는 웃었다.

그 말이 좋았다. 어떤 이는 돌봄 받을 때 꼭 아는 사람이 해주기를 바라지만, 어떤 이는 모르는 얼굴을 필요로 한다. 밥이나 청소, 빨래까지는 가까운 사이면 좋겠고 이 과정을 거치며 서로의 관계가 더욱 돈독해지길 바라면서도, 정작 배뇨·배변 케어는 모르는 사람에게 받기를 바라는 이들도 의외로 많다.

평소에 자신이 어떤 위치에 있었는지, 주로 돌보는 사람이었는지 돌봄 받는 쪽이었는지에 따라 이 답변이 달라지는 것 같기도 하다. 누구에게 기저귀 케어를 받고 싶은지 묻는 어느 조사에서 남성은 대체로 부인이나 딸, 며느리처럼 가까운 가족이 해주길 바랐지만, 여성은 친분이 없는 요양보호사나 활동지원사 등이 해주기를 바랐다. 이건 남에게 자기 몸을 함부로 보여선 안 된다는, 여성에게 가해지는 전통적인 금기가 작동해서기도 하지만, 성역할이 정말 돌봄이 필요한 때에도 친밀한 사이에서의 돌봄을 막는 것이다.

생전 처음으로 기저귀 케어를 받아야 한다면? 그런데 내가 의식이 있고 사회에서 알려진 사람이라면? 나만 해도 전문적으로 돌봄을 제공하는 사람에게 받고 싶다. 다양한 사회적 맥락 속에서 여러 감정이 오가는 가운데, 자궁경부암 검사만큼은 모르는 의사에게 받고 싶다는 사람이 많다.

그래서 약간의 어색함이 우리 사이에 자리 잡을 수도 있던 순간이었는데 아띠의 기지가 빛났다. '질적으로 다른 관계'라는 유머에 담긴 통찰이 즐거웠다. 왜 다른 검진과 달리 자궁경부암 검진은 굳이 모르는 의사에게 받고 싶다고 느꼈을까. 이렇게까지 내밀한 부위는 서로 모르는 체하자는 고루함이 반영된 것일까. 주기적으로 받는 건강검진인데도, 왜 나의 몸을 활짝 열어 이야기하기가 서로 민망했던 걸까.

아띠의 농담은 어색함이라는 감정을 돌아보게 해줬고 돌봄을 성찰하게 해줬다. 더 좋은 의료서비스를 받으려면, 더 나은 돌봄을 받으려면, 의사인 나부터 넘어서야 하는 게 있다. 우리가 꿈꾸는 돌봄과 의료는 질적으로 다른 관계에서 출발하니까.

이후에 이 말은 살림의원에서 산부인과 의사를 가리키는 말로 자리 잡았다. 살림에는 의사가 자신을 별명으로 칭하거나 자신의 이름 앞에 짧은 문구를 붙이는 문화가 있다. 2016년부터 2018년까지 살림의원에서 주 1회 산부인과 진료를 맡았던 모름이 별명을 고민할 때 누군가 아띠의 이야기를 전해주었다. 모름은 흔쾌히 자기 이름 앞에 '질적으로 다른 의사'라는 문구를 붙였고, 조합원들도 새로 온 의사를 환영했다.

모르는 사이라서 꺼리는 마음, 혹은 조금쯤은 아는 얼굴이라서 더욱 꺼리는 마음, 그 마음을 넘어설 수 있는 관계성과 유머. 질적으로 달라지려고 작정한 사이여야 진짜로 질적으로 달라지고 확장된다.

약은 먹고 다니냐

(주요인)

 토란은 갑상선기능항진증을 앓고 있었다. 항상 병원에서 약을 타 먹었지만, 왜 생긴 것인지, 어떤 치료를 받고 있는지, 어떻게 관리하는 게 좋은지 속 시원한 설명은 들어보지 못했다. 그저 검사를 하고 약을 받는 시간이 반복되던 중, 기능항진이 심해졌으니 수술로 갑상선을 제거하거나 방사선 치료로 위축시켜야 한다는 의사의 얘기를 듣고 병원을 바꾸고 싶어졌다. 치료를 거부하려던 게 아니라, 기왕에 치료해야 한다면 나의 몸에서 무슨 일이 일어나고 있는지 설명을 듣고 의사와 의논하며 결정하고 싶었다. 그러던 중 지인으로부터 살림의원을 추천받았다.

 나는 살림의원에 찾아온 토란에게 두 가지를 설명했다. 첫째는 원래 갑상선기능항진증이 기능저하증보다 치료하기가 까다롭다는 사실. 갑상선호르몬은 우리 몸에 필수적인 호르몬이다. 차라리 갑상선이 아예 없거나 갑상선호르몬이 모자라면 필요한 만큼 보충하는 것은 상대적으로 쉽다. 하지만 넘치는 갑상선호르몬을 억제해서 적당하게 조절하려면 더 세밀하게 약을 써야 한다. 특히 토란이 앓고 있는 자가면역성 갑상선기능항진증은 검사도 자주 해야 하고, 그에 맞춰서 약의 용량도 자주 바꿔야 한다. 그러니 갑상선을 아예 제거하자는 그 의사의 의견이 아주 타당하지 않은 건 아니었다. 의료인의 입장에서 솔직하게 고백함으로써 의료에 대한 토란의 불신이 조금이나마 회복되기를 기대했다.

둘째는 토란이 지금까지 복용했던 약이 갑상선 기능을 억제하는 효과가 썩 좋지는 않은 약이었다는 사실이다. 임신 중인 사람에게 처방하기에는 더 안전한 약이었다. 토란이 젊은 여성이니, 먼저 만났던 그 의사는 아마도 '가임기 여성'에게 더 안전한 약을 처방하려고 했던 것 같다. 하지만 당시의 토란은 임신할 계획도, 가능성도 없었다. 그냥 물어보면 될 것을! 가끔 이렇게 환자가 원하지도 않는데 자기 나름의 선의를 발휘하는 의료인들이 있다. 그 선의가 환자를 주체성을 가진 인간이라기보다는 '임신 가능한 여성'이라는 한정적인 정체성에 가두고 있다는 게 문제다.

토란은 아직은 수술이나 방사선 치료보다는 약으로 치

료하고 싶어 했다. 약 종류를 바꾸면 갑상선호르몬을 좀 더 잘 억제할 수 있을 것 같아서 우리는 약물치료를 지속하기로 결정했다. 만약 나중에 임신을 계획하게 된다면, 그때 가서 약을 바꾸면 된다.

그리고 갑상선 관리를 약에만 의지하지는 않기로 했다. 평상시 컨디션을 일정하게 유지하는 것이 갑상선에 제일 좋기 때문에, 가능하면 매일 규칙적인 일과로 생활하기로 했다. 같은 시간에 자고 같은 시간에 일어나고, 체중이 늘지도 빠지지도 않게 식이 관리도 하고 운동도 하기로. 마침 척추측만증도 있던 토란은 운동센터 다짐에 등록해 꾸준히 운동하기 시작했고, 일상을 잘 유지하려고 노력했다. 그러자 정말 컨디션이 점점 좋아지게 되었다.

토란은 다른 조합원들과 갑상선질환자들의 모임을 함께 만들었다. 암으로 갑상선절제술을 받은 제비꽃과 갑상선기능저하증을 앓고 있던 제니퍼를 비롯해서 여러 갑상선질환자들이 더 모였다. 의도한 것은 아니지만, 워낙 갑상선 질환이 여성에게 흔하다 보니 모두 여성 모임원들로 꾸려졌다.

뭔가 재미난 이름을 붙이자 고민하다가 '갑들의 모임'이라 이름 붙였다. 붙이고 보니 다들 직장에서, 가정에서 '을'로 살고 있는 것 같다며 하소연도 나왔다.

"홀로 사는 스트레스 때문에 갑상선 질환이 생긴 거 아닐까요?"

"이제라도 내 인생의 갑으로 살아야겠으니, 갑들의 모임이라는 이름이 참 좋네요."

갑들의 모임 첫 수다회의 주제는 '약은 먹고 다니냐'. 갑상선호르몬은 감정과 기력에 영향을 많이 미친다. 갑상선호르몬이 과다하면 흥분하거나 초조해하거나 짜증이 나는 일이 많아지고, 갑상선호르몬이 모자라면 우울하고 처지고 기력이 떨어진다. 그러다 보니 뭔가 감정적인 동요를 보이는 상황이나 일이 힘에 부쳐 허덕이는 상황에서 주변인들이 "오늘 약 안 먹었어? 왜 이래?"라고 물어본다는 것이다.

이 질문에 자존심이 상했다. 진짜로 나를 걱정해서 물어보는 게 아니었다. "지금 생리 중이야?"라는 질문처럼 "짜증 내고 있는 네 모습을 인지하고는 있냐?"라는 그 속내에 암묵적으로 짙게 배어 있는 여성혐오와 환자 혐오가 느껴져서 속상하다는 이야기였다. 그러면 우리라도 서로에게 진심 어린 걱정을 담아 다정하게 물어봐줄까? 약은 먹고들 다니는지? 스스로 건강은 잘 챙기고 있는지? 똑같은 질문이라도 누가, 어떤 맥락에서 말하느냐에 따라 다르게 들릴 수밖에 없다. 그저 비슷한 질환을 앓고 있어서가 아니라, 아픈 몸에 덧씌워진 편견과 무지에 속상했다는 깊은 공감대 속에서 계속된 수다는 위안이 되기도 했다.

"저 학교 체력장 때도 2초 이상 매달리기 버텨본 적이 없는데, 1분 넘겼어요!"

다짐에서 운동을 하다가 매달리기 1분을 넘기던 날, 토란은 살림의원으로 달려왔다. 이후 향상된 체력으로 고되기로 유명한 살림의 이사를 맡아 활동한 토란은 제주도로 이사를 가서 결혼도 하고 임신도 하고 이쁜 아이도 잘 낳아서 기르고 있다. 이제는 약 없이도 갑상선호르몬의 양이 안정적으로 조절되는 정도에 이르렀다. 물론 다시 호르몬의 등락이 있을 수 있다는 사실도 잘 알고 있다. 하지만 자신의 병에 대해 잘 이해하고 적극적으로 관리해본 경험이 쌓인 이상, 이제 토란과 질병의 관계는 달라질 것이다.

숫자가 보여주지 못하는 것들

(주왜인)

진료실에서 건네받은 혈당수첩을 한 장씩 넘겨가며 마주 앉은 이의 지난 2개월을 상상해본다. 간간이 혈압이나 맥박, 식단, 운동 횟수 같은 것이 기록되어 있으면 더 상상하기 쉽다. 문득 높은 혈당 수치를 발견하고 고개를 들면 마주한 얼굴에는 멋쩍은 웃음이 떠올라 있다.

숫자는 진료에서 정말 중요하다. 증상이 이틀 전부터 나타났다고요? 아니 두 달 전부터라고요? 체온이 37.8도 아니 38.7도라고요? 체중이 반년 동안 5킬로그램이나 빠졌다고요?

아직 만나지 못한 환자를 상상할 때도 숫자는 중요하다. 의사들은 인턴 시절부터 숫자를 통해 환자를 상상하는 훈련을 한다. 병동 당직실에서 간호사가 전화로 들려주는 나이, 성별, 환자가 주로 호소하는 증상으로 시작하는 각종 정보로 환자를 눈앞에 그린다. 실제로 만난 환자는 상상과 판이할 때도 있고 흡사하다 느낄 때도 있는데, 실제와 상상의 차이를 의식하고 조금씩 줄여가는 훈련을 하며 젊은 의사는 수련한다. 연차가 더해지며 차이가 줄어든다면 의사로서 잘 성장하고 있다는 증거다.

살림에서 일하면서부터 병동을 떠나 외래 진료실에 머물게 된 나는 숫자로 환자를 그려보는 일은 이제 거의 없으리라 여겼다. 그러나 지역사회에서 방문진료를 시작하면서 숫자로 환자를 가늠하는 일이 다시 일어나고 있다. 주민센터나 장애인복지관 등 여러 기관에서 보내온 의뢰서의 숫자를 통해 미리 환자의 모습을 상상해본다. 그리고 실제 가정을 방문하면 대개는 상상이 와장창 깨지는데, 그 간극은 당직실에서 상상한 환자와 실제 환자의 차이와는 비교조차 할 수 없을 정도다. 방문진료는 환자만 상상해서는 될 일이 아니고, 환자를 둘러싼 모든 환경을 그려야만 하는 일이기 때문이다.

뇌경색으로 인한 편마비로 꼼짝도 못하고 집 안에 3년째 누워만 있는 환자의 집을 방문했을 때, 가족이 내민 혈당수첩 안의 숫자는 완벽했다. 혈당이 조절되지 않아 뇌경색이 생긴 거라는 말을 병원에서 누누이 들은 가족들이 환자를 다시 중환자실로 돌려보내지 않기 위해 혈당 조절을 최우선 과제로 삼았기 때문이다. 퇴원 직후 혈당 조절이 잘되지 않아 두려워진 가족들은 부지불식간에 식사량을 조금씩 줄였고, 우리 팀이 방문했을 때 환자는 바싹 마른 상태였다.

숫자가 모든 것을 보여줄 수 없었다. 완벽한 혈당 수치가 도리어 독이었다. 3년째 혈액 검사도 못 하고, 오로지 그 혈당 수치에만 의지해 대학병원에서 약을 반복해서 처방받던 중이었으니까. 대학병원의 의사는 혈당수첩 안의 완벽한 숫자를 보면서 약 처방 또한 완벽했다고 생각했을 것이다. 숫자로 환자를 상상하는 건 의사라면 누구나 해야 하는 일이지만, 숫자가 보여주는 그 이상을 파악하는 일이 주치의의 역할이기도 하다. 방문진료는 그 사실을 알려준다.

나는 방문진료만 전담하지는 않는다. 어떨 때는 진료실에서 일하고 가끔 방문진료를 나간다. 의료협동조합에서 일하는 의사 대부분이 이런 식으로 일한다. 의료기관에서 진료하던 이들을 가정에서도 돌보게끔, 반대로 집에서 돌봄받던 환자가 진료실까지 올 수 있도록 회복을 돕는 관계를 우리는 방문의료를 통해 지향한다. 진료실과 가정을, 병원과 지역사회를 연결하는 바로 그 지점에 의료협동조합의 방문의료가 위치하고 있다.

나의 첫 가정 방문은 2008년 12월 무렵이었다. 인턴을 마치고 1년 동안 어라와 함께 남미에 여행을 다녀온 뒤, 가정의학과 전공의 수련을 앞두고 서울시 노원구에 있는 '함께걸음의료복지사회적협동조합(이하 '함께걸음')'에서 자원 활동을 했다. 어라는 의료협동조합 운영을 배우기 위해 이미 함께걸음에 직원으로 취직한 상태였기에, 아침에 같이 길을 나설 요량으로 나도 노원으로 출근하다시피 했다. 당시 작업치료사 슬기 선생님이 중증 장애인의 가정을 방문해 장애인의 생활환경을 파악하고 어떤 생활 지원 서비스가 필요한지를 헤아리는 담당이었다. 여기에 동행해 참관한 것이 나의 첫 가정 방문이었다. 진료가 목적이 아니었기 때문에 더욱이 생활환경을 면밀히 살펴야 했고, 이때의 배움은 이후 살림에서 하는 방문진료에 소중한 자산이 되었다.

살림에서 일하며 방문진료를 위해 구산동 주민센터 직원을 따라 길을 나섰을 때였다. 병원에 가기 싫다는 환자에게 주민센터 직원이 한 달에 걸쳐 "그러면 방문진료라도 받으세요."라고 설득한 덕분에 우리 팀이 방문할 수 있었다. 문 앞에는 소주병이 쌓여 있었고, 집 안은 시큼한 음식 냄새로 가득 차 초파리가 득실댔다. 환자는 여든 살의 남성이었는데 몸무게가 30킬로그램이 채 되지 않았다. 반지하의 하나밖에 없는 방에는 잘 때 쓰는 얇은 이불 한 장만 깔려 있어 방바닥에 앉을 때마다 쿵쿵 소리가 났다. 그는 근육이 너무 없어 자세를 균형 있게 유지하지 못하고 쿵 떨어지듯이 주저앉았고, 이불이 너무 얇으니 그 충격을 흡수해주질 못했다. 이러다가는 방바닥에 앉다가 척추나 고관절 뼈가 부러질 지경으로 보였다.

발의 상처를 치료해달라는 것이 방문진료를 요청한 이유였지만, 진짜 문제는 발의 상처가 아니었다. 오히려 주거, 영양, 위생, 어두운 조명 등이 더 문제였다. 상처를 정성껏 처치한 후 우리는 주민센터에 몇 가지를 요청했다. 낙상과 골절을 예방하기 위해서 중고 매트리스라도 있으면 좋겠다는 것과 상처가 잘 아물기 위해서라도 영양가 있는 식사가 필요하다는 것. 살림에서는 장기요양등급을 받도록 해 앞으로 꾸준히 돌볼 수 있도록 하고, 간호사가 정기적으로 방문해 발에 난 상처를 치료하기로 했다. 주민센터에서도 당장에 긴급한 돌봄 서비스를 제공해주는 지자체 복지 사업에 환자를 연결하기로 했다.

역할을 나누고 몇 주 뒤 다시 방문했을 때, 방에는 침대 매트리스가 깔려 있었고 도시락이 배달되고 있었다. 집

안팎도 깨끗이 정돈되어 그전에는 없던 부엌 조명도 새로 등장했다. 물론 발의 상처는 서의 다 나은 상태여서 방문간호를 끝내도 될 정도였다. 병원에 가지 않겠다며 고집을 부리고 소주만 드시던 할아버지가 "이제 술을 끊을 겁니다."라고 약속하며 환하게 웃는 모습도 보았다.

    환자의 생활 공간을 직접 찾아가다 보면 의료가 다가 아니라는 것을 알게 된다. 그러니 숫자만으로는 어느 것 하나 제대로 상상하기 힘들다. 의료가 중요하지 않다는 게 아니라 그건 건강을 위한 아주 일부일 뿐. 방문의료 역시 중요하지만 그게 전부라서 중요한 게 아니라, 그게 일부이기 때문에 더욱 중요하다는 것을 깨닫는다.

왕진 가방을 들고 찾아가는 진료실

(주왜은)

어쩌다 방문진료를 시작한 지 벌써 10년이 넘었다. 지금이야 방문진료를 시행하는 의료기관이 전국적으로 많아졌지만, 살림의원이 문을 연 2012년 무렵엔 그렇지 않았다. 하지만 살림이 의료협동조합이라는 사실을 떠올려보면 방문진료는 자연스러운 일이었다. 협동조합은 조합원들의 필요를 위해 스스로 만드는 조직이니 누군가가 필요하다면 시작하지 않을 이유가 없었다. 또 여러 선배 의료협동조합들이 이미 방문진료를 하고 있기도 했다.

개원을 앞두고 있을 무렵 한 조합원이 요양원에 있는 어머니의 진료를 요청했다. 요양원으로 정기적으로 방문진료를 나가는 촉탁의 제도가 아직 생겨나기 전이라 의료진 방문이 어려운 상황이었다. 어머니가 기침을 한 지 꽤 오래되었는데 요양원에서는 근처 의료기관에서 약만 타서 드시

게 하는 것 같다며 걱정이 된다고 했다. 나는 요양원 측에 양해를 구하고 어머니를 찾아갔다. 청진기 너머로 들려오는 뽀그락거리는 호흡음, 기력이 전반적으로 쇠한 모습은 폐렴을 의심하게 했다. 다음 날 어머니는 상급병원 진료를 통해 실제 폐렴 진단을 받았다. 이 일을 계기로 살림의원은 진료실 밖으로 발을 내딛기 시작했다. 진료가 끝난 저녁 시간에 중증 장애인이 소규모로 모여 생활하는 그룹홈으로 찾아가기도 했고, 때로는 살림의원을 다니다가 거동이 점점 불편해진 환자의 집으로 방문하기도 했다. 2018년부터는 방문진료 관련 제도들이 생기면서 좀 더 본격적이 되었다.

    살림의원이 방문진료를 시작했다는 기사 하나만 나가도 전화가 쉴 새 없이 울렸다. 살림의원이 어디 있는지도 모르는 이들이 전화로 방문을 요청했다. 서울시 강서구에서도, 경기도 양평군에서도 방문진료를 문의했고, 은평구에 있는 보건소, 주민센터, 장애인복지관에서도 연락이 왔다.

    방문진료를 나가기 전까지는 엘리베이터 없는 6층 아파트도, 그 6층에 와상 환자가 살고 있다는 것도 상상하기 힘들었다. 병원비는 건강보험 적용이 되니 큰 부담이 아니더라도 사설 구급차를 부르는 비용은 상당히 부담이 된다는 것도, 장애인 콜택시가 온들 집 안에서 건물 현관까지 나가는 게 더 어렵다는 사실도 몰랐다. 그러다 보니 점점 119 구급차를 타고 갈 수 있는 응급실만 찾게 된다는 것도, 응급질환이 아닌데 응급실에 가면 찬밥 신세가 되기 마련이니 결국 병원 가기를 꺼리게 되어 집에서 버티다 버티다 진짜 응급 상태로 겨우 응급실에 가게 된다는 것도 잘 알지 못했다. 진료실을 찾아올 수 있는 환자들만으로 눈에 들어오지 않는 모습들이다.

혼자 일하던 시절엔 방문을 위해 진료실을 잠시 비우기도 조심스러웠다. 그래서 '오늘은 왕진 가는 날'이라고 안내문을 붙여두곤 했다. 그런데 환자들이 오히려 응원해주었다. 아파서 찾아왔는데 주치의가 없어서 속상한 마음을 뒤로하고 "그렇죠. 필요한 분들 계시죠."라며 고개를 끄덕였다. 왕진 가방을 메고 길을 걷다 만난 한 동네 주민이 웃으며 말을 건네기도 했다.

"우와, 저 이런 동네에 사는 거예요? 아프면 의사 선생님이 방문진료 오는 동네에? 이거 너무 굉장한 동네에 사는 거네요. 자랑하고 싶어라!"

그렇게 시작된 방문진료는 이제 다학제 팀으로 성장했다. 의사, 간호사, 사회복지사, 작업치료사, 치과위생사, 때로는 치과의사나 한의사까지 참여한다. 살림의원의 의사도 여러 명이 되어, 더 이상 방문진료를 이유로 진료실을 비우지 않아도 된다.

어느 날은 뇌경색을 앓은 후 3년간 누워 지내던 70대 남성 환자의 집에 방문했다. 목표는 '앉기'였다. 스스로 일어나 앉는 것이 아니라 앉은 자세를 유지하기가 목표였다. 관절은 딱딱한 조각상처럼 굳어 있었고, 움직이기만 해도 앓는 소리가 났다. 통증도 통증이지만 환자의 두려움도 컸다. 보호자는 물었다.

"꼭 해야 하나요? 어차피 못 움직이는데, 앉는 게 중요할까요?"

"앉을 수 있으면 생활이 가능해져서 인지기능이 달라져요. 그리고 보호자 분이 기저귀만 갈려고 해도 관절이 부드러운 것이 더 안전합니다. 보호자 분께도 편안하고요."

누워 있는 사람은 천장과 조명만을 본다. 전구가 눈부셔서 방을 어둡게 하고 지내면, 낮과 밤의 감각이 흐려진다. 수면 리듬이 깨지고 인지기능이 떨어진다. 게다가 누운 환자의 시야는 좁아서 본인을 돌보기 위해 다가가는 손조차 위협으로 느끼기 쉽다. 그러나 앉을 수 있으면 가족의 얼굴을 마주하고, 창밖의 계절을 감각하고, 방 안의 풍경을 본다. 시간을 흐름을 느끼고, 보호자가 자신을 돌보기 위해 얼마나 애를 쓰는지 깨닫는다. 보호자와 서로 눈을 마주칠 수 있고, 시선은 신호가 된다. 그 변화는 보호자에게도 영향을 미친다.

제도는 여전히 아쉽다. 방문진료는 아직도 '시범 사업'이라는 이름 아래 묶여 있다. 환자의 부담은 크고, 방문간호는 제약이 많다. 치과의사의 방문도 아무런 수가 없고, 방문재활의 문은 바늘 구멍이다. 그래도 우리는 계속한다. 제도의 빈틈을 메우고, 없는 제도는 스스로 만들어간다. 마치 조각천을 하나하나 꿰매는 퀼트처럼 커뮤니티 케어의 지도를 짜나간다.

방문진료는 단지 한 명의 의사가 환자 집을 찾는 일이 아니다. 그것은 돌봄의 재구성이고, 관계의 회복이며, 지역사회가 함께 사는 방법에 대한 모색이다. 누군가를 찾아가는 발걸음에서, 우리가 바라는 커뮤니티의 얼굴이 조금씩 그려지고 있다.

주민 1024명의 주치의가 알려준 것

(주왜인)

살림에서 만 5년을 일하고 맞은 안식년에 어라와 함께 쿠바 여행을 갔다. 처음엔 분명히 일하지 않고 놀기만 할 계획이었는데, 쿠바가 워낙 비용 대비 효과가 뛰어난 국영 일차의료 시스템을 운영하는 것으로 유명하니, 기왕 멀리까지 온 김에 연수도 할 요량으로 아바나 시내에 있는 작은 진료소를 찾았다.

그 마을 주민 1024명의 주치의를 맡고 있는 닥터 알레한드로가 간호사 한 명과 함께 근무하는 작은 곳이었다. 닥터 알레한드로가 처음 보여준 것은 작년 보고서였다. 진료소 활동에 대한 보고서이자 마을 주민들의 건강 기록이었다. 그 마을에서 작년에 몇 명이 태어났고 몇 명이 사망했는지, 1024명 중 고혈압, 당뇨, 천식이 있는 환자는 각각 몇 명이고, 재활이 필요한 환자와 건강한 주민은 몇 명인지 분류가 되어 있었다. 이처럼 진료소에서 모든 주민의 건강을 빠짐없이 파악하니, 인구조사를 따로 할 필요가 없었다. 전국 각 진료소의 보고서를 모으면 그 자체로 훌륭한 국민건강조사가 되는 셈이었다.

한참 진료 과정을 보여주던 닥터 알레한드로는 지구 반대편에서 날아온 연수생들을 위해 뭔가를 보여줘야겠다 싶었는지, 우리더러 자신을 따라오라 손짓하며 거리로 나갔다. 하얀 의사 가운을 입고 목에 청진기를 두른 채 길거리를 10여 분 걸으며 주민 네 명과 인사를 하고 얘기를 나눈 뒤 한 가정으로 들어갔다. 일흔이 넘어 보이는 부부가 앉아 우리를 반갑게 맞아주었다.

그들은 무릎과 허리가 약간씩 불편해 보이기는 했지만 의사가 집으로 방문진료를 와야 할 정도는 아니었다. 비교적 건강해 보였고, 고혈압이나 당뇨와 같은 몇 가지 만성질환을 관리하고 있는 것 같았다. 30분 정도 대화가 이어졌다. 약 복용 상태도 점검하고, 냉장고를 열어 단백질을 잘 섭취하는지도 확인하고, 미국에 있는 아들의 신상까지 묻고 나서야 방문진료는 끝났다. 잘 걸을 수 있는 이들에게까지 방문진료를 하느냐고 질문했더니, 주치의로서 담당하고 있는 모든 환자의 집에 방문한 적이 있다고 했다.

모든 집? 우리에게는 쉽지 않은 이야기이다. 학교의 담임 선생님도 학생들의 집을 방문하는 것이 여의치 않은데, 주치의 제도도 없는 한국에선 더욱 방문진료를 바라기 힘들다. 그리고 지금의 한국은 잘 보행할 수 있는 환자에게까지 방문진료를 제공할 수 있는 형편도 못 된다. 와상 환자, 말기 암 환자, 중증의 장애인 들만으로도 방문진료는 수요가 공급보다 많은 상태이니까.

하지만 이동에 제약이 없는데도 방문진료가 필요한 이들이 있다. 부모님과 함께 생활하는 30대의 남성 발달장애인이 병원에 오기 힘들다고 했다. 10년도 더 전에 병원에서 직원들과 온 가족이 달라붙어 버둥거리는 팔다리를 꽉 붙잡은 채 예방주사를 맞은 이후로 다시는 병원 근처에도 가지 않으려 해서, 상처를 제대로 치료하지 못해 곪아가고 있다고 했다. 게다가 병원이라는 병원은 어찌나 귀신같이 알아채는지 병원이라면 문턱을 넘어서면서부터 소리를 지른단다. 그 때문에 민폐가 될까 봐 차마 못 간다고 했다. 노모와 함께 사는 50대 여성 정신장애인이 망상과 환청이 점점 심해지는데도 투약을 거부해 정신건강복지센터 공무원들과 함께 그녀의 집을 방문했던 적도 있다.

집을 찾아가더라도 한 번에 진료할 수 없는 이들도 있

다. 집에 낯선 사람을 들이기를 거부하거나 자기 방 밖으로 나오지 않으려고 한다. 그러면 첫 진료에서는 인사만 하고 나오거나, 괜히 아프지도 않은 가족을 진찰하는 척하며 시간을 보내다 온다. 그래도 집에서는 병원에서보다 훨씬 안정적이기에 무작정 진료를 보기보다는 손도 잡고 얼굴도 서로 익히고 조금씩 친해지다 보면 다음 만남에서는 마음을 열어주기도 한다. 환자 자신이 안전하다고 느끼는 공간이라 그런지 예방주사도 집에 직접 찾아가서 놓았을 때 훨씬 편안해했다. 누가 팔다리를 잡을 필요가 없을 정도로 협조적이었다.

이런 경험을 바탕으로 지적장애인 시설의 장애인 환자들을 진료하는 살림의 정신건강의학과 의사도 정기적으로 장애인 시설로 방문진료를 나가기 시작했다. 진료실에서 확인하기 어려운 중증 지적장애인의 평소 생활을 시설에서는 잘 관찰할 수 있기 때문이다.

장애인 주치의제 도입 초기 사례 발표 자리에서 "와상의 지체장애인, 뇌병변장애인뿐 아니라 발달장애인 방문진료도 나가고 있습니다."라고 했더니, 한 관계자가 "아니, 그분들은 팔다리 다 멀쩡하고 걸어 다닐 수 있는데 왜 방문진료를 나가요? 병원에서 진료하면 되지 않아요?"라고 물었다.

나는 그 자리에서 발달장애인, 정신장애인에 대한 방문진료가 왜 필요한지를 열심히 설득했다.

5년 뒤 지적장애인, 자폐인, 정신장애인에 대한 정신과 전문의의 방문진료가 공식적으로 권고된 장애인 주치의 시범 사업 개정 방향이 나온 것을 보면서 조금 뿌듯하기도 했다. 당연히 우리 주장이나 사례만으로는 어림도 없고 장애인권 단체들과 발달장애인 가족들의 줄기찬 요구가 있었겠지만, 아직은 마련되지 않은 제도라도 필요하다고 생각하면 현장에서 먼저 시작하고 그 경험을 바탕으로 제도화를 주장하자는 살림의 평소 스타일을 다시 새겼다.

주민과 함께하는 약제 심의

(주원인)

"조합원은 병원비가 더 저렴한가요?"

자주 받는 질문이다. 건강보험이 적용되는 항목, 이른바 보험 수가는 조합원이라고 해서 더 저렴하지는 않다. 법 위반으로 처벌받을 수 있기 때문에 일반적인 진찰, 검사, 처치에 내는 비용은 조합원이든 비조합원이든 동일하다. 이건 어느 의료협동조합이나 마찬가지다.

하지만 비보험 수가, 예를 들어 독감 예방접종 같은 것은 의료기관에서 가격을 정할 수 있고 할인 정책도 마음대로 할 수 있다. 우리는 이 비보험 수가 중 예방 목적이 명확한 항목에 한해 조합원과 그 가족에게 할인 혜택을 제공한다. '할인'이라고 공식적으로 명시하지는 않고 '조합원과 가족 지원'이라고 말한다. 비보험 수가와 조합원 지원율은 처음에는 조합원 대토론회를 통해 정했지만 그 뒤로는 매년 경영위원회에서 다루고 있다.

각 사업소의 책임자인 팀장급 직원과 주민 대표인 임원이 함께 꾸려가는 경영위원회의 일은 여기서 그치지 않는다. 살림의원에서 처방하고자 하는 약제의 도입을 결정한다. 처방권이 있는 의사가 도입하고자 하는 약의 이름과 성분, 가격, 제약회사, 도입하고자 하는 이유 등을 적어 안건을 올리면 위원회의 심의를 거쳐 도입되는 식이다.

지금까지 처방된 적이 없는 새로운 성분의 약을 도입할 때는 이 약이 어떤 효능이 있는지, 앞으로 어떤 환자들에게 처방할 것인지를 주로 논의한다. 하지만 이미 같은 성분의 약이 처방되고 있다면 새로운 약을 도입하고자 할 때는 다른 이유도 필요하다.

약의 크기가 작아져서 복용이 쉬워졌다든지, 위장관 안에서 천천히 녹는 서방정이 출시되어 하루에 두 번 복용하던 것을 한 번만 복용해도 된다든지, 두 가지 약의 성분을 합쳐서 하나만 복용해도 된다든지, 맛을 개선해 아이들이 먹기 편해졌다든지, 제네릭약[+]의 출시로 훨씬 저렴하게 약을 처방할 수 있다든지, 기존에 처방하던 약의 유통에 문

[+] 특허가 만료된 의약품의 공개된 기술을 이용해 만든 복제약. 오리지널 의약품과 주성분의 함량, 제형, 효능과 효과, 용법과 용량이 동일하다.

제가 생겨 약국에서 변경해달라는 요청이 있었다든지 등 명확한 이유가 있어야 한다. 제약회사 영업 사원이 판촉을 잘한다고 멀쩡히 처방되던 약이 갑자기 바뀌지는 않는다.

경영위원회는 격월에 한 번씩 열린다. 그렇기 때문에 약제 심의는 가능하면 단체 채팅방에서 빠르게 이뤄진다. 막 경영위원이 된 이들은 "우리가 약에 대해 뭘 안다고 이걸 결정하는지 모르겠다. 과연 우리가 결정해도 되나?"라고 되묻기도 한다. 살림의원에 새로 취직하는 의사들도 의아해한다. "주민들이 약제 도입을 결정한다고?"

주민들이 약제 심의를 맡는 이유는 의사가 리베이트와 엮여 있을 거라고 생각해서가 아니다. 약을 도입하고 처방하는 건 의사지만, 실제로 약을 복용하는 사람은 주민들이니 자신이 먹을 약이 어떤 방식으로 도입되는지 마땅히 알 수 있어야 한다고 생각했을 뿐이다. 경영위원회 회의를 통해 자신이 낼 비보험 의료비를 스스로 결정했던 것처럼 말이다. 지식이 있는 사람에게만 심사의 자격이 주어진다면 약제 심의를 할 수 있는 건 의료인과 약사뿐일 것이다. 그러니 주민들 스스로 약제 심의를 함으로써 경험과 지식을 차곡차곡 같이 쌓아가보자는 데에 모두 동의한 것이다.

또한 의사들이 어떤 마음으로 약을 도입하는지 주민들

이 알아주었으면 해서 이런 제안을 하기도 했다. 약제 심의를 위한 안건지를 들여다보면, 어떻게 약을 더 편하게 복용하게 할지, 어떻게 더 좋은 약을 더 저렴하게 처방할지 고심한 흔적이 보인다.

[신규 약제 도입 심사 요청]

약품명: ○○○○프리필드시린지[+]

청구 기호　　12345678

성분　　　　△△△△ 60밀리그램

제약회사　　○○○○

가격　　　　123,760원(보험이 적용되므로 환자의 본인부담금은 약 50,000원 정도입니다.)

약품 정보　　경구 골다공증 치료제에 부작용(위장관계 증상, 몸살 증상 등)이 있는 환자에게 주사로 투여하는 약이며, 6개월에 한 번만 피하주사로 맞으면 됩니다. 부작용이 심한 분들에게 도움이 될 것으로 보입니다.

[+] 앰플이나 바이알 형태가 아닌 미리 주사기에 재워져 있는 형태로 출시된 주사약.

제안자　　　살림의원 □□□

경영위원회의 반응

- 요즘 골다공증 환자가 늘어나고 있다고 들었는데 살림의원에서도 적극적으로 진료하고 계시는군요. 부작용이 있는 분들도 접근 가능한 약이 있어 다행입니다. 신규 약제 도입 동의합니다.
- 골절 없는 지역사회를 위해!
- 골다공증 잘 모르는 치과의사도 좋아하는 골다공증 약 ○○○○ 반갑습니다.^^♡

약품명: ○○○정

청구 기호	01234567
성분	○○○ 20밀리그램
제약회사	☆☆
가격	911원
약품 정보	역류성 식도염에 대한 신약으로 국내에서 개발되었으며, 기존 약제에 비해 여러 가지 편의가 있고 효과가 커 도입하고자 합니다. 기존 약제는 공복에 먹어야 하지만 이 약은 식사와 상관없이 복용할 수 있어 편리하

고, 작용 시간이 10시간 이상으로 길어서 하루 1회 복용도 가능하며 증상 호전율이 매우 높습니다. 또 약물 간 상호작용이 적어서 다른 약제와 함께 복용해도 안전한 편입니다.

제안자   살림의원 △△△

경영위원회의 반응

- 식사랑 상관없이 복용할 수 있다니 먹기 편하겠어요. 동의합니다.
- 하루에 한 번만 먹어도 된다는 점이 좋네요. ^^ 동의합니다!
- 편리하고 약효도 좋으니 도입해야죠. 동의합니다.

안건지를 어떻게 만드느냐에 따라 심사 반응이 결정된다고 여길 수도 있겠다. 하지만 이 과정이 중요하다. 의료인이 환자의 입장, 주민의 입장에서 약에 관해 설명해본다. 한 달 처방하면 약값이 얼마나 나올지도 가늠해보고 복용하면서 불편한 점은 없는지도 다시 따져본다. 경영위원들도 약의 이름과 가격, 제약회사 정보를 바탕으로 인터넷에서 약품을 찾아볼 수도 있고, 동일한 성분의 다른 약제와 가격을 비교해볼 수도 있다. 또 의사가 항상 같은 제약회사의 약만 도입하는 게 아니라는 점도 자연스럽게 알 수 있다.

의료협동조합은 주민과 의료인의 협동으로 운영해나가는 곳이라는데, 잘 협동하는 방법은 의대에서 배운 적이 없다. 그저 할 수 있는 것부터 하나하나 해나갈 뿐이다. 협동은 훈련해야 하는 것이므로.

골다공증약 하나를 도입하기까지

(주요인)

살림에서는 매년 초 정기적으로 우리 동네를 대상으로 건강 증진 계획을 세운다. 우리가 보건소도 아니고 보건복지부는 더더욱 아니니까, 우리 동네의 누구 하나 빼놓지 않는 그런 번듯하고 온전한 계획은 아니다. 올해 살림이 무엇에 초점을 맞춰 노력할까에 가깝다. 우리의 프로젝트니까 담대해도 괜찮다. 만성질환 관리를 잘하자는 내용일 때도 있고, 우리 동네 흡연율을 줄여보자는 목적일 때도 있다. 각 동별 흡연율이 표시된 은평구 지도를 큰 화면에 띄워놓고 특히 흡연율이 높은 대조동 조합원들에게 당부의 말을 건네자 반짝이는 눈빛으로 호응을 해오던 순간에는 두근거리기까지 했다. 과연 우리의 계획이 동네를 건강하게 만들 것인가 하면서 말이다.

최근의 계획은 골다공증성 골절을 줄이자는 것이었다.

좀 더 거창하게 얘기한다면, 골절 없는 지역사회를 위해! 고령화 사회가 되면서 점점 더 골절 사고가 늘어나는데, 고령자의 골절은 건강수명을 단축하고 의료비 부담을 증가시킨다. 우리 동네의 고령화 지수가 점점 높아지는 중이니 계획이 필요해졌다. 게다가 2024년 의대 증원 사태로 전공의 사직이 본격화되며 마음이 더 급해졌다. 꼭 필요한 수술을 하지 않을 수는 없으니 예방할 수 있는 수술부터 줄이는 게 좋을 터. 그나마 미리 노력해볼 수 있는 것이 골다공증으로 인한 골절이 아닐까?

좋아, 골다공증성 골절을 힘껏 줄여보자. 골다공증은 아무런 증상이 없이 뼈가 부러지기 쉬운 상태가 되는 질환이니, 골밀도 검사를 받아야만 진단을 내리고 예방약을 처방할 수 있다. 그런데 살림의원에는 검사기가 없다. 그러니 골다공증을 놓치지 않도록 좀 더 주의해야 한다는 생각이 들었다.

미리미리 골밀도 검사를 권유하자. 만 54세와 만 60세, 만 66세 여성은 국가건강검진에 무료 항목으로 포함되어 있으니 검사를 잘 받아오도록 알리자. 검사 결과를 확인하고, 골절 위험도에 따라 향후 1~2년에 한 번씩 검사를 받도록 안내하자. 골다공증 검사는 1년에 딱 한 번만 건강보험

적용이 가능하니, 건강보험심사평가원의 요양기관업무포털에서 다른 의료기관에서 받은 검사 날짜를 알려줄 수도 있다. 서울시 보건소에서 1년에 한 번씩 저렴하게 골다공증 검사를 받을 수 있으니, 이 정보도 안내하자.

골다공증이나 그 전 단계인 골감소증이 진단되면 약 처방을 의논하게 되는데, 이때 치아 상태를 고려해야 한다. 조만간 발치를 하거나 임플란트를 해야 하는 상황이라면 쓰는 약이 달라져야 하기 때문이다. 치과에도 연락한다. 골다공증약 처방을 시작하려는데, 당분간 발치, 임플란트 식립이 필요한 치아가 있는지 자세히 봐주십사 하고 말이다. 만약 치아 상태가 좋지 않다면 다른 골다공증약을 처방할 수 있고, 비타민D, 칼슘 등을 추가로 처방할 수도 있다. 효과도 좋고 투약도 간단하고 부작용도 덜한 약을 찾아 6개월에 한 번 맞는 주사제를 도입하기도 한다.

만 65세 이상 환자들이 처음 살림의원을 방문하면, 원래도 확인하는 정보가 한가득이다. 방문 이유와 평소 병력을 알기 위해 문진표를 작성하도록 하는데, 그 내용을 꼼꼼히 봐야 한다. 종종 매일 먹는 약의 이름을 잘 모르는 환자들이 있다. 그럴 때는 건강보험심사평가원의 개인 투약 이력 조회 서비스를 통해 복용하고 있는 약부터 확인한다. 가족력, 술과 담배, 운동 여부도 확인하고, 장기요양등급이 있는지도 확인한다. 질병관리청의 예방접종통합관리시스템에 접속해 만 65세에 국가에서 무료로 놓아주는 폐렴구균 주사와 매년 가을마다 접종하는 독감, 코로나 예방주사도 잘 맞고 있는지 확인한다. 여기까지가 보통 하던 주치의 상담의 시작이라면, 이제 골다공증 검사를 정기적으로 받고 있는지도 추가하게 된 것이다, 휴!

등록과 처방이 끝이 아니다. 골다공증약은 부작용이 있는 편이라 이에 대한 관리도 필요하다. 부작용 관리는 예상되는 부작용을 미리 설명하는 것부터 부작용을 줄일 수 있는 복용법과 대처법 교육, 그럼에도 부작용이 나타나면 증상을 완화하기 위해 약을 변경하는 것까지를 포함한다. 게다가 4~5년 이상 연속으로 투약할 경우 오히려 골절 위험도가 높아지는 골다공증약이 있으니, 적절한 시기에 약을 쉬어갈 수 있도록(휴약기) 지금이 투약 몇 년째인지도 기록하며 관리해야 한다. 안 그러면 휴약기를 놓치는 경우가 생길 수도 있다.

진료실 안에서 할 수 있는 모든 일을 다 한다고 해도 골다공증 예방 프로젝트는 끝나지 않았다. 골다공증성 골절을 예방하는 데 더 중요한 건 낙상 방지다. 넘어지지 않게 하체 근력을 강화하고 악력을 유지하고, 유연성을 키워서 신체 밸런스를 개선해 넘어지려는 순간 균형을 잃지 않게 하며, 꾸준히 체중을 부하하는 운동을 해 골밀도가 떨어지지 않도록 하는 모든 것이 정말 중요하다. 이를 위해 다짐의 여러 운동 모임을 소개한다. 흰머리 휘날리며, 시니어파워 등 노년을 위한 운동 모임은 모두 골다공증성 골절 예방에 탁월한 효과가 있다고 자부할 수 있다! 골절 후에 수술비를 걱정해 실손 보험에 가입하는 것보다 골절 자체를 예방할 수 있도록 운동 보험을 드는 게 더 낫지 않은가. 게다가 운동 모임을 통해 많은 새로운 관계를 맺고, 이 과정에서 몸도 마음도 더 건강해질 수 있다.

운동 모임에 나오기 어려운 상태의 환자에게는 다른 안내가 필요하다. 실내에서는 맨발로 다니거나 미끄럼 방지 양말이나 덧신을 신도록 권하기도 하고, 보행이 불편한 이들에게는 집 안에 미끄럼 방지 패드를 깔거나 안전 손잡이를 설치하기를 권하기도 한다. 장기요양등급을 받도록 해 넘어지지 않도록 도와줄 사람을 찾아주기도 하고, 집으로 직접 찾아가 손잡이 설치 위치를 봐주기도 한다. 야간에 화장실에 가다 넘어지는 환자를 위해 약물을 조정하기도 하고, 은은한 수면등을 추천하기도 한다.

건강·의료와 관련된 각종 제도를 모두 알고 정확하게 이용하기란 쉽지 않다. 그러니 주치의 의료기관을 꾸준히 다님으로써 내 나이에 필요한 예방접종과 검사, 올해 무료로 받을 수 있는 건강검진을 안내받아야 한다. 그리고 이런 전방위적 돌봄이야말로 정말 주치의다운 일인데, 그러다 보니 주치의란 참 보람되지만 고단한 길이기도 하다. 감기 진료만 하려고 해도 생각이 많아지는 것이 주치의의 운명이랄까. 골다공증약 하나를 도입하는 건, 우리에게는 그저 약 하나를 도입하는 게 아니다. 그나저나 실제로 우리의 이런 활동들이 골다공증성 골절을 줄이고 있을까? 그걸 알면 더 보람차게 일할 수 있을 것 같은데.

HIV 감염인 치과 진료 세팅기

(유요한·주왜인)

살림의원이 아직 위 내시경 검사를 하던 때의 일이다. 편도염 증상과 속 쓰림이 계속되어 고생하던 젊은 환자가 내원했다. 한 달 동안 편도염과 인후염이 낫지 않아 다른 이비인후과에서 항생제를 처방받았는데, 오래 복용했기 때문인지 속이 쓰리고 아프다고 했다.

내시경 검사를 하며 위점막을 관찰했는데 평소 자주 봐온 소염 진통제나 항생제에 의한 위염과는 느낌이 달랐다. 헬리코박터균 검사도 했지만 나오지 않았다. 그런데 왜 이렇게 염증이 심하지? 과연 진통제, 항생제 때문일까? 위장약을 복용했는데도 이 정도까지? 항생제를 써도 잘 낫지 않는 편도염이라니 면역력이 떨어진 건 아닐까? 젊은 환자에게 면역력 저하가 생길 만한 여러 상황을 떠올렸고 몇 가지를 더 검사했다.

며칠 후 그 환자는 'HIV 연관성 급성 위점막 병변(HIV-related acute gastric mucosal lesion)'이라는 긴 이름의 위염을 앓는 것으로 확인되었다. HIV 양성이었던 것이다.(내시경 소견만으로 진단하지는 않았다. 환자가 살림의원을 믿고 알려준 정보에 따르면 HIV를 의심할 만한 다른 병력도 있었다.) 곧바로 항바이러스제 치료를 하게끔 감염내과에 진료를 의뢰했다.

대한가정의학회 내시경 연수 강좌에서 이 사례를 발표하자 다른 의사들은 놀라워했다. 어떻게 위 내시경으로 HIV를 진단할 수 있는지, 면역력이 저하된 HIV 감염인이 지극히 평범한 증상으로 일차의료기관에 내원할 수 있는지를. 무엇보다 민감할 만한 정보를 가감 없이 터놓고 의논할 수 있었던 환자와 주치의의 관계에 놀라워했다. 어떻게 환자의 성정체성이나 성적 지향에 대해 가정의학과 진료실에서 거리낌 없이 나눌 수 있었느냐고.

HIV는 더는 불치병이 아니다. 항바이러스제 치료를 꾸준히 받으면 생활이 가능한 만성질환이다. 그럼에도 아직 감염인에 대한 사회적 낙인이 존재하기에 환자는 자신의 감염 사실을 밝히기가 쉽지 않다. 용기 내어 이야기하더라도 편견 어린 시선을 경험하고는 그 이후로는 밝히길 꺼리게 되기도 한다.

살림의원에는 꾸준히 찾아와 진료를 받는 HIV 감염인이 많다. 물론 상급병원 감염내과처럼 HIV 자체에 대한 항바이러스제 투약이 이루어지는 것은 아니다. 하지만 HIV 감염인이라고 다른 병이 없는 건 아니니, 고혈압이나 감기로 편하게 오는 이들도 있다.

HIV 감염 사실은 함부로 알려선 안 되는 민감한 정보지만, 적어도 주사를 놓거나 채혈을 담당하는 직원에겐 정보를 공유한다. 처음에는 간호사에게 무영이 "HIV 감염인입니다. 혹시 주사나 채혈이 부담스럽다면 알려주세요. 제가 직접 채혈하고 주사할게요."라고 고지했다. 이렇게 딱 한 번 조심스러운 부탁을 한 뒤로는 별다른 망설임 없이 비감염인 환자와 같은 태도로 간호 처치가 이뤄지고 있어 내심 뿌듯한 상황이었다.

그런데 예상치 못한 문제가 다른 곳에서 생겼다. 살림치과가 개원 몇 개월 만에 난제를 맞이한 것이다. HIV 감염인임을 밝히고 치과 진료를 받으러 온 환자에게 임플란트 수술을 준비하던 중, 치과 직원들이 이 사안에 대해 충분히 준비되어 있지 않다는 사실이 드러났다.

임플란트 수술을 위해 치과의사 연필이 CT를 촬영하고 수술 준비까지 다 해놓았는데 몇몇 직원이 두려움을 표했다. 안 하면 안 될까, 가족이 심하게 반대해서 매일 퇴근 후 전쟁이다, 임플란트 수술까지는 말고 피가 덜 튀는 다른 진료까지만 하자, HIV 감염인을 진료받는 큰 치과가 이미 있는데 큰 병원에 비해 위험 비용을 감당하기 어려운 살림치과로서 무리한 조건 아닌가.

연필은 당연히 치료 의지를 보였지만 의사 혼자 수술하기는 불가능했다. 개원한 지 얼마 되지 않은 치과로서 지향하는 의료와 건강에 대한 길고도 중차대한 고비가 이제 막을 올린 것이다.

살림치과에서는 이 사안을 중심으로 회의를 시작했다. 감염인 당사자와 감염내과 교수들을 초대해 교육도 여러 차례 실시했다. HIV는 이미 만성질환화되어 더는 무서운 불치병이 아니고, 환자가 항바이러스제 치료를 꾸준히 받아 바이러스가 검출되지 않는다면 전염성이 전혀 없다는 것. 한국에서는 지금까지 의료인이 직무 중에 감염된 사례가 한 번도 없으며, 만약 바늘에 찔리더라도 72시간 안으로 예방적 항바이러스제를 4주 동안 복용하면 감염 가능성이 없고, 통상적인 수준의 기구 소독만으로도 다른 환자에게 옮길 가능성은 없다는 것 등. 정확한 의학 정보를 전했지만, 이것만으로는 팀 분위기가 하나로 모이지 않았다.

누군가는 "주삿바늘에 찔리면 4주 동안 항바이러스제만 살 먹으면 되는구나! 그럼 괜찮지." 하겠지만, 다른 누군가에게는 "4주나 항바이러스제를 먹어야 한다고? 그렇게나 오래?"라는 문제일 수 있다. 안 그래도 무척 바쁜데 추가로 신경 써야 할 일이 생겨 업무가 더욱 고되어지기도 하고, 주삿바늘에 노출되었을 때 즉각적인 조치가 가능한지, 항바이러스제 복용이나 검사 비용은 얼마며, 그 비용은 누가 지불할 것인지를 궁금해하기도 했다. 무엇보다 이런 모든 것을 감수하고도 "다른 치과는 굳이 하지 않는 일을 왜 우리가 해야 하나?"라는 직원들의 저항감이 있었다.

살림의 뜻과 지향에 처음부터 온전히 동의하는 의료인으로만 직원을 구성하기 어려운 현실이다. 그간 열심히 일하며 합을 맞춰온 직원들의 팀워크가 깨지고 일부가 사직 의사를 표할 때 다시 사람을 구하기까지 얼마나 걸릴지 알기 어렵다. 그 기간 동안 진료가 어려워지고 적자가 무섭게 누적된다. 이와 같은 현실을 체감하며 상황을 어떻게 풀어가야 할지 매일 고민의 연속이었다.

어떤 직원은 HIV 환자 진료에 참여하겠다고 했고, 어떤 직원은 두렵다고 했다. 어떤 직원은 자원하는 직원만 참여하면 안 되냐고 물었고, 어떤 직원은 하는 사람과 안 하는 사람을 나눠 진료하는 건 옳지 않다고 말했다. 충치 치료까지 하고 임플란트는 하지 말자는 의견이 나오자, 일부 단계까지만 치료하는 건 아닌 것 같다는 반박이 나왔다. 이곳에서 HIV 환자를 진료하기 위해 이런 논의를 하는 것 자체가 자랑스럽다는 직원도 있는 반면, 다른 환자나 조합원이 알까 봐 걱정된다는 의견도 있었다. HIV 환자도 진료한다는 걸 알고 나서 혹시라도 살림치과에서 진료받기를 기피하는 사람이 있을까 봐 우려된다는 것이다. 고민과 걱정, 어려움이 섞인 한가운데에서 이 모든 과정을 이끌고 설득해온 연필은 결국 환자에게 전화할 수밖에 없었다.

"우리 팀이 꾸려진 지 얼마 되지 않아 충분히 준비가 되지 않은 것 같습니다. 직원 교육 등을 더 많이 실시하며 이 상황을 바꿔보도록 끝까지 노력하겠으니, 조금만 기다려주십시오. 정말 죄송합니다."

이 전화를 끊고 연필이 얼마나 울었는지 모른다. 우리도 우는 연필을 달래가며 같이 울다가 "이런 게 무슨 여성주의 의료협동조합이야? 우리가 이러려고 협동조합을 만들었어?"라며 허공에 소리치기도 했다. 그렇지만 당장 자괴감에 빠져 허우적거릴 시간조차 없었다. 곧바로 HIV 감염인 인권단체로부터 항의 서한을 받았기 때문이었다.

지난 3월 HIV 감염인이 임플란트 수술을 위해 살림치과에 내원했습니다. 평등·평화·민주의 정신을 바탕으로 의료기관을 운영한다는 살림의료복지사회적협동조합의 정관과 살림치과의 감염 관리 정책을 믿었기에 HIV 감염 사실을 말했고 진료를 받을 수 있을 것이라고 생각했습니다. 그런데 3월 21일, 수술이 어렵다는 최종 통보를 받았습니다. (……) 살림치과에서 밝힌 진료 거부 사유는 정확히 이해하기 어려웠고 납득하기 어려운 부분도 있었습니다.

모두 맞는 말이고, 따끔한 질책이었다. 진료 거부. 당장은 그렇게 보일 수밖에 없었다. 우리의 노력을 전혀 알아주지 않는다고도 느꼈지만, 그래도 환자를 다시 만나야 했다. 우리가 노력하겠다고 약속했으니 노력해야만 했다. 이 서한을 계기로 감염인 당사자 단체, 살림치과 직원들, 살림의 이사회가 같이 참여하는 회의가 연달아 열렸다. 치과 직원들은 한 명도 빠짐없이 그 자리에 참석했다. 회의를 함께한 환자는 진료 거부 사태가 속상하지만, 이 상황을 해결하고자 하는 직원들의 마음을 믿고 싶고 그 변화를 지지하고 싶다고 말했다. 모두가 울었다. 환자를 포함한 인권단체 활동가

들이 살림치과 직원을 위한 교육과 견학에 힘 모아주었고, 이는 살림치과 혼자만 짊어질 문제가 아니기에 조합원과 주민을 대상으로 한 여성주의 교육과 인권 교육, HIV에 대한 오해를 푸는 건강 교육도 계속 열었다.

수많은 시도 중에서도 국립중앙의료원 치과 진료실을 견학할 때 직원들의 마음이 가장 크게 움직였다. 같은 직종인 치과위생사들이 아무렇지도 않게 HIV 감염인을 진료하고 있었다. 더군다나 국립중앙의료원에서 사용하는 소독기는 살림치과에서 사용하는 것과 똑같았다. 이 정도의 소독기구라면 충분하구나.

노력의 결과, 임플란트 수술이 마침내 이루어졌다. 기다려주십사 울면서 부탁을 드린 지 몇 개월이 지나서였다. 모든 직원의 동의와 협력 속에서 수술은 진행되었고, 임플란트가 성공적으로 식립된 것은 두말할 것 없었다. 박수를 치는 우리에게 연필은 좀처럼 하지 않는 농담도 했다. "앞으로 전국의 HIV 환자 분들 치과 치료는 모두 살림치과에서 하라고 홍보 좀 해줘. 우리 떼돈 벌게."

그 뒤로 살림에서 의견 차이, 지향과 관점의 대립, 이해관계로 얽힌 갈등이 일어날 때면 우리는 늘 이 사건을 떠올린다. 살림 역사상 마음고생 톱 5 안에 들었지만, 결국 하나

하나 변화를 만들어냈다. 의견이 다른 사람들을 포기하지 않고 설득하며 함께 걸어갔던 경험을 통해 용기와 희망을 다시 얻었다.

환자는 의료인이 가진 막연한 두려움을 이해하고 그걸 넘어설 수 있도록 다른 의료기관에서 자신이 진료받을 때 기꺼이 초대해줬다. 의료인들은 진료를 거부당한 환자의 안타까운 상황에 공감하며 스스로의 두려움을 넘어서고자 했다. 대립과 차이에서가 아니라 서로를 향한 공감과 연민에서, 공통점을 찾고자 하는 노력에서 변화의 싹이 움튼 것이다.

지금 당장이 아니더라도, 욕을 먹더라도, 갈등으로 인해 사건, 사고가 끊임없이 발생하더라도, 포기하지 않는다면 달라질 것이란 믿음이 있었고 그런 믿음을 지닌 동료가 있었다. 어느 날엔가 우리 조직이 HIV 감염인을 차별 없이 진료할 수 있으리라고 믿고 다 함께 노력했다.

인권단체에서 보기에는 너무 무디고 더디고 모자랄지도 모른다. 살림치과에서 HIV 환자의 임플란트 수술을 할 수 있기까지 꼬박 10개월이 걸렸으니 말이다. 하지만 그 시간을 적극적으로 도우며 기다려준 환자와 단체가 있었고, 지향을 포기하지 않은 경영진과 의사 들이 있었고, 끝내 자신의 두려움을 넘어서는 변화를 보여준 직원들이 있었다. 지금 살림 의료사업소의 모든 직원은 정말이지 아무렇지도 않게 HIV 감염인 환자를 진료한다.

HIV 진료 중 첫 바늘 찔림 사고를 겪은 이는 연필이었다. 찔리는 순간 연필은 '아뿔싸!' 하는 마음과 동시에 다행이라고 느꼈다. 처음 찔린 사람이 나여서 다행이다, 먼저 찔린 김에 예방약도 먹어보고 그 부작용도 겪어보고 비용이 어느 정도인지도 확인해보자!

    진료비며 예방약이 모두 비보험이라 수십만 원에 이르는 돈을 조합에서 부담했다. '자주 찔리면 거덜 나겠다, 평범한 치과에서 감당할 수 있으려나?' 싶었는데, 보건소에 신청하면 이 돈을 되돌려받을 수 있다는 사실을 1년도 더 지나서야 알게 되었다.(원래는 HIV 감염인 환자 진료 중 의료인 찔림 사고가 발생하면 조합에서 검사 및 처방 비용을 부담하기로 되어 있었다.) 연필은 순간 진료를 받은 상급병원의 감염내과가 살짝 원망스러워졌다. 이런 든든한 제도가 있다면 바로 안내를 해줬어야지! 흔한 사고도 아닌데 동네 치과에서 어찌 알겠어? 정보가 제대로 전달되어야 일선 의료기관이 안심하고 진료를 할 수 있지!

　제도 자체도 중요하지만 그것이 현장에 잘 홍보되는 일은 더 중요하다. 세상에 존재하는 모든 정책과 제도를 다 알고 대응할 수는 없으니, 중간에서 알리는 기관의 역할이 핵심적이다.

　이 일을 보건소에 신고하고 비용을 되받느라 골머리를 좀 앓았다. 우리도 처음 겪는 일이었지만, 보건소의 담당 직원도 처음 처리하는 일이었다. 서로 질병관리청의 지침을 찾아보며 일을 진행했는데, 지침을 해석하기에 따라 받을 수 있는 비용이 달라져서 실랑이도 벌어졌다. 그래도 바늘 찔림 사고도 겪고 그 처리도 해보았으니 이렇게 또 한 걸음 나아간다. 이제 다른 의료기관이 마음을 내어 함께 치료에 동참할 때 우리도 안내해줄 수 있겠지!

성소수자 친화적 클리닉

(주왼은)

 젊은 세대의 국가건강검진 수검률이 낮아 걱정이라는 기사를 읽은 후부터 나는 살림의원을 찾는 트랜스젠더 환자들의 국가건강검진을 챙기려고 노력한다. 어차피 호르몬 치료를 받고 있는 트랜스젠더라면 초기에는 3개월에 한 번씩, 치료가 안정된 후에도 최소 1년에 한 번씩은 혈액 검사를 해야 한다. 호르몬 수치를 확인해 투여하는 양이나 주기가 적절한지도 체크하고, 호르몬 치료로 인한 다른 부작용이 나타나는지도 살펴봐야 한다. 그러니 이걸 국가건강검진으로 돌려서 하자는 거다.

 "이번 정기 혈액 검사는 국가건강검진을 활용해서 합시다. 원래 호르몬 수치를 확인하고 부작용을 체크하기 위해 혈액 검사를 해야 하는 때인데요, 마침 홀수년도 출생자라서 2025년 국가건강검진 대상이시거든요. 호르몬 치료에 필요한 검사 중 일부 항목은 국가건강검진을 활용해서 무료로 하고, 호르몬 수치는 거기에 추가해서 확인하면 됩니다. 이렇게 하면 원래 받아야 하는 국가건강검진도 놓치지 않고, 혈액 검사를 이중으로 하지 않아도 되어서 비용도 절약되고요."

환자 본인부담금도 줄고, 중복 검사를 방지해 의료 자원 낭비도 막고, 국가건강검진 수검률도 향상되니, 개인적으로나 사회적으로나 좋은 일이어서 적극적으로 권하고 있다. 하지만 트랜스젠더 국가건강검진이 말처럼 쉬운 건 아니다. 트랜스젠더가 건강검진을 하기 위해서는 여러 가지 조건이 받쳐주어야 한다. 소변 검사를 해야 하니까 성중립 화장실이 있어야 하고, 탈의를 위해서 성중립 탈의실이나 1인용 탈의실이 있어야 한다. 규모가 큰 병원이어서 이런 시설을 갖춰놓고 있으면 좋겠지만, 대부분의 검진센터는 그렇지가 않다.(살림은 규모가 작은 의료기관이라 동 시간대에 한 명만 검진이 가능하기에 수검자의 성별이 크게 문제가 되지 않는다.)

건강검진 결과를 해석하고 판정할 때도 트랜스젠더임을 고려해야 한다. 법적 성별은 여성이지만 트랜스남성으로 정체화한 이후 남성 호르몬을 꾸준히 맞아왔다면 생리적으로는 남성에 훨씬 가깝다. 이 경우 혈액 검사 수치를 모두 남성의 기준에 맞춰서 해석해야 한다. 여성을 기준으로 두면 혈색소 수치가 정상이지만 남성 기준에서는 빈혈일 수도 있고, 남성 기준에서는 신장 기능이 정상 범위에 속하지만 여성 기준으로는 기능 저하일 수도 있다. 또한 다른 의료기관에서 받은 검진이더라도 수치가 적힌 결과지를 토대로 상담받도록 한다. 호르몬 치료 중임을 전제로 검사 결과를 해석해야 제대로 된 검진 판정이 가능하다.

어떤 항목을 검진받을지를 계획할 때도 트랜스젠더임을 고려해야 한다. 트랜스젠더 건강검진은 현재 지니고 있는 장기는 검진을 하되 수술로 완전히 절제한 장기는 검진하지 않아도 된다는 것을 원칙으로 한다. 그러니 호르몬 치료를 해온 기간이나 수술 이력에 따라 건강검진 항목을 개인별로 맞추어 짜야 한다. 법적 성별은 남성이지만 이미 성형수술을 받아 질을 가지고 있는 이들에게는 자궁경부암 검사가 필요할 수 있다.

그래서 호르몬 치료 안내지에 간단하게라도 40세, 50세, 60세에는 각각 어떤 건강검진을 받아야 하는지 적어놓았다. 설명을 듣는 이들은 대부분 젊은 20~30대라 너무 먼 일로 여기는 듯하지만, 열심히 설명한다. 건강검진 정보를 전달하기 위해서만은 아니다. '우리의 삶은 중장년, 노년에 이르기까지 계속 이어진다'는 것을 힘껏 강조하고 싶어서다. 삶은 40세, 50세, 60세가 되도록 이어질 것이니 모쪼록 잘 살아남자는 이야기.

한국에서는 트랜스젠더를 비롯해 성소수자의 인구 규모가 어느 정도인지도 제대로 조사한 적이 없다. 5년마다 실시하는 인구주택총조사에는 결혼 여부, 자녀 유무는 물론 1인 가구 여부, 심지어 반려동물 양육 여부까지도 조사 항목에 포함되어 있으나, 함께 거주하는 동성 커플 가구, 성별정체성이나 성적지향에 대한 조사는 빠져 있다.(2025년 인구주택총조사부터 동성 '배우자' 또는 '비혼 동거'를 선택할 수 있게 바뀌었다.) 살림의원에서 지금까지 진료받았던 트랜스젠더가 총 3000여 명에 이른다는 점으로 미루어, 한국 트랜스젠더 인구 규모를 5만에서 10만 명 사이로 추정할 뿐이다. 다른 정체성의 성소수자까지 포함하면 그 수가 100만에서 200만 명에 이른다고 보고 있다. 드러내지 않았을 뿐, 이미 많은 의료기관에서 진료를 받고 있을 테다.

몇 년 전에 살림의원의 '감사합니다, 바꿔봅시다 의견함'에 이런 쪽지가 들어왔다.

"살림의원의 한 직원 분이 의원 대기실에서 저를 '어머님'이라고 불렀습니다. 저는 비혼 여성으로 자녀가 없으며,

설혹 자녀가 있다고 하더라도 어머님으로 불리고 싶지는 않습니다. 살림을 몇 년째 다니며 어머님이라고 불린 건 이번이 처음이에요. 아마도 새로 온 직원인가 봅니다만, 살림에서는 호칭에 대해 더 많이 고민하고 신입 직원들도 잘 교육해주셨으면 합니다."

중장년 환자를 '어머님', '아버님'으로 부르는 것은 의료기관에서는 너무 흔한 일이다. 하지만 '어머님'이라는 호칭은 '그 정도 나이의 여성으로 보이는 사람'을 트랜스젠더가 아닌 시스젠더, 동성애자가 아닌 이성애자, 비혼이 아닌 기혼, 그것도 자녀가 있는 사람으로 당연하게 가정한다. 물론 '저 사람은 시스젠더일 거야. 그리고 결혼을 했고 아이가 있을 거야.'라고 꼼꼼히 따져서가 아니라 무의식적으로 입에서 나온 말이겠지만, 우리는 '자연스러운' 호칭을 쓰지 않기 위해 노력해야 한다. 그 자연스러움은 실존하는 누군가의 정체성을 배제하기 때문이다.

첫 만남에서 어린이 환자의 보호자를 향해 '주영이 어머니', '현호 할머니'라고 부르거나, 고령 환자의 보호자를 향해 '따님', '아드님', '며느님' 등으로 부르는 것도 주의해야 한다. 이 호칭은 보이는 대로 관계를 예단할 뿐 아니라, 돌봄이 으레 가족 내에서 이루어지고 있을 거라고 가정한다. 그런 호칭으로 그들의 관계를 정의하며, 그 관계에서 당연히 어떠한 돌봄을 주고받고 있으리라고 멋대로 기대하기도 한다. 이를테면 '같이 사는 딸이니까 아버지가 무슨 질환을 앓고 계시는지 당연히 알고 있겠지.'라고 생각하고 물어보는 경우처럼 말이다.

그러니까 성소수자 친화적 클리닉을 운영하고 있다고 하는 우리조차도 아직 갈 길이 멀다. 의식적인 게 아니라서 고치기 쉽지 않겠지만, 그래도 스스로 고쳐나가야지. 그래야 다른 정체성을 가진 이들도, 또 다른 관계를 맺고 있는 이들도 마음 편하게 내원할 수 있는 의료기관이 될 수 있기 때문이다.

모두를 위한 화장실 만들기

(주왜인)

살림에서 처음으로 화장실을 이용하는 사람은 문 앞에서 살짝 놀라기 마련이다. 화장실은 보통 여성 화장실과 남성 화장실로 나뉘어 있는데, 살림의 화장실은 그렇지 않기 때문이다. 살림의원과 살림치과는 여성 화장실과 성중립 화장실로 나뉘어 있고, 살림한의원과 데이케어센터에는 성별로 나뉜 화장실이 아예 없다.

성중립 화장실은 젠더와 장애 여부 등과 상관없이 누구나 차별 없이 이용하도록 만든 화장실로, 살림은 돌봄의 문제까지도 깊이 고민했다. 낯설어도 크게 어렵지는 않다. 화장실 문에 붙어 있는 질서정연한 표지판을 보면 누구나 큰 의문 없이 성중립 화장실을 이용할 수 있다. "나는 어느 화장실을 이용해야 하지?"라고 물어보는 사람이 아직까지 없는 걸 보면 우리의 궁리가 통하고 있는 게 아닌가 싶다.

2012년 살림의원이 처음 개원한 건물에서는 화장실 문제가 없었다. 그 건물의 화장실은 성별로 분리되어 있지도 않았으니까.(대신 장애인 화장실도 없었다.) 문을 열고 들어가면 여자 칸과 공용 칸이 있었다. 건물에 세 들어 있는, 심지어 같은 층의 다른 의료기관과 화장실을 함께 쓰는 입장에서 화장실을 뜯어고칠 수는 없는 노릇이었다. 게다가 첫 개원인지라 진료실과 대기실이 어떻게 생겨야 하는지도 모르는 판에 화장실까지 신경 쓸 겨를이 없었다. 스물네 평의 좁은 공간에 내시경실과 초음파 검사실까지 겨우 넣어가며 설계하려니 진료실로 휠체어가 들어올 수 있는 것만도 감격이었다. 휠체어 이용자가 화장실에 어떻게 가야 하는지는 미처 생각하지 못했지만.

개원하고 1년이 지나 운동센터 다짐을 만들면서 비로소 화장실에 대한 논의를 시작했다. 역시 빌린 공간이었지만 그 건물은 해당 층을 우리만 사용했다. 때마침 운동공간인 '건강다짐' 외에도 조합원 활동 공간인 '함께다짐'과 조합 사무실을 한 공간에 넣으면서 대대적인 인테리어 공사가 필요했다. 우리는 건물주의 허락을 받아 성중립 화장실을 시도해볼 수 있었다.

그렇게 다짐에는 두 칸짜리 화장실이 생겼다. 문을 열

고 들어서면 세면대가 있고 안쪽 깊은 곳에 변기가 있었다. 1인용 화장실이었기 때문에 외관상 성별이 모호한 사람도 화장실을 이용하는 데 문제가 없었고, 화장실을 갈 때 성별이 다른 타인의 도움을 받는 이들도 편하게 이용할 수 있었다. 물론 단점도 있었다. 화장실 밖에서 누군가 노크라도 할라치면 소리쳐서 답해야 했다. 소소한 아쉬움이었다.(하지만 물 내리는 소리가 문밖으로 새어 나가지 못할 정도로 변기와 문이 멀어 좋다는 이들도 많았다.) "결혼하셨어요?" "나이가 몇 살이세요?" "남자예요, 여자예요?" 다짐에서는 이런 질문은 하지 않았기 때문에 화장실은 언제나 자유로웠다.

그런데 2016년, 살림의원과 살림치과, 다짐 등이 110평짜리 한 층을 모두 사용하는 조건으로 큰 건물로 옮기면서 화장실이 문제가 되었다. 이 빌딩의 화장실은 빼도 박도 못하게 성별로 분리되어 있었기 때문이다.

페인트 색깔부터 전등 모양까지, 사업소를 자기 손으로 하나하나 꾸며가던 조합원들은 곰곰이 따져보았다. 우리에게는 장애인 화장실이 필요하고 법적으로 장애인 화장실은 성별로 나뉘어 있어야 한다. 휠체어 이용자 중에는 혼자 화장실을 사용할 수 있는 이들도 있지만, 누군가의 도움이 필요한 이들도 있다. 그러니 휠체어가 그 안에서 회전할 수 있고, 두 명 이상이 함께 들어갈 수도 있을 만큼 넓어야 한다. 게다가 장애인과 활동지원사의 성별이 다를 수 있다. 비단 장애인뿐만이 아니다. 노인과 요양보호사, 환자와 보호자 등 돌보는 사람과 돌봄 받는 사람의 성별이 다른 경우가 많으니, 타인에게 배뇨·배변 케어를 받아야 하는 이들에게는 공용 화장실이 필수다. 그저 법적으로 완벽한 여성 장애인 화장실과 남성 장애인 화장실을 만든다고 해결될 문제가 아니었다.

어린 딸을 데리고 병원에 온 아빠는 어느 화장실에 가야 할까? 자신과 성별이 다른 보호자와 함께 오는 어린이가 이용할 수 있는 화장실도 필요하다. 게다가 그간 살림의원의 환자군을 보면, 유아차를 타고 오는 영유아가 많았다. 기저귀를 갈 공간도 있어야 했다. 여성 화장실 안에만 기저귀 갈이대가 있는 것은 말도 안 되지! 실제로 아빠나 할아버지가 영유아를 데려오는 경우도 많으니까.

트랜스젠더, 성별이 모호해 보이는 환자가 이용할 화장실도 필요하다. 이들 중에는 공중화장실 이용이 어렵다는 이유로 밖에서는 물을 전혀 마시지 않거나, 외진 곳의 화장실만 일부러 찾아가는 사람도 있다. 이를 '회피행동'이라고 하는데, 회피행동과 우울감은 상당한 연관성이 있다. 눈치

보지 않고 편하게 화장실을 갈 수 있는 환경이라야 행복하고 건강할 수 있다는 것이다. 여기는 병원이니 소변 검사를 위해서라도 성중립 화장실은 필수다.

한창 인테리어 공사를 논의하던 때 '강남역 살인사건'이 일어났다. 2016년 5월 17일 공용 화장실에서였다. 살인범은 화장실에서 숨죽이며 여성이 들어오길 기다리다가, 일면식도 없는 사람을 단지 여성이라는 이유로 살해했다. 여성혐오 범죄와 화장실 불법촬영 범죄가 판치는 세상에서 여성들의 위기감은 작지 않다. 모두가 안심하고 사용할 수 있는 화장실은 어떤 모습이어야 할까?

해결해야 할 복잡한 과제가 많았는데 또 다른 제약이 생겼다. 모든 인테리어 최대의 난제, 구조와 예산의 한계! 임대한 건물인데다 내력벽이라 화장실 사이 벽을 허무는 구조 변경은 불가능했고, 심지어 문도 무거운 방화문이었다. 예산을 넘치게 쓸 수도 없었다.

해결할 일이 있다면 협동으로! 협동조합이 기댈 곳이라곤 여러 사람이 함께 의논하는 힘, 즉 생각의 협동뿐이다. 우리 앞에 쌓인 이 모든 난제를 해결할 환상의 팀, 무려 화장실 태스크포스팀이 발족했다. 비전문가 조합원들은 인테리어를 공부해가며 3개월에 걸쳐 밤늦게까지 회의를 거듭했다. 나도 종종 회의에 참석했는데, 살림의원에 내원하는 환자와 보호사가 주로 어떤 나이대인지, 동반자와는 어떤 관계인지, 화장실 이용이 불편하지는 않은지 등을 설명해야 했기 때문이다. 그리고 마침내 '여성 전용 화장실'과 '성중립 화장실(공용 화장실+가족 화장실)'이 탄생했다.

화장실 문 앞에는 흔히 쓰는 것이 아닌 픽토그램을 붙였다. 장애인 표지는 패럴림픽에라도 나갈 것처럼 역동적이었다. 아이와 함께 온 보호자의 성별은 상관없다는 점을 분명히 했고, 성별이 모호하든 변해가는 중이든 누구든 이용할 수 있다는 점도 표시했다. 무엇보다 여성 화장실의 표지가 당당히 다리를 벌리고 있다.

이렇게 만들어진 화장실은 의외로 유용했다. 여성 화장실은 북적이고 남성 화장실은 한산한 경우가 많았기 때문에, 직원 대부분이 여성인 살림에서 바쁜 직원은 성중립 화장실을 종종 이용한다. 이 와중에 어라는 여성 전용 화장실이 북적이는지와는 상관없이 언제나 거리낌 없이 성중립 화장실로 들어갔다. 자기가 일상적으로 이용해야 다른 여성도 편하게 들어올 거라는, 꾸준히 사용하지 않으면 말만 성중립일 뿐 결국은 남성 전용이 된다는 이유에서다.

한정된 예산은 허술하게 시공되어 있던 장애인 화장실

의 접이식 문을 튼튼하게 바꾸는 데 가장 많이 쓰였다. 드르륵 쉽게 열릴 것 같아 그 안에서는 편안하게 볼일을 보기 어렵다는 장애인 조합원의 말 덕분이었다. 문 하나에 100만 원이나 들어 살 떨렸지만, 이용하면 이용할수록 좋은, 모두의 결정이었다.

어떤 이들은 "뭐야. 그냥 화장실 표지만 바꿨지, 별거 없잖아?"라고 말할지도 모른다. 하지만 그게 그러니까 장장 3개월을 고민해서 만든 것이다. 그 덕분에 모두가 눈치 보지 않고 이용할 수 있는 화장실이 되었다.

우리는 종종 "살림이 이렇게 무섭습니다."라는 농을 던진다.

온라인 강의 하나를 맡게 되어 모 대학의 교내 박물관을 찾았던 때의 일이다. 강의를 촬영하고 화장실로 간 나는 남성 화장실로 잘못 들어가버렸다. 다리를 벌리고 서 있는 픽토그램을 보고 당연히 여성 화장실인 줄 알았는데 남성용 소변기가 있었다. '앗!' 하고 나와서 다시 확인했더니 내가 본 것은 다리를 벌리고 서 있는 남자의 픽토그램이었다! 그 옆에 치마를 입은 채 다리를 오므리고 있는 여자의 픽토그램이 여성 화장실을 가리키고 있었다. 너무 다소곳했다.

살림에서는 남자 픽토그램이 다리를 모으고 서 있고 여자 픽토그램이 다리를 벌리고 있어, 멀리서 보고는 영락없이 여성 화장실로 착각한 것이다. 몇 년 동안 살림의 화장실만 이용하다 보니 순간 오해를 했다. 살림에서 일하는 게 이렇게 무섭습니다, 원.

살림의 화장실에는 소변 검사를 위해 설치한 선반이 있다.

소변을 받은 종이컵을 올려놓기 위함인데, 처음 설치한 위치가 애매했기에 다른 위치로 옮겨 달았다. 이 과정에서 나사가 박혀 있었던 구멍이 한동안 노출되어 있었다. 보기 싫다고만 생각한 사람도 있겠지만, 의미 없이 뚫린 화장실 벽의 구멍이 무서운 이들도 있었다. 소형 카메라를 이용한 불법촬영 범죄가 떠올랐는지 나사 구멍들이 휴지 조각으로 메꿔지기 시작했다. 화장실에서 구멍을 막을 것이라곤 휴지밖에 없어서 이걸 돌돌 말아 기분 나쁜 구멍에 끼워 넣은 것이다.

그걸 발견했을 때 우리는 아차 싶었다. 화장실이 안전하지 않은 공간으로 느껴졌다는 것을 깨닫고, 냥냥은 재빨리 시트지를 사 와서 구멍 위에 붙였다. 물론 불법촬영 카메라는 없었지만. 안전한 화장실을 위해서는 유지와 보수가 만드는 것 못지않게 중요하다. 그리고 그 유지와 보수가 누구의 시각에서 이뤄지는지도.

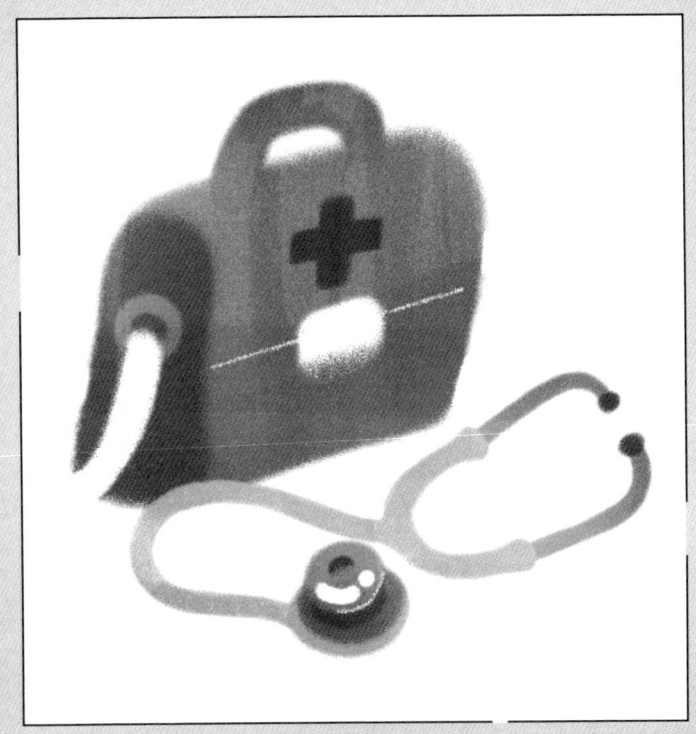

4장

돌봄과 의료 사이에서

건강한 나, 건강한 이웃, 건강한 마을

(추혜인)

일본의 여성학자 우에노 지즈코는 책『누구나 혼자인 시대의 죽음』에서 일본의 이시가키섬 이야기를 한다. 이시가키섬에는 산책하는 노인이 있을 뿐 배회하는 노인은 없다고 한다. 배회 방지 열쇠⁺가 없어 치매가 있는 노인도 자유롭게 집 밖을 돌아다닐 수 있다. 그래도 안전하다. 마을의 크기, 교통량, 일상의 속도 등 여러 다른 조건이 작용했겠지만, 치매 노인을 길에서 만났을 때 어떻게 대응하는지 배우고 익힌 주민들이 아주 많다는 점이 가장 큰 힘이 되었을 것이다.

일본 나고야에 있는 미나미의료생활협동조합(이하 '미나미의료생협')의 치매 어르신 공동생활시설 '나모'에서는 치매 노인이 매일 동네 슈퍼마켓으로 장을 보러 나간다. 이 활동

✚ 치매 어르신이나 지적장애인, 인지기능이 저하된 사람이 홀로 거리로 나와 위험하게 배회하지 않도록 문을 쉽게 열지 못하게 하는 열쇠 혹은 비밀번호 장치 등을 말한다.

이 가능하려면 치매 노인을 지원하는 직원이 있어야겠지만, 슈퍼마켓의 식원들도 치매 노인을 대하는 법을 알고 있어야 한다. 골목길에는 길 건너는 치매 노인을 배려해 운전해달라는 표지판이 있고, 운전자들은 안전 운전을 해야 한다. 그런 마을에서 살고 싶다는 소박한 마음에서 '치매안심마을 건강이웃' 강좌가 기획되었다.

우리는 강좌의 첫머리에 심폐소생술을 언급하며 시작했다. 미국의 미네소타주에는 로체스터라는 작은 도시가 있다. 인구가 12만 명으로 한국의 도시와 비교해도 큰 도시는 아닌데 거리에서 심장마비로 쓰러졌을 때 생존할 확률이 높은 지역 중 하나로 꼽힌다. 거주자 중에 심폐소생술을 할 수 있는 사람이 워낙 많기 때문이다.

로체스터에는 세계적인 명성을 지닌 병원 메이요클리닉(Mayo Clinic)이 있어 다양한 직종의 의료인이 많이 거주한단다. 그러다 보니 길에서 갑자기 심정지가 와도 골든타임을 놓치지 않고 행인의 도움을 받아 생존할 확률이 높은 것이다.

치매와 심정지는 은근히 닮은 점이 있다. 질환의 당사자가 스스로 대처할 수 없다. 내가 아무리 심폐소생술을 잘 익혔다 한들 심정지가 온 자신을 스스로 소생시킬 방법은 없다. 내가 아무리 치매에 대해서 박학하다 한들 치매가 있는 스스로를 돌볼 방법은 마땅치 않다. 심정지와 치매는 오직 주변 사람의 대처를 믿고 이들에게 자신을 맡겨야 하는 문제다.

그러니 치매에 잘 대응할 수 있는 지역사회가 필요하다. 증상을 더 빠르게 발견해 진행을 늦추고, 치매가 자명해도 당황하지 않고 배회나 망상 등에 잘 대처할 수 있도록 마을 공동체 차원에서 준비해야 한다. 그게 바로 '치매안심마을 건강이웃' 강좌의 콘셉트였다.

요약하자면 이렇다. 만약 내게도 치매가 나타난다면 어떤 마을에서 살아가고 싶습니까? 그렇다면 아직 치매가 아닐 때는 어떤 마을을 만들어가고 싶습니까? 원래 모든 것이 그렇다. 내가 대우받고 싶은 대로 남을 대해야 하는 것처럼, 내가 살고 싶은 마을은 타인을 나처럼 여기는 데에서부터 스스로 만들어가야 한다. 내가 심폐소생술을 배우는 이유는 다른 사람을 살리기 위해서다. 치매에 대해 배우는 이유도 마찬가지다. 물론 나의 치매를 예방하기 위함도 있지만, 치매가 있는 다른 이들을 더 잘 보듬어주기 위해서다. 치매 노인들이 안심하고 살 수 있는 마을을 위해서고, 결국은 훗날의 나를 위해서다.

강좌의 목적을 명확히 하자 텔레비전이나 유튜브에서 많이 본 흔하디흔한 치매 깅의일 기라 예상하고 집짓 시큰둥하게 앉아 있던 주민들의 표정이 일순간에 달라진다. 묘한 사명감과 열정이 우리를 하나로 묶는다. 우리는 마을을 건강하게 만들겠다는 큰 목표를 가지고 여기에 모인 동지들이니까!

'치매'라는 명칭에서부터 이야기를 시작한다. 어리석을 치(癡), 어리석을 매(呆). 그 의미를 들여다보니 문제적인 질환명이다. 이 명칭을 대체하기 위해 일본에서는 '인지증(認知症)', 대만에서는 '실지증(失智症)'이라는 말을 쓰고 있고, 한국에서도 '인지저하증'이라는 용어로 대체하기 위한 시도가 있다. 이 이야기에 모두 고개를 끄덕거린다.

알츠하이머성 치매, 루이소체 치매, 혈관성 치매, 전두측두엽 치매 등 원인에 따라 치매의 종류는 다양하고, 그 증상과 치료법도 다르다. 하지만 돌봄의 원칙은 크게 다르지 않다. 인지력이 저하되어도 감정은 여전히 느끼며 인간적인 관계 맺기 또한 가능하다. 치매 노인의 좁아진 시야와 저하된 시력을 감안해, 들이댄다 싶을 정도로 얼굴을 가까이 가져가서 눈빛을 분명하게 맞추며 인사하는 것부터 시작하기로 한다. 그리고 환각, 망상, 거부, 난폭한 행동 등 치매의 여러 정신행동 증상에 당황하지 않고 적절하게 대응하는 방법도 배운다.

물론 예방도 중요하다. 치매가 나타나지 않도록 하는 것이 1차 예방이라면 치매를 조기에 발견하는 것이 2차 예방이다. 거기에 치매가 있어도 잘 살아갈 수 있는 지역사회를 만드는 것이 3차 예방이라고 할 수 있다. 우선 자신과 주위 사람부터 치매를 예방하기 위한 생활 습관을 기르고, 꾸준히 건강을 관리해야 한다. 고혈압과 당뇨 같은 만성질환을 관리하여 심뇌혈관계 합병증이 생기지 않도록 하며 금연, 금주, 신체 활동을 통해 뇌 건강을 챙기는 것까지, 치매 예방을 위해 할 수 있는 일은 많다. 건강한 생활 습관을 스스로 챙기기 쉽지 않다면 건강 소모임에 가입해서 실천해도 좋다.

2차 예방을 위해서는 평소와 다른 점을 알아채는 세심한 관찰이 필요하다. 치과에서 치매 노인을 조기에 발견한 적이 있다. 어느 날부터 의료진의 설명을 잘 이해하지 못해 화를 내는 어르신을 보며 직원은 갑작스러워 놀라면서도 의아해했다. '평소 이런 분이 아니었는데. 혹시 치매로 성격이 변한 건 아닐까? 기억력이 떨어지면서 오해가 생긴 건 아닐까?' 직원은 할아버지의 가족에게 연락해 치매 검사를 권했고 다행히 비교적 초기에 발견할 수 있었다.

평소에 무언가를 익숙하게 잘해왔다면 치매를 일찍 발견할 수 있다. 어쩌면 당사자가 힘들까 봐 옆에서 도와주겠다는 선의는 도움이 되지 않을 수도 있다. 익숙하고 잘하는 일은 계속하도록 독려해야 한다. 그러려면 익숙하고 잘하는 일이 있어야 하는데, 원래 집안일을 안 하다 보니, 자기 혈압약도 스스로 챙기지 않고 양말 한 짝 개어보지 않고 살았기에 치매 발견이 영 쉽지 않은 경우도 많다. 아래의 어르신처럼 말이다.

○○대학병원 신경과 진료 (검사일: 2024년 2월 16일)
- 기억력: 환자의 기억력은 2016년 퇴직 이후로 서서히 저하되다가 2020년에는 더욱 눈에 띄게 저하되었고 (……).
- 집안 생활 및 취미: 집안일은 본래 하지 않았음. 그러나 이전에는 외출하고 돌아와서 외투를 옷걸이에 걸어두는 정도의 정리는 했는데 현재는 그대로 벗어둔다고 함. 보호자가 시키면 쓰레기 버리기 정도의 간단한 몇 가지 일은 함. 하루 대부분을 집에서 텔레비전을 시청하며 보냄.

평소에 양말도 잘 개고 스스로 요리하고 청소도 하는 분이라야 '어라? 짝을 맞춰서 양말을 개는 게 어려우시구나.', '김치찌개의 맛이 달라졌는데?', '청소기 사용이 서툴러!'라고 치매를 빠르게 발견할 수 있다. 앞선 예시 같은 경우라면 못해서 안 하는 건지, 안 해서 안 하는 건지, 못해서 못하는 건지, 안 해서 못하는 건지 도통 알 수가 없다.

미국의 할아버지들은 팁 계산이 서툴러지면 치매가 발견된다고들 한다. 팁 계산은 복잡하다. 고급 레스토랑인지 패밀리 레스토랑인지 패스트푸드점인지에 따라 다르고, 점심 식사인지 저녁 식사인지에 따라서도 다르다. 직원의 서비스에 얼마나 만족했는지, 누구와 함께 식사하는 자리인지도 영향을 미친다. 식사 장소와 공간, 사회적 맥락까지를 고려한 뒤 팁 비율에 맞춰 계산해야 하는 종합 인지 활동에 가깝다. 평생 잘해오던 팁 계산이 서툴러지면 자녀가 이상한 낌새를 감지하는 식이다. 우리 아버지가 조금 이상해지셨는데?

그러니 치매의 2차 예방을 위해서라도 가정 내 성별분업 구조가 달라질 필요가 있다. 안타깝게도 한국 남성 노인의 치매 발견이 늦어지고 있으니까 말이다. 가사 노동을 잘 맡아 하지 않아 능숙함의 문제인지 인지력의 문제인지를 판단할 수 없으니, 이른 치료를 놓치기 일쑤다.

그런데 하던 일을 살하는 것만으로는 안 된다. 힝상 해왔던 일만 하고 항상 만나던 사람만 만나면, 인지기능과 사회성이 꽤 저하되어도 잘 알아채기 힘들다. 반복을 통해 습득한 절차기억처럼, 여러 기억 중에서도 항상 해온 일에 관한 기억은 쉬 손상되지 않기 때문이다.

새로운 경험과 만남에 도전하도록 해야 한다. 나이가 들어 갑자기 새로운 일을 시작하기란 쉽지 않으니 아직 치매가 아닌 지금부터라도 새로운 일과 만남에 도전하자. 새롭게 도전하며 인생을 기획한다면, 활력 있는 삶을 살 수 있지 않을까. 더불어 혹시라도 인지기능이 저하되어간다면 주변에서 쉽게 알아채줄 테고.

새로운 도전과 만남의 기회로서 치매 노인을 돌보는 자원활동 같은 것도 좋겠다는 다짐을 서로 나누면서 강좌는 끝난다. 강좌를 듣는 동안 우리는 좀 더 건강한 마을, 내가 나이 들어도 살고 싶은 마을을 같이 그려보았다.

꼭 치매만이 아니다. 살림의 조합원 건강 강좌 중 대 히트를 친 건 '내 친구의 우울증'이었다. 우울감이 심한 이들은 강좌를 들으러 오기 어렵다. 강의에 온 이들은 우울증에 걸린 가족과 친구를 돌보기 위해 우울증에 대해 이해하고 싶어 하는 이들이었다. 혹은 한때 우울감이 심했거나 언젠가는 내가 겪게 될지도 모를 우울증을 알고자 하는 이들이었다.

심폐소생술, 치매, 우울증 등 소재가 무엇이건 강좌의 핵심은 이것이다. 내가 스스로 건강한 사람이 됨으로써 주변을 돌볼 수 있고, 주변 사람을 잘 돌보려고 이것저것을 배우며 더 건강해질 수 있다. 내가 건강하고 행복하게 살려면 마을이 함께 건강해야 한다. 살림의 모든 건강 강좌에는 자기돌봄·서로돌봄·함께돌봄의 메시지가 녹아 있다. 우리는 건강한 이웃, 좋은 이웃이 되어가는 자리에 함께 있다.

중간집, 케어B&B라는 실험

(유요환·주왜인)

중간집(Transit Home) '로겐안키(老健あんき)'를 처음 만난 것은 2019년. 미나미의료생협 연수 중이었다. '집과 병원의 중간에 있는 곳'이라는 설명에도 감이 잘 잡히지 않았다. 한국에는 존재한 적 없는 제도여서 그랬을까.

로겐안키는 미나미의료생협 진료소 건물의 3층에 있다. 우리는 건물 1층 로비에서 한 할머니와 마주쳤다. 할머니는 콧줄을 코에 건 채 오른손으로 콧줄과 연결된 산소통을 캐리어처럼 끌며 산책하고 있었다. 한국에서는 보기 드문 광경이라 건물 밖으로 사라지는 할머니의 뒷모습을 홀린 듯이 바라보았다. 미나미의료생협의 직원이 로겐안키에 머물고 계시는 할머니라고 설명을 덧붙였다.

진료소를 둘러보고 나오는데 다시 건물로 들어오는 할머니와 마주쳤다. 오른손으로는 여전히 산소통을 끌고 있었지만, 이번에는 왼손에 비닐봉지가 들려 있었다. 그런데 아까보다 걸음걸이가 가볍다. 살짝 흥분한 듯한 발걸음, 미묘하게 신이 나 들썩거리는 어깨, 콧노래라도 흥얼거리는 듯한 모습이었다. 직원은 잽싸게 설명해주었다.

"진료소 앞에 장이 서는 날이라 장을 보고 오시는 모양입니다."

그러고 보니 왼손에 들린 비닐봉지가 다시 보인다. 할머니 뒤로는 장바구니를 들고 뒤따라 걷고 있는 직원도 보였다. 그래서 기분이 좋으셨구나. 과연 어떤 장이길래?

진료소 앞에는 방문 판매 차량이 서 있었다. 로겐안키에서 생활하는 고령의 입소자를 위해 일주일에 두 번씩 이곳에 찾아온단다. 규모는 작아도 필요한 것은 다 알차게 팔길래 우리도 빵과 과일, 주전부리 들을 샀다.

로겐안키는 병원에 입원했다가 퇴원한 환자의 일상 재활을 목적으로 한다. 이곳에서 사회 복귀를 열심히 준비하던 한 입소자에게 담당 주치의는 질문했다.

"혹시 힘든 점이 있나요?"

"장 볼 곳이 없어요. 사회에 나가면 내가 직접 장도 보고 요리도 해야 하는데."

'장 보기'와 '요리하기'는 집에서 혼자 생활할 미래를 대비하기 위한 중요한 일상 재활의 하나다. 장을 보며 돈 계산을 하다 보면 인지기능을 유지하는 데도 도움이 된다. 하지만 진료소 주변엔 시장이 없다. 입소자의 답변에 깨달음을 얻은 의사는 조합에 도움을 요청했고, 조합원들은 방문 판매 차량을 섭외했다. 그렇게 일주일에 두 번씩 진료소 앞마당에 장이 열리게 되었다.

짧게는 2주에서 길게는 6개월까지 거주할 수 있는 로겐안키는 1인 1실의 중간집이다. 방은 각자 쓰지만 부엌과 마루는 공용이고, 입소자는 직원의 도움으로 부엌에서 직접 밥을 짓는다. 식기와 수저는 각자 집에서 쓰던 것들을 가지고 온 터라 자기 것을 구분하기도 편하다. 때로는 직원에게 도움을 받지만, 빨래와 청소도 할 수 있는 만큼은 스스로 해나가며 '내 집'으로 돌아갈 날을 꿈꾸며 일상을 사는 생활시설이다.

연수를 다녀온 우리는 무엇을 할 수 있을까 고민했다. 여러 조합원이 중간집을 시도해보고 싶어 했다. 병원도 아니고 집도 아니지만, 생활을 살펴봐줄 누군가에게 도움을 받을 수 있는 곳, 시설 밖에서처럼 생활하면서도 재활에 집중할 수 있는 곳을 만들어보자는 의견이었다.

중간집은 꼭 고령자만을 위한 생활시설은 아니다. 대장

암 3기 진단을 받은 한 조합원에게 앞으로의 계획을 물었더니, 수술 후 요양병원에 며칠 입원해 있기로 했단다. 대학병원에서는 수술을 받고 며칠 뒤에 퇴원하기를 종용하는데, 지방에서 혼자 지내는 터라 바로 집으로 돌아가면 식사를 챙기기조차 어려울 것 같다며 웃는다. 당장 일상으로 복귀하기는 힘드니 며칠이라도 요양병원에서 지내며 거동이 편안해진 후에 집으로 돌아가겠다는 셈이다.

당연하다. 수술 부위가 아물었다고 스스로 끼니를 챙기고 빨래하고 청소하며 출근까지 할 수 있는 게 아니니까. 대학병원 입장에서도 어쩔 수가 없다. 빠르게 퇴원시켜야 상급병원의 집중적인 의료서비스가 필요한 이들이 제때 입원할 수 있다. 수술이 잘되었고 회복 단계로 들어섰다는 판단만 들면 바로 퇴원이다.

관절 수술이나 뇌졸중 치료 후 퇴원할 때가 정말 문제다. 병원에서는 수술이 성공적이었다며 퇴원을 권하지만 아직 잘 걷지 못하는 환자는 집으로 돌아가기를 망설인다. 집 곳곳에 안전 손잡이를 부착하고 미끄럼 방지 패드도 깔아야 한다. 집 어귀의 계단은 골칫덩어리다. 공사를 해야 하나, 이사를 해야 하나? 게다가 집에는 아무것도 없다. 전동 침대도, 보행 보조 기구도, 장만하려면 모든 것이 돈이고 대여를 하려 해도 난감하다.

무엇보다 돌봐줄 사람이 없다. 퇴원하는 그 순간부터 당장 돌봄이 꼭 필요해도 장기요양서비스를 연결받기란 어렵다. 장기요양등급을 받는 데는 시간이 걸린다. 그뿐일까. 전동 침대만 빌리려 해도, 안전 손잡이만 사서 집에 설치하려 해도, 장기요양등급이 있는 게 유리하다. 꼭 병원이 아니어도 숙식과 돌봄을 제공받을 수 있는 숙소는 없을까.

우리는 중간집을 시도하기로 했다. '케어B&B'! 유명한 숙박 공유 플랫폼 이름을 패러디했다. 침대와 아침 식사를 제공하는 숙박 시설(B&B, Bed & Breakfast)인데, 케어(돌봄)가 제공되는 B&B라는 의미다. 한번 입주하면 죽을 때까지 살아야 하는 요양원 같은 시설이 아니라 호텔이나 펜션처럼 일시적으로 머무는 곳임을 이름으로 명시했다. 아침 식사뿐만 아니라 원한다면 하루 세끼를 모두 제공받을 수도 있고, 스스로 만들어 먹을 수도 있다. 병원에 입원할 필요는 없지만 원래 살던 집으로 돌아갈 수 없는 이들이 짧게는 한 달에서 반년까지 임시로 머물며, 일상으로의 복귀를 목표로 돌봄 받고 재활하는 중간 정거장이다.

하지만 현실적인 벽에 맞부딪쳤다. 입소 대상을 장애인과 노인 중 어디로 할 것인지부터(서울시 시범 사업이라 주무

부처를 '장애인복지과'와 '어르신복지과' 중에서 정해야 했다.) 주택은 어디서 조달할 거냐, 입소자 선정 기준은 어떻게 정할 거냐 등. 지난한 논의 끝에 2021년에서야 중간집을 시작할 수 있었지만, 이번에는 입소자 선정이 큰 문제였다. '중위소득 150퍼센트 이하의 서울시 거주자'만 입주할 수 있는데, 신청자의 조건이 여기에 걸맞은지를 확인하는 데 너무 오래 걸렸다.

여러 난관을 뚫고 드디어 중간집의 입주가 시작되었다. 첫 입소자가 생기며 의료진도 정기적인 방문진료와 방문간호를 시작했고, 물리치료사, 작업치료사, 요양보호사, 사회복지사 등 전문 인력의 통합사례관리[+]도 시작되었다. 의료와 돌봄, 생활 지원이 통합되고 개인에 맞춤해 제공될 때 어떤 변화가 가능한지 목격하는 일은 놀라움의 연속이었다. 새로운 길을 헤쳐가느라 지쳐 있던 직원들도 다시 나아갈 힘을 얻었다.

케어B&B에 머물며 장애인 등급을 신청하거나 장기요양보험의 수급자로 인정받은 입소자도 있었다. 심지어 어떤 입소자는 말소되었던 주민등록을 다시 살리기도 했다. 집이

[+] 의료, 보건, 복지, 돌봄, 주거 등 다양한 영역의 전문가가 함께 모여 지역 주민의 난제를 해결하기 위해 공공·민간 자원을 연결하는 통합적인 관리.

없어 주민등록이 없어졌는데, 그래서 집을 계약할 수 없는 악순환에 빠져 있었다. 게다가 주민등록이 없으니 건강보험도 말소되고, 코로나19 예방접종도 전혀 받지 못하고 있었다. 중간집에 들어와 몇십 년 만에 '집'이라고 부를 수 있는 거주지가 생기니, 드디어 주민등록을 할 수 있었다.

어떤 입소자는 케어B&B에 있는 동안 집을 팔기도 했다. 부동산에 내놓은 지 몇 년은 되었지만, 사람들이 집을 보러 왔다가도 아픈 사람을 보고는 그대로 돌아 나가기 일쑤였다. 케어B&B에 아주 오래 머문 것도 아닌데 아픈 흔적을 지우자마자 집은 금방 팔렸다. 집이 팔렸으니 기왕지사 엘리베이터가 있어 휠체어 이용이 편리한 빌라로 이사하기로 했고, 침대에서 휠체어로 다시 휠체어에서 침대로의 이동을 열심히 연습했다. 이걸 트랜스퍼(transfer)라고 하는데, 이 행위에 능숙해져야 자는 시간과 깨어 있는 시간의 구별이 뚜렷해지고 집 안에서의 이동이 원활해져 인지기능에도 도움이 된다.

어떤 입소자는 자택으로 복귀하기 위해 집을 수리하기도 했다. 집 안에서 넘어져 고관절이 골절되었으니, 그 집으로 다시 퇴원하기는 무서웠다. 어디에 미끄럼 방지 패드를 깔고 어디에 안전 손잡이를 설치하는 게 좋을지, 케어B&B

에서 자택을 며칠간 오가며 집 안 환경을 다시 정비했다. 케어B&B의 작업치료사가 동행해 집의 도면을 따 와서 며칠을 연구한 결과였다.

다른 입소자는 대중교통 이용을 목표로 지하철역 에스컬레이터를 올라타고 내리는 훈련을 했고, 어떤 입소자의 가족은 케어B&B 옥상에서 텃밭을 가꾸며 가족 간병의 시름을 덜기도 했다. 누워서 입소했다가 자기 발로 걸어 자택으로 돌아간 한 입소자는 소감을 남겼다. "나에게 필요한 공간이 딱 필요한 시기에 있어서 너무 감사했다. 그런데 나만 이런 곳을 이용할 수 있다면 그러지 못한 이들에게 너무 미안하다. 앞으로 모두가 시기적절하게 케어B&B를 이용할 수 있는 세상이 되기를 바란다." 여기가 병원이 아닌 중간'집'이었던 덕분에 가능한 일들이었다.

케어B&B는 지금은 종료된 시범 사업이다. 일본처럼 제도화되기를 꿈꾸며 우리가 먼저 모델이 되어보고자 했는데 못내 아쉬웠다. 그래도 주거에 의료와 돌봄을 결합하는 방식이 얼마나 강력한 지역사회 안전망이 되어주는지를 경험했다. 큰 배움이었다. 우리는 장애인 지원주택에 의료 지원을 탄탄히 결합하는 방식으로 이 배움을 확장해나가는 중이다.

커뮤니티 케어 혹은 지역사회 통합돌봄을 사람들은 이렇게 설명한다. 시설이나 병원에 가지 않고도 원래 살던 지역사회에서 적절한 돌봄을 받을 수 있게 되는 것이라고.

우리는 여기에 하나를 덧붙인다. 진짜 커뮤니티 케어가 가능하려면, 그 커뮤니티가 내가 살고 싶은 곳이어야 한다고. 지금부터라도 어울려 살고 싶은 마을이어야, 나이가 들어서도 혹은 죽을 때까지도 여기서 계속 부대끼며 살고 싶다고. 아는 얼굴들 사이에서 나답게 죽을 수 있는 마을을 만들고 싶은 우리의 활동이 그 자체로 커뮤니티 케어라고.

토요일엔 서로돌봄카페

(토요일)

역촌동 50-50, 살림통합돌봄센터 건물 4층에서는 토요일마다 팝업 카페가 열린다. 몸이 후끈해지는 관절가동운동을 같이하고, 한 주 동안의 안부를 묻는다. 훌라를 추고 수채화를 그리고 그림책을 읽으며, 순식간에 50년을 거스르는 옛날이야기를 주렁주렁 소환하기도 한다. 가을이 되면 색종이로 탐스러운 홍시를 접어 공간을 화사하게 꾸민다. A4 용지 크기의 화투를 치거나 윷놀이를 한판 하다 보면 가끔은 격해지지만, 또 금방 와르르 웃는다.

"오늘 내가 한잔 살게!"

"왜?"

"그냥 기분이지!"

음료는 한 잔에 500원. 두레소비자생활협동조합 쌍화차, 공정무역 믹스커피, 즉석에서 내리는 드립커피, 누군가가 직접 담아온 오미자차와 매실차까지. 구색이 훌륭하다. 2020년 한여름부터 지금까지 지속되며, 10대부터 90대까지 다양한 연령의 사람들이 매주 들르는 서로돌봄카페다.

그 시작은 한 직장인 조합원의 하소연이었다. 치매가 있는 어머니와 주말에 카페라도 가 함께 시간을 보내고 싶은데 갈 곳이 너무 없다고 했다. 예상치 못한 상황이 생겨서 폐를 끼치지는 않을지, 카페에서 불편해하지는 않을지 걱정이 된다는 것이었다.

안타깝다. 나도 치매가 있다면 카페나 식당에 가기 힘들겠지? 내 친구, 내 가족에게 치매가 있어도 마찬가지일 테다. 그렇다면 우리가 뭔가 해볼 수 있는 게 없을까. 인지기능이 저하된 사람도, 그 사람을 돌보는 이도, 누구라도 마음 편하게 올 수 있는 카페를 열어보자. 의기투합 끝에 부릉부릉 시동을 걸던 조합원들은 동네의 채식식당 밥풀꽃을 토요일마다 대관해 서로돌봄카페를 열기 시작했다. (지금은 살림통합돌봄센터 4층에서 열린다.)

홍보 포스터도 뽑아서 근처에 붙이고, 조합원에게 소문도 많이 냈다. 그런데도 2020년 7월 카페를 연 첫날의 방문객은 단 한 명이었다. 그 한 사람을 둘러싸고 자원활동가 다섯이 어찌나 분주한지. 잘 오셨다고 환영하며, 서로 소개도 하고, 차도 내오고, 준비한 프로그램도 어찌어찌 진행했다. 첫날의 운영을 마치고는 한 명이라도 와서 얼마나 다행이냐며 웃었다.

시간이 쌓이면서 차츰차츰 다양한 사람이 서로돌봄카페로 모였다. 치매가 진행 중인 할아버지와 할아버지의 일상 돌봄을 전담하는 할머니 부부가 함께 왔다. 치매로 인지기능은 저하되었어도 신체는 강건한 편이었던 할아버지는 밖에서 많이 걸어 다닐수록 밤에 푹 자고 일몰증후군[+]도 방지할 수 있다. 하지만 할머니는 퇴행성 무릎관절염으로 다리가 불편한 상황. 그런데도 할아버지가 혼자 집을 나섰다가 길을 잃거나 다른 사람과 시비가 붙을까 걱정되어 할아버지와 종일 걸어 다닐 수밖에 없었다. 할머니의 무릎은 점점 나빠지고 있었다.

할머니와의 산책을 고집했던 할아버지는 서로돌봄카페에서 자원활동하는 조합원들의 얼굴이 익숙해지자 함께 산책하기 시작했다. 굉장히 빠르게 걸어가는 할아버지를 조합원들이 돌아가며 따라나서는 동안, 할머니는 따뜻한 차 한 잔에 돌봄의 무거움을 수다로 꺼내놓으며 잠시나마 쉬는 시

[+] 치매를 앓고 있는 이들이 해가 지기 시작할 무렵부터 정신적 동요와 혼란을 경험하고 증상이 악화되는 현상.

간을 갖는다.

부인이 치매를 진단받고 난 뒤의 막막함과 외로움을 털어놓아 모두를 엉엉 울게 만든 할아버지도 있다. 부인을 돌보려고 인천 강화도에서 서울시 은평구로 이사를 왔는데 이런 곳이 있어서 얼마나 다행인지 모른다며 고마워했다. 그냥 카페를 열었을 뿐인데 누군가에게 위로가 될 줄은 몰랐던 카페지기들에게 그 말은 더 큰 위로로 돌아왔다.

코로나19가 극심해져 사회적 거리두기가 강화되었을 땐 한 달 정도 잠시 카페를 닫기도 했다. 하지만 일주일에 딱 한 번 서로돌봄카페를 여는 날에만 외출하며, 이 시간에만 타인과 얼굴을 마주하고 소통할 수 있는 사람도 있다. 게다가 공공으로 운영되는 돌봄 공간은 모두 문을 닫은 상태였다. 카페지기들은 방역을 철저히 하며 소규모라도 계속 카페를 운영하기로 했다. 겨우 한 달이 지났을 뿐인데, 어르신들의 급격한 노쇠를 느낄 수 있었다. 만나지 못하니 알겠다. 외로움과 고립이 건강을 해친다는 걸.

서로돌봄카페를 열고 1년이 되던 때 카페지기들은 지난 시간을 되돌아봤다. 이 활동을 하면 할수록 신기하게도 자신의 노후가 덜 두렵게 느껴졌다. 돌봄이 절실한 상황을 더 많이 마주치는데도 함께 뭐라도 만들어갈 수 있어 든든

했고, 내가 나이 들어서도 갈 데가 있는 동네로 바뀌어간다는 생각에 안심이 되었다.

하지만 돌봄이 언제나 수월하지만은 않다. 매주 카페를 자원활동으로 운영하고, 누구나 환대받고 서로 돌보는 관계를 만들어나가는 일은 아름다운 말로만 되는 것도 아니고 금방 되는 것도 아니다.

이곳을 찾던 어느 이웃은 발달장애가 있는 조카 정미(가명)에게도 서로돌봄카페를 소개해줬다. 처음에는 보호자와 동행했던 정미지만, 점차 혼자 올 수 있게 되며 카페지기들은 고민했다. 장애인 돌봄 경험이 많지 않은 우리가 할 수 있을까? 우리의 역량이 부족해서 사고가 생기면 어떻게 하지? 주로 이곳을 찾던 노년의 이웃과는 선호하는 프로그램도 대화 방식도 많이 다른데, 어떻게 다 같이 좋은 시간을 보낼 수 있을까?

여러 차례 회의를 하며 카페지기들은 부담감을 솔직하게 드러내기도 했고, 어려워도 해보고 싶단 의지를 표하기도 했다. 그 고민 하나하나가 모두 일리가 있어 뜻을 하나로 모으기가 어려웠다. 돌봄이란 옳고 그름의 문제가 아니라, 우리가 지금 여기서 무얼 어떻게 함께할 수 있는지를 상의하고 실천해나가는 일이기에 더 그랬다.

발달장애가 있는 성인이 동네에서 찾아가거나 놀 만한 공간은 많지 않다. 서로돌봄카페에서 머무는 몇 시간도 정미에게 완벽한 답은 되지 못할 것이다. 하지만 우리가 할 수 있는 것은 해보기로 했다. 카페지기들은 특수학교에서 교사로 근무하며 역시 카페지기인 낄라에게 장애인 돌봄의 기본적인 원칙을 묻고 배워나가기로 했다.

그렇게 어언 3년, 정미는 서로돌봄카페의 단골손님이 됐다. 흥미가 떨어지는 활동에는 관심을 쉬 거두고 주목을 끌기 위한 행동을 하기도 하지만, 처음에는 낯설어하던 중장년 이웃과도 반가워하는 사이가 됐다. 관절가동운동을 할 때 박자에 안 맞게 구령을 붙이거나 '다섯'을 다섯 번 넘게 외치기도 한다. "오늘도 씩씩하구먼!" 누군가의 말에 모두가 웃는다.

"자격증이 있는 돌봄 전문가가 아니니까 오히려 마음이 편해. 할 수 있는 만큼만 하는 거지." 말은 이렇게 해도 카페지기 풀꽃은 매주 최선을 다한다. 하지만 이들이 돌봄 전문가가 아니면 누가 전문가란 말인가.

5년 차가 된 서로돌봄카페는 다시 변화의 순간을 겪고 있다. 서로돌봄카페를 손님으로 찾던 이들이 돌아가며 카페지기를 맡는다. 음료를 대접받던 사람에서 음료를 내어주는 사람이 되고, 내 이야기를 하는 사람에서 남의 이야기를 들어주는 이가 된다. 다른 사람들이 이야기를 터놓게끔 돕는 진행자가 되기도 한다. 카페에 손님으로 오던 이솔은 관절가동운동의 이끔이가 됐다. 관절가동운동은 몸 곳곳의 모든 관절을 하나하나 체계적으로 풀어나가기 때문에 꽤 복잡하다. 하지만 괜찮다. 20분 남짓 몸을 움직이는 순서를 적어둔 스케치북을 차례로 넘겨주는 사람도 있고, 잠깐 머뭇거리는 순간에는 앞다투어 동작을 알려주는 사람도 있다. 이솔은 이끔이로서 본을 보이느라 더 꼼꼼하고 소중하게 몸을 움직이게 된다고, 운동의 효과도 커진다며 기분 좋게 웃는다.

돌봄이 절박할 때도, 돌봄에 지쳐 쓰러질 것 같을 때도, 답답한 마음을 나눌 누군가를 만날 수 있고 차 한잔을 마실 수 있는 곳이 있다면 얼마나 좋을까. 이제 서로돌봄카페는 살림의 활동을 넘어 은평구 동네 곳곳으로 그 범위를 넓히고 있다. 언제든 걸어서 갈 수 있는 거리에 서로돌봄공간이 하나씩 자리 잡아가고 있다.

그런 사람이 되고 싶고, 그런 공간에 있고 싶어서, 서로돌봄카페는 오늘도 '함께 만든 약속'을 큰 소리로 읽으며 시작한다. 오늘도 서로에게 좋은 돌봄의 시간이 되기를. 돌봄

받는 것도 돌보는 것도 막연해서 두렵기만 한 누군가에게는 너무 무겁지 않게, 그냥 커피를 내리고 그림책을 읽었을 뿐인데 이게 돌봄이었다는 것을 알게 되는 경험이 되기를 바라며, 또 한 번의 돌봄을 쌓아간다.

신기한 처방

(주왿인)

루산(가명)은 자신이 뉴욕 어느 미술관의 상주 작가로 선정되었다는 소식을 들었다. 1년 동안 뉴욕에 머물며 작품 활동을 할 수 있는, 많은 작가에게 꿈같은 기회였지만 루산은 마냥 기쁘지 않았다. 뽑히기는 했는데 자신이 없었다. 도무지 갈 엄두가 안 났다. 그렇다고 포기할 수도 없었다. 자기혐오가 몰려왔다. 무작정 살림의원을 찾았다. 정신과가 아직 생기기 전이었지만, 살림에 가면 이 문제를 같이 고민해주지 않을까 싶은 마음이었다. 문제가 영영 해결되지 않더라도 위로라도 받을 수 있고. 사실은 후자가 더 컸다. 위로, 위로가 필요해.

루산이 진료실에서 뒤죽박죽 털어놓은 고민을 찬찬히 정리해보니 문제는 두 가지였다. 새로운 사람을 만난다는 두려움과 비행기를 타야 한다는 공포. 모르는 사람들을 만난다는 생각만으로도 몸이 떨렸고, 장거리 비행도 무서웠다. 그래서 이력서와 포트폴리오를 스스로 내놓고도 막상 어떻게 뉴욕까지 가서 새로운 이들 사이에서 생활하나 싶었던 것이다. 포기하려니 너무 아깝고 선뜻 가려니 너무 무서운 자리라, 이러지도 저러지도 못하는 사이에 시간은 흐르고 있었다.

우리는 하나씩 해결 방법을 찾아보기로 했다. 우선 비행부터! 장거리 비행이 무서운지 아니면 비행 자체가 무서운지 따져보며 해결책을 찾기로 했다. 단거리 비행은 그래도 견딜 만할 것 같다는 루산에게 소량의 신경안정제를 처방했다. 딱 비행기를 타기 직전에 먹을 수 있을 정도의 양으로. 그걸 복용한 상태로 서울과 제주를 왕복하고 나니 루산은 조금 자신감이 붙었다.

그다음은 모르는 사람을 만나는 일. 새로운 사람을 만난다는 공포는 '좋은 새 친구'를 사귀어야 넘어설 수 있는 법이다. 나는 몇몇 조합원에게 루산과 같이 불광천을 걸으면서 소소한 이야기를 나누어달라고 부탁했다. 조합원들은 기꺼이 루산과 함께 걸어주었다. 불광천은 원래도 종종 걸으니 새로운 사람과 이야기하며 걷는 거 정도야 짬을 낼 수가 있다는 이유였다.

처음에는 긴장으로 뻣뻣했던 몸은 걷고 대화하는 동안 조금씩 풀렸고, 나중에는 카페에서 같이 걸었던 이들과 웃으며 수다를 떨 수도 있게 되었다. 이렇게 좋은 새 친구들을 여럿 사귀는 경험을 한 루산은 소량의 신경안정제를 가지고 무사히 뉴욕으로 건너가 상주 작가가 될 수 있었다. 조합원의 도움이 없었다면 불가능했을 일이다.

매일 걷기 운동만 한다는 환자에게 나는 심폐기능 강화 운동을 추천했다.

"심폐기능이 약하시니 걷지만 마시고 숨이 차는 운동을 하면 좋겠어요. 수영이나 달리기, 등산처럼요. 그래야 기립성 저혈압도 덜 생겨요."

"평소에 등산을 하고 싶었는데 주변에 산 좋아하는 사람이 없네요. 여자 혼자 산에 가기는 좀 겁이 나고요."

"그래요? 살림에 등산 소모임이 있어요. 멤버들이 정말 좋은데 제가 소개해드릴까요? 저도 가끔 같이 산에 가거든요."

또 한 사람의 연락처가 주치의의 손에서 등산 소모임 모임지기 손으로 슬며시 넘어간다. 모르는 이에게 전화번호를 넘기기가 부담스럽다는 환자에게는 반대로 모임지기의 연락처를 슬쩍 건네기도 한다. 그러라고 허락받은 연락처가 몇 개 있다. 달리기, 걷기, 명상, 요리, 외국어 등 모임의 종류도 다양하고, 산행 모임도 일요 산행, 토요 산행, 월요 산행 등으로 나뉘니 건넬 연락처도 많다.

갱년기 여성에게 댄스를 처방하고, 우울증이 있는 사람에게 연극을 처방했다는 이야기를 들은 적이 있다. 활동을 처방하는 것은 물론 중요하다. 하지만 살림에서는 그냥 활동만을 처방하는 게 아니다. 좋은 사람 그 자체를 약으로 쓰는 거다. 살림의원의 진료실은 이런 공간이다. 약도 처방하지만 관계도 엮어주는 곳. 좋은 사람들을 소개해주는 곳.

매들린 번팅의 책 『사랑의 노동』에는 일차의료 의사는 그 사람 자체로서 치료제라는 말이 나온다. 맞다. 건강한 사람과의 관계는 그 자체로 처방전이다. 좋은 사람의 연락처를 처방할 수 있어서 참 든든하다. 좋은 약이 많아서 좋은 주치의가 될 수 있다.

진료실에서 이뤄지는 제안들

(주왜인)

"죽고 싶다."라고 했다. 살림의원을 찾은 20대의 젊은 트랜스여성이었다. 이미 성확정수술을 모두 마쳤고, 법적 성별도 여성으로 정정한 상태였다. 어떤 이들은 수술하고 성별까지 정정했으니 곧바로 행복한 새 인생이 펼쳐질 텐데 도대체 왜 우울해하냐고 타박할지도 모른다. 실상은 그렇지가 않다. 인생의 중대한 목표를 위해 쉼 없이 달려왔기에 목표를 이룬 후에 도리어 허무함을 느낄 수 있다.

죽고 싶다는 말에 뚜렷한 자살 사고나 구체적인 자살 시도가 있는지도 물어보았으나 다행히 그렇지는 않았다. 다만 너무 무기력하고 앞으로 어떻게 살아가야 할지 막막해서 살아 있는 의미가 없다고 했다. 고민 끝에 제안했다.

"한두 시간 정도 시간을 내주실 수 있나요?"

살림의 소식지를 발송하는 일을 도와달라고 부탁했다.

우리는 2025년 초까지 종이 소식지를 분기별로 발행했는데, 소식지를 몇천 명의 조합원에게 우편으로 발송하는 것은 상당한 일이었다. 어떤 조합원들에게는 손에서 손으로 직접 소식지를 전달했지만, 대부분의 조합원은 우편을 통해 소식지를 받았다. 매번 소식지를 접어 우편 봉투에 넣어 발송하는 게 꽤 큰일이었던 터라 여러 조합원이 시간을 내어 자원활동으로 참여하곤 했다. 진료를 보러 온 이들이 자기 차례가 되기를 기다리며 대기실 책상에 마련된 '소식지 발송 노동의 협동'에 참여하는 식이었다.

마침 살림의원의 대기실에 일거리가 준비되어 있던 시기였다. 이 일의 의미를 간단히 설명하고, 조합원 자원활동에 참여해보면 어떻겠냐고 제안했다. 약간 어리둥절한 표정이었지만, 시간을 낼 수 있다고 답했다.

그 뒤로 한두 시간 동안 환자가 들고나며 진료실 문이 열릴 때마다 잠깐씩 그녀가 책상 앞에 앉아 조용히 소식지를 접고 있는 모습을 볼 수 있었다. 한참 동안 소식지를 접은 후 집으로 돌아간 그녀는, 적어도 진료실에 들어올 때보다는 더 나은 얼굴이 되어 있었다.

우울해서 죽고 싶다는 사람에게 어찌 일 시킬 생각을 하냐 싶을 수도 있지만, 이건 의외로 효과가 좋다. 마음이 어지러울 때일수록 단순 노동이 필요한 법이고, 저 멀리 앞이 보이지 않을 때는 당장 눈앞의 일을 해내는 데 집중하는 게 좋을 수도 있다. 그리고 작게라도 도움이 되었다는 성취가 안도감을 분명 주었을 것이다.

그래서 우리는 진료실에서 많은 것을 제안한다. 퇴직 교사에게 학교 밖 청소년을 위한 무료 수업을 연결해주기도 했고, 담배 끊기가 힘들다면 금연 건강 모임을 만들어서 오히려 다른 이들을 이끌어보면 어떻겠냐고 했다. 살림 건물에서 화장실 냄새가 난다고 투덜거리면 매달 하는 대청소에 참여하자고 권하기도 했다.

며칠 전 진료실에 오신 50대의 여성에게도 자원활동을 권했다. 그녀는 난소암 항암치료를 몇 개월 전에 끝낸 상태였다. 두근거림 증상을 이유로 내원했지만 실제 맥박은 그다지 빠르지 않았다. 이것저것 검사 결과도 확인하고 증상에 대해서도 자세히 물어보았지만 뚜렷하게 짐작되는 원인은 없었다. 종합건강검진도 최근에 받은 터였다. 그녀가 털어놓았다.

"사실 몸은 지금 많이 좋아진 상태죠. 수술하고 항암치료 할 때는 진짜 힘들었으니까. 그때는 오로지 살아야지, 건강해져야지, 그 생각에만 집중했는데 항암이 끝나고 나니까 뭘 하면서 살아야 할지 모르겠고 막막하네요. 아이들은 다 컸고, 일은 치료하느라 모두 그만뒀고. 남편이 요양병원에라도 잠시 입원해서 몸을 추스르고 나오라는데, 지금까지 몇 번 그렇게 했거든요. 이번에도 입원해서 며칠 쉬고 나올까 봐요."

"아뇨, 절대로 입원하지 마세요. 지금은 일상을 다시 찾아야 할 때예요."

나는 강하게 입원을 만류했다. 빨리 일을 찾으시라 했다. 당장 직업을 구하기 힘들면, 출근하듯이 매일 같은 시간에 외출하라고 했다. 집 근처 어린이도서관에 매일 도서 정리 자원활동을 하러 가거나, 오전 9시 수영 강습을 듣거나, 하다못해 매일 같은 시간에 집을 나서서 산책이라도 가라고. 지금은 일상의 루틴을 다시 세우는 중요한 시기인데, 입원해서 그 시간을 날리는 건 정말 안 좋은 선택이라고.

그녀는 곰곰이 생각하더니 난소암 진단 전에 정기적으로 자원활동을 가던 어린이도서관을 찾아가야겠다고 얘기했다. 암 진단 이후로 한 번도 못 갔는데, 이번 기회에 자원활동도 다시 시작하겠노라고. 이제 그녀는 오랜만에 만난 이들에게 반갑게 생존 신고를 할 것이다. 살아 있음을 축하하는 많은 인사를 받을 것이고, 그러고는 앞으로 뭘 바라보며 살지 천천히 자신만의 계획을 세워가겠지.

    나는 환자들에게 정말 이것저것 많이 제안한다. 하지만 우리의 진료실에서는 의료인만이 제안하는 쪽은 아니다. 나도 진짜 많은 제안을 받는다. 복지관에 와서 건강 강의를 해달라는 본업과 관련한 제안을 받기도 하지만, 동네 축제 자리에 와서 훌라를 춰달라는 제안을 받기도 했다. 내 얼굴이 살짝 지쳐 보였는지 "요 앞에서 차를 나눠 마시는 조합원 건강 소모임을 하고 있으니, 야간 진료 끝나고 나면 보이차 한 잔 하러 오세요." 하는 제안을 받았고(그래서 가서 차를 마셨고), 요즘은 왜 불광천에 달리러 오는 게 뜸하냐고 잔소리를 듣기도 했다. 눈꽃 산행이 곧 있으니 함께하자는 제안도 매년 받는다. 그런 제안들에 이끌려 나의 동네살이에 또 하나의 재미가 더해진다.

팀주치의로 함께하는 돌봄

(주요인)

 살림의 조합원들이 누군가를 조합원으로 가입시키고 싶을 때 늘 자랑처럼 하는 말이 있다. "나는 주치의가 있어!" 암만 살림의원, 살림치과, 살림한의원의 캐치프레이즈가 '우리 마을 주치의'라고 해도, 주치의 제도가 전혀 없는 한국에서 이렇게 자신 있게 자랑할 수 있는 사람이 몇이나 될까? 아플 때나 아프지 않을 때나, 큰 병이나 작은 병이나 믿고 상담할 수 있는 주치의가 있다는 건 참 든든한 일이다.

 '주치의' 하면 보통 한 명의 의사를 떠올린다. 대통령의 주치의처럼. 하지만 최근의 주치의 개념은 예전과는 많이 다르다. 주치의 제도가 잘 정착된 나라는 의사, 간호사, 사회복지사, 재활치료사, 영양사, 운동처방사 등 여럿이 하나의 팀을 이루어 다각적이고 통합적으로 지역 주민의 건강을 보살피는 체계를 만들어가고 있다. 복잡하디복잡한 현대 사회의 여러 제도와 역시나 복잡한 의료 자원을 활용해 주민의 건강을 관리하려면, 이제 하나의 한정된 직역, 단 한 명의 의사만으로는 불가능하다는 사실을 아는 것이다.

살림에서도 이런 다학제 팀주치의가 화두다. 방문의료는 말할 것도 없고, 내원 환자를 진료하는 의료기관 안에서도 여러 직역이 협동해 조직적으로 일해야만 고령화와 만성질환의 시대에 계속 순항할 수 있다.

팀주치의에서는 평등한 소통이 수시로 이뤄지는 것이 가장 중요하다. 정기적인 회의 외에도 오며 가며 수시로 이야기를 나누다 보면 가끔은 점심시간이 불꽃 튀는 사례 회의 자리가 되기도 한다. 때로는 오랜만에 병원 탕비실에 들른 정신건강의학과 의사가 다른 직원들에게 마치 포위되듯 둘러싸이는 일도 벌어진다.

"우리가 방문진료 가는 정신장애인 분이 절대 방 밖으로 나오지 않는데 말이예요."

또 하나 중요한 것은 각자의 다양한 역할이 존중받아야 한다는 거다. 직역별·학제별 역할이 동료로서 존중받아야만 바람직한 팀주치의 제도가 가능하다.

살림의원에 다니다 노화로 점차 쇠약해지면서 살림데이케어센터에 다니게 된 어르신이 있다. 집에서 걷다가 생긴 골절로 인해 누워 지내다가 욕창이 생기고 말았다. 한동안 데이케어센터에 오지 못하자, 그 틈에 집에서 욕창의 상처가 방치되지 않도록 방문요양은 물론 방문진료와 방문간호, 방문재활까지 잘 연계해, 욕창이 완치되어 다시 데이케어센터로 나오게 되었다.

　다학제 팀주치의가 활짝 꽃을 피운다. 살림의원의 의사가 달에 한 번씩 방문해 건강도 살피고 재활치료의 방향도 의논한다. 살림치과의 치위생사도 매달 찾아가 어르신들의 칫솔질을 돕고, 치과의사도 3개월 주기로 방문해 구강 상태를 점검한다. 평소 근골격계 통증이 있다면 살림한의원을 자주 이용하는 것은 물론이다. 데이케어센터 직원들 덕에 환자가 무슨 약을 먹고 어떻게 지내는지, 센터 안에서 재활과 지원은 어떻게 이뤄지고 있는지 원활히 소통할 수 있다.

　그런데 가만 보면 데이케어센터의 어르신 이용자에게도 각자 역할이 있다. 인지가 좋다면 운영위원회를 맡고, 창을 시원하게 잘 뽑는 분이라면 흥 부장, 재활치료에 열심이라면 재활 리더가 된다. 몇 안 되는 남성 이용자를 챙기는 남자 반장, 자기보다 열다섯은 많은 짝꿍을 언니라며 살뜰히 챙기는 70대 이용자도 있다. 역할이 있어야 일상도 재활도 신이 난다. 직원들만 여럿 함께한다고 팀주치의가 완성

되는 것이 아니다. 데이케어센터의 이용자도 우리 팀의 당당한 일원이다.

"니하오, 안녕하세요!"
중풍과 치매, 김○○ 어르신께서는 돌 무렵부터 반평생 넘게 중국에서 살다 오셔서 데이케어센터에 오신 초반에는 문화나 의사소통에 있어 약간의 어려움이 있었습니다. 그래서 저는 어르신과의 친밀감 형성을 위해 다른 노력을 기울였습니다. 중국의 언어와 문화에 대해 궁금한 점을 여쭤보기 시작한 것이지요. 그렇게 들려주시는 어르신의 이야기에 귀를 기울이며 어르신과 친해지기 시작했습니다. 이런 건 중국어로 어떻게 말하는지 여쭤보고, 들려주신 단어를 외워서 다음에 말씀드리곤 하면서 친해졌습니다.
익숙한 것들을 어르신께서 잊어버리시지 않도록 열심히 여쭤보았더니, 어느 날은 어르신께서 도리어 "왜 그렇게 중국 말을 열심히 배우려고 해요? 다음부터는 배우고 싶은 거 미리 적어둬요."라며 웃으면서 말씀하시기도 했습니다. 저에게 중국어를 가르쳐주는 것이 재미있으셨나 봅니다.

처음에는 개인 재활에도 소극적이었던 분이 이제는 프로그램이나 그룹 재활 시에도 먼저 나서서 해보겠다고 말씀하실 정도로 적극적이십니다. 데이케어센터의 어르신들을 보며 일상생활에서의 자립, 스스로 할 수 있는 일들이 있다는 게 얼마나 소중한지 알아갑니다. 함께하는 재활을 통해 어르신들이 건강하고 행복한 삶으로 다가갈 수 있도록 고민하는 작업치료사가 되도록 더 발전해나가야겠다는 생각을 합니다.—변윤정(작업치료사)

처음 이 어르신을 진료실에서 뵈었을 때, 낙상의 위험이 높아 보여 걷는 자세를 교정하게끔 의견을 나눴다. 몇 달의 재활을 거쳐 이제는 놀랄 정도로 표정도 밝아지고 허리도 곧아지고 걸음걸이도 좋아진 모습을 보며 '우리 팀 최고다.'라는 생각이 들었다. 그동안 어르신도 자기 역할을 열심히 해오신 거니까. 심지어 센터 작업치료사에게 중국어까지 가르쳐줘야 한다고 느끼시면서 말이다.

살림의 팀주치의에는 언제나 조합원, 주민, 이용자의 자리가 있다. 채식식당 밥풀꽃의 언니들이 독거 어르신에게 도시락을 배달하던 중이었다. 약속된 도시락 배달 기간이 끝나고도 안부가 걱정되어 그 집을 드나들다 끝끝내 방문진료를 신청하기에 이르렀다. 손을 떠는 어르신을 두고 볼 수 없던 것이다. 밥풀꽃 언니들이 아니었다면, 어르신의 의료급여, 장기요양급여, 파킨슨 진단까지는 어림도 없었다.

노인 일자리인 건강이웃으로 살림에 취직해 어르신들의 집을 방문해 관절가동운동을 가르쳤던 사랑과 방울은, 근무 기간이 다 끝났는데도 집에 계속 누워 있을 이들이 눈에 밟혀 운동 방문을 몇 달째 계속 이어가기도 했다. 꼭 업무가 아니어도 동네 친구를 걱정하는 마음으로 가볼 수 있지 않냐고 한다. 노인 일자리로 입사했으니 사회적으로는 당신들도 '노인'이라 불리는 위치에 있음에도 불구하고, 돌봄이 더 필요한 사람들을 찾아나선다.

엊그제는 살림의원으로 말기 암 판정을 받은 환자가 배우자와 함께 내원했다. 어떻게 살림을 알고 오게 되었는가 했더니, 대학병원에서 "말기 암이라 더는 치료가 불가능하니 앞으로 병원에 오지 않아도 된다."라는 말을 듣고 넋이 나가 택시 안에서 울고 있었는데, 택시 기사가 살림으로 가보시라 했다는 것이다. 자기 부인도 거기서 보살핌을 받다가 편안히 임종을 맞이했다고. 그 길로 택시 머리를 돌려 바로 살림의원으로 온 길이었다. 지역 병원의 호스피스 진료도 안내하고 방문의료도 연결했다. 장기요양등급을 신청해놓으셨다기에 의사 소견서도 작성해드렸다.

　울고 있는 환자와 가족을 위로하고, 필요한 자원을 연결해주는 건 꼭 의료인만의 일은 아니다. 돌보는 사람과 돌봄 받는 사람이 우리의 팀주치의 제도 안에서는 칼같이 나누어지지 않는다. 언제는 돌봄을 받았던 사람이 다음 순간에는 돌보는 사람이 될 수 있으며, 나를 돌봐준 그 사람에게 은혜 갚듯이 그대로 되돌려줄 수만도 없다. 여러 방향으로 흐르는 호혜적이고 평등한 돌봄이 있어야 돌봄의 생태계가 가능하고, 그 안에서 마을 구성원들은 누구나 주치의팀의 멤버가 될 수 있다.

　우리는 모두 누군가의 주치의다.

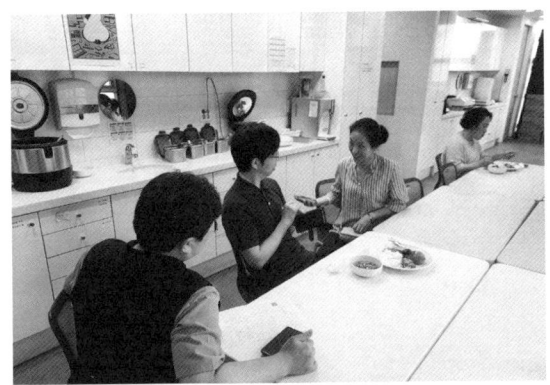

⇑ 살림의원의 흔한 점심시간 끝자락 모습.
⇓ 살림데이케어센터의 일상.

팀주치의로 함께하는 돌봄

돌보는 사람을 돌보기

(주요인)

치매 어르신을 진료하며 보호자로부터 종종 감사하다는 인사를 받는다. 살림에서 약을 조정하고 나서부터 짜증이 줄고 화를 덜 내서 돌보기 한결 편해졌다는 것이다. 아마도 다음과 같은 원칙을 가지고 치매 환자를 진료하고 있기 때문이 아닐까.

- 모든 약을 시작하고자 할 때는, 끊어야 할 약이 있는지부터 먼저 살핍니다. 어떤 증상이 나타났다고 그 증상을 가라앉히는 약을 바로 처방하지 않습니다. 지금 복용하는 다른 약의 부작용 증상일 수도 있기 때문입니다.
- 환자의 인지기능을 개선하고, 보호자의 간병이 편안해지는 방향으로 처방합니다. 이 두 가지 방향이 상

충할 경우, 궁극적으로 무엇이 환자에게 이득인지를 고민합니다.
- 환자의 인지기능 개선을 위해 약을 처방하는 시기와 보호자·간병인의 간병 부담을 덜어주기 위해 약을 처방하는 시기가 다를 수 있습니다. 인지가 많이 저하된 환자는 더 이상 인지기능 개선제 복용이 의미가 없으므로 줄여서 끊어야 합니다. 불필요하게 처방되고 있는 약을 확인하고 줄이며, 가계의 안정과 가정의 평화를 추구합니다.

치매 환자를 잘 진료하는 일은 쉽지 않다. 환자의 인지기능을 개선해 잔존 기능을 유지할 수 있도록 하는 동시에 보호자의 간병 부담을 줄이려고 노력해야 하기 때문이다. 일차의료는 돌봄의 속성을 지니고 있다. 고도화된 의료 사이에서 여러 자원들이 매끄럽게 연결될 수 있도록 코디네이터 역할을 하려면, 우리 역시도 돌보는 팀의 일원이 되어야 한다.

약 하나를 처방하더라도 돌봄을 염두에 둔 처방과 그렇지 않은 처방은 다를 수밖에 없다. 그렇기에 우리의 돌봄은 '돌보는 사람'을 돌보는 데서 시작한다. 보호자가 지친다면, 환자에게 제공되는 돌봄의 질 또한 저하될 수밖에 없기 때문이다.

살림은 돌보는 사람을 위한 지원을 꾸준히 고민한다. 예를 들어 지역사회의 장애인들은 무료로 독감 예방접종을 받을 수 있지만, 장애인을 돌보는 활동지원사들은 그렇지 않다. 그래서 우리는 지역의 여러 장애인 활동지원사업기관들과 협약해 조금 저렴하게 독감 접종을 할 수 있도록 지원 정책을 펴고, 요양보호사들을 위해 정기적으로 파상풍 예방접종 할인을 하기도 한다. 아예 조합의 건강약자 지원 예산 중 일부를 '돌보는 사람을 돌보기' 예산으로 편성했다.

보건소와 함께 하는 '생명이음청진기' 사업은 우울증으로 인한 자살 위험이 높은 이들에게 무료로 심리상담을 받을 수 있는 기회를 제공한다. 어르신을 돌보는 가족에게 무료로 우울증 선별 검사를 진행한 후 필요하다면 상담을 받을 수 있도록 연결하고 있다. 케어러들을 위한 돌봄살롱도 운영하여 속마음을 털어놓을 수 있는 관계망을 만들기 위해 노력하고 있다. 돌보는 이들이 너무 지치고 힘들어지지 않도록 말이다.

나답게, 안심하고 나이들 수 있는 마을을 만들어간다는 살림의 미션은 의료만으로는 달성하기 힘들다고 판단하여 적극적으로 돌봄 사업으로도 뛰어들었다. 하지만 우리의 돌봄 사업에는 다른 맥락도 있다. 의료기관에서 일해온 직원이나 동네에서 열심히 자원활동을 해온 주민들이 나이가 들었을 때, 오랫동안 헌신한 이들의 노후를 우리가 책임지고 싶었다. 그 생각이 여러 계기 중 하나였다.

우리가 돌보고 싶은 이들이 구체적일 때, 돌봄을 향한 압박감과 힘을 함께 느낀다.

의사의 수가 늘어난다면

(추왜은)

2024년 의대 정원 문제로 의료대란이 벌어진 이후 진료실에서 조심스럽게 물어보는 분들이 있었다. 살림 말고 '의사로 일하고 있는 나'는 지금의 이 상황에 대해서 어떤 입장인지.

이 질문을 듣고 얼마 전에 읽었던 기사의 제목이 떠올랐다. '치료 늦어진 암 환자 사망.' 안타까우면서도 답답했다. 속히 치료를 받고자 애태우는 환자들의 상황은 안타깝지만, 한편으로는 투약이 며칠 늦어져 임종할 정도의 환자라면 애초에 항암치료가 아니라 완화치료가 권유되었어야 하는 것이 아닌가 싶었다. 그런 설명이 진작에 이루어지기 힘들었을 지금의 상황에 더 답답해졌다.

살림에서 일하면서 항암치료를 오랫동안 열심히 받아온 조합원들에게 이제 더 이상 치료하는 의미가 없으니 마지막을 준비하자는 얘기를 전해야 하는 경우가 종종 있었다. 솔직히 그건 살림이 아니라 상급병원의 진료실에서, 항암치료를 진행해온 주치의가 전했어야 했다. 아마 주치의는 이미 그 얘기를 했을 것이다. 상급병원의 빽빽한 외래 진료 스케줄 틈바구니에서 이렇다 할 짬도 내지 못하고, 항암치료가 크게 효과가 없으니 호스피스 쪽으로 진료과를 옮기라고 말했을 수도 있다. 하지만 내가 만난 환자들은 그 말이 죽음이 다가왔다는 고지라는 사실을 이해하지 못했다. 이해하지 못했으니 다가오는 자신의 죽음을 받아들이기도 힘들었다.

주치의의 입장도 이해되었다. 몇 년을 자신을 믿고 열심히 항암치료를 해온 환자에게 이제는 더 이상 할 수 있는 치료가 없다고 얘기하는 건 너무 힘든 일이다. 환자의 희망을 저버리고 환자의 노력을 배신하는 것 같다고 느끼며 무너지느니, 차라리 감정을 무디게 만들어야만 아직 남아 있는 몇십 명의 외래 환자들, 또 다른 암 환자들을 진료하는 게 가능했으리라.

지금 한국의 의료수가는 행위별 수가 체계를 바탕으로 한다. 행위별 수가란 어떤 의료 행위를 하면 할수록 의료비가 높아진다는 뜻이다. 의료비 증가는 환자의 본인부담금 증가로 이어지고, 의료기관의 매출 증대로도 이어진다.

이 행위별 수가가 우리가 의료협동조합을 만들겠다고 다짐한 이유이기도 하다. 행위별 수가에서는 환자가 검사나 처치, 치료를 많이 받으면 받을수록 병원의 수익이 높아진다. 즉 환자가 돈을 많이 내면 낼수록 병원이 돈을 번다는 뜻이다. 사람들이 아플수록 병원이 돈을 벌고, 사람들이 불안해서 검사를 많이 받을수록 병원 매출이 높아지는 지금과 같은 구조에서는, 시민들과 의료인이 연대하기가 너무 힘들다. 시민들은 의료비를 많이 지불하고도 이것이 꼭 필요해서 지출한 것인지, 아니면 의료인이 자기 주머니를 불리기 위해 불필요한 검사나 처치를 한 것인지 판단하기 힘들다.

절대자가 있어 '이건 꼭 필요한 것, 이것은 불필요한 것' 하고 판단해주면 좋으련만, 세상 많은 일이 그렇듯 필요와 불필요 사이에는 여러 기준이 난무하는 거대한 회색 지대가 일렁인다. 실제로 불필요한 검사와 처치를 권유하는 의료인은 거의 없음에도, 시민들과 의료인 사이에는 행위별 수가제로 인한 불신의 강이 흐르고 있다.

행위별 수가 체계에서는 '진찰'도 하나의 행위로 간주되어 30초 만에 약을 처방하든 30분이 넘게 진지한 상담을 하든 진찰료는 동일하다. 그러니 환자의 불안을 덜어주기 위해 이것저것 많은 검사를 하기란 정말 간단하지만, 불필요한 검사를 하지 않으려고 길게 상담하기는 쉽지 않다. 검사를 하지 않으면서도 환자의 불안을 잠재우기 위해 시간을 들이는 것은 쉬운 선택이 아니다. 어떤 증상에 대해 약을 처방하는 것은 간편하지만, 그 증상이 예전에 처방했던 약의 부작용 때문이라는 사실을 확인해서 오히려 약을 줄여가는 일은 어렵다.

수술을 하면 할수록, 투약을 하면 할수록, 처치를 하면 할수록 무언가 의미 있는 활동을 한 셈이 되는 이 행위별 수가 체계에서는, 무슨 치료든 시작하는 것보다 그만두는 게 더 어렵다. 꼭 매출 때문만이 아니다. 환자들과 깊게 상담할 시간이 없을수록, 의료인들 스스로가 어디로 가야 할지 모를수록 하던 일을 그대로 반복하게 된다. 그래야 뭐라도 환자에게 해주는 게 있는 것 같기 때문이다.

하물며 그것이 자신을 믿고 의지하는 환자를 배신하는 것만 같은 '항암치료 중단'이라면 말할 나위가 없다. 이것이 꼭 필요한 치료인지 아닌지 환자와 함께 고민하는 시간은 사치가 되고, 환자에게 사망을 선고하는 일은 가슴 아파 자꾸 피하고만 싶어진다. 결국 이런 얘기들이 별다른 의논 없이 최후의 최후의 최후의 순간이 되어서야 그저 전달되곤 하는 것이다.

나는 의대 증원이 필요하냐 아니냐는 잘 모르겠다. 그러나 의사가 늘어나야 한다고 생각한다. 하지만 의사의 숫자를 늘리는 것이 더 많은 의사를 통한 더 많은 투약, 더 많은 처치, 더 많은 수술을 의미하지는 않았으면 한다. 오히려 이 투약이 꼭 필요한지 아닌지, 저 처치는 다른 것으로 대체될 수 없는지를 고민하고, 이 환자는 어떤 삶을 살아왔고 어떤 죽음을 맞이하고 싶어하는지를 충분한 대화와 소통을 통해 파악해 앞으로의 치료 방향을 환자와 보호자와 함께 결정하기 위해 의사가 더 많이 필요하다. 더 많은 의료를 제공하기 위해서가 아니라, 지금 우리가 제공하고 있는 의료가 과연 적정한 정도인지를 고민하기 위해 의사가 필요하다고 생각한다. 최대한의 의료가 아닌 최선의 의료를 같이 찾기 위해.

5장
이제 우리가 만들어간다

PPT의 시작은 넘어지는 사람

〈유요원 · 주예인〉

2009년이었을까, 2010년이었을까? 스윙댄스 동호회 '스윙시스터즈'의 뒤풀이 자리였다. 우리는 어느 자리에서라도 여성주의 의료협동조합에 대해 말하고 다녔으므로, 같이 병원을 만들자며 친구들에게 의료협동조합을 권하고 이런저런 이야기를 나누던 때였다. 의료기관에 방문했을 때의 경험이 주된 이야깃거리였다.

친구 하나가 일본에서 체류하던 중 겪은 이상하고도 신기한 병원에 대해 말하기 시작했다. 길거리에서 넘어져 근처 의원에서 엑스레이를 찍고 간단한 검사를 받았다고 한다. 큰 문제는 없어서 집으로 돌아가려던 차 직원이 오더니 설문지 비슷한 걸 내밀더란다. 어디서 어떻게 넘어졌는지 자세히 알려달라며, 돌부리가 튀어나와 있었는지, 보도블록이 깨져 있지는 않았는지 기억하는 만큼 최대한 상세하게 설명해달라고. 그런 정보가 마을을 더 안전하게 바꾸는 데 힘이 될 거라는 말을 덧붙이며.

'별걸 다 궁금해하는 이상하고 신기한 병원일세.' 하며 잊고 지내다가 '마을을 건강하게 하는 의료협동조합'에 대해 듣고는 갑자기 생각났다는 것이다. 일본은 일반적인 병원도 그렇다는데, 보통 병원이 그럴 리가?

"혹시 의료협동조합 아니야? 일본엔 의료협동조합이 아주 많거든." 우리는 친구에게 물었지만 친구는 한사코 말했다. "아냐, 아냐. 의료협동조합이 아니라 그냥 보통의 병원이었어. 잠시 기다려봐. 그때 받은 명함을 보여줄 테니. 봐, 그냥 병원이지?" 명함엔 너무 분명하게 한자로 '의료생협(医療生協)'이라고 적혀 있었다. "아무리 일본이라도 이런 병원은 흔하지 않다니까. 그래. 우리가 바로 이런 병원을 만들려는 거야!"

우린 그 뒤로 의료협동조합을 설명해야 할 때 이 일화를 종종 써먹었다. 다친 누군가에게 꼬치꼬치 질문하는 병원이 있대요. 한 사람을 치료하는 데에서 그치지 않고 그 사람이 다친 원인을 바로잡아 마을을 건강하게 만들려는 병원이에요. 다른 사람은 똑같은 장소에서 같은 이유로 다치지 않도록 예방하는 병원, 그게 바로 의료협동조합이에요.

같이 만듭시다!

    한동안 살림을 소개하는 프레젠테이션의 첫 장에는 그림이 들어가 있었다. 넘어져 엉덩방아를 찧는 사람의 그림이었다. 의료협동조합을 설명하는 데 이것만큼 좋은 예시가 없어서.

우리는 3을 좋아해

(유요원·쥬와인)

우리는 확실히 3을 좋아한다. 살림은 세 사람으로부터 시작했다. 이 책을 쓰고 있는 무영과 어라, 그리고 살림치과의 첫 치과의사인 연필. 의대생과 치대생이었던 무영과 연필이 의료 지원 활동을 하러 성매매 여성의 쉼터 '막달레나의 집'을 드나들던 시절, 언니네트워크에서 일하던 어라와 만나 의료협동조합을 만들자고 의기투합했다. 몇 년 후 드디어 준비를 시작하자며 무영과 어라가 처음 연락한 사람이 연필이었다. "이제 협동조합을 만들자."라는 말에 연필은 "왜 이제야 연락했어? 내가 얼마나 기다렸는데!"라며 울먹거렸다. 연필은 전공의 생활로 바쁜 와중에도 기꺼이 시간을 냈고, 그렇게 세 사람으로부터 모든 것이 시작되었다.

어라는 여성주의 협동조합을 사람들에게 설명할 때 이런 내용으로 프레젠테이션을 했다. "이 세상에는 세 종류의 사람이 있어요. 이미 여성주의자인 사람과 앞으로 여성주의자가 될 사람. 마지막으로, 이번 생에는 아쉽지만 다음 생에 여성주의자가 될 사람."

살림에서 조합원이 활동하게 되는 경로를 다른 조합원들과 정리한 적이 있다. 그때도 키워드는 세 가지였다. 환대, 배움과 성장, 노동 참여. 처음 찾아왔을 때 전심으로 환영과 환대를 받고, 활동하며 서로를 통해 배움과 성장의 기쁨을 느낄 수 있어야 한다. 그리고 무엇보다 단순한 이용자를 넘어 역할을 다해 활동하는 조합원이 되기 위해서는 함께 땀 흘리며 노동으로 참여하는 과정이 필수다. 그래서 살림의 모든 사업과 활동은 이 세 가지를 골고루 경험하도록 기획된다. 그러니 살림의 행사에 처음으로 온 조합원이 하나같이 "내가 뭐라고 이렇게 열렬히 환영을 해주는지."라고 말할 수밖에.

협동. 좋은 말인 것 같은데 구체적으로 무엇이 협동일까. 우리는 협동을 이렇게 설명한다. 살림의 협동은 생각의 협동, 자본의 협동, 노동의 협동, 이렇게 세 가지로 이루어져 있다고. 같이 공부하고 마음을 모으고 의견을 나누는 생각의 협동. 함께 출자금도 모으고 조합의 사업소를 열심히 이용하며 홍보하는 자본의 협동. 그리고 몸으로 기여하며 실제 사업을 추진함으로써 조합의 주인이 되는 노동의 협동. 바로 이 세 가지가 협동조합 조합원의 협동이라고.

돌봄의 문화를 만들기 위해 우리가 선택한 전략도 세 가지다. 우선 이미 제도화(수가화)되어 있는 것들을 최대한 이용하자. 건강보험이나 장기요양보험과 같이 이미 만들어진 제도나, 장애인 주치의와 일차의료 방문진료와 같은 시범 사업을 최대한 잘 활용하자. 그런데 아직 제도가 마련되지 않은 부분이 있다면, 우리가 먼저 시도해보고 제도화를 주장하자. 끝끝내 제도화될 수 없는 것이라면 국가 혹은 기업이 해주기를 기다리지 말고, 우리 스스로 만들어내자. 우리에게 필요한 것은 우리 힘으로 해낸다는 정신까지 담긴 전략이다.

우리는 살림의 정신인 여성주의를 설명할 때도 관점, 지향(비전), 운동(실천)으로 나누어 설명한다. 살림의 문화를 잘 보여주는 '살림조합원의 약속'은 '관계 맺는 힘', '협동하는 힘', '자치하는 힘'의 세 개 파트로 나뉘어 있다.

살림의 자원활동단은 반짝단(가끔이라도 건강자원활동에 참여할 수 있는 사람. 그래서 가끔 반짝하니까 반짝단), 활짝단(건강자원활동에 정기적으로 시간을 내어 참여할 수 있는 사람. 이들이 오면 누구나 활짝 웃으니 활짝단), 단짝단(돌봄을 위한 전문적인 역량을 가지고 자원활동을 하는 사람. 즉 의료인이나 돌봄 전문가. 이들이 단짝으로 활동하므로 단짝단)의 '짝짝짝'으로 시작했다.

너무 끼워 맞추기처럼 느낄 수도 있지만 3을 좋아하는 건 우리만이 아니다. 2008년 여성주의 의료협동조합을 만들고 싶다고 한국의료생협연대(현재는 '한국의료복지사회적협동조합연합회')를 찾아갔을 때 배운 '의료협동조합 만들기'도 이렇게 시작했다. "뜻이 맞는 3명이 모여 발기인 30명이 되고, 300명의 조합원이 3000만 원을 모으면 창립하는 것." 이렇게까지 한 문장 안에 3이 많을 수가! (지금은 창립 조건이 다르다. 500명 이상의 조합원과 1억 원 이상의 출자금이 필요하다.) 오죽하면 협동조합 조합원의 권리와 의무도 출자, 이용, 운영이라는 세 가지로 정리되어 있을 정도다.

왜 이다지도 협동조합은, 그리고 우리는 3을 좋아할까? 삼각형은 굉장히 다양한 형태로 변형될 수 있지만 사각형과는 달리 무게중심을 쉽게 찾을 수 있는 도형이다. 두 개의 점이 맞은편에서 만난 직선처럼 상대적인 느낌을 주는 2와도 다르다. 어쩌면 3은 그보다 다양한 관계를 보여주는 숫자일 수도 있다.

2가 상호적이고 상대적이라면 3은 호혜적이다. 2가 배타적인 결합이라면 3은 둘만의 관계를 넘어선 공동체적 결합을 상징한다. 준 만큼 되돌려받아야 한다고 믿는 세상이 숫자 2로 이루어졌다면, 숫자 3의 세상은 내가 준 것을 꼭 상대방에게 받지 않아도 되는, 다른 이에게 되돌려받을 수도 있는 곳이다. 내가 언젠가 한 좋은 일이 돌고 돌아 나에게 좋은 영향을 끼칠 수도 있는 관계다. 이 관계망에서는 내가 지금 당장 무언가를 하지 않더라도, 나 대신 해주는 다른 이들 덕분에 잠시 쉬어갈 수도 있는 여유가 느껴지기도 한다. 그래서 협동조합은 3을 좋아하는지도 모른다.

애벌레가 나비가 되면

(주왜인)

의료기관을 만드는 협동의 방법은 여러 가지가 있겠지만 살림이 선택한 방법은 일곱 번의 열린회의였다.

회의의 이름은 '개원애벌레'. 꿈틀꿈틀 열심히 움직이다 보면 언젠가는 짠 하고 나비가 될 거라는 믿음을 담아 지은 이름이었다. 커다란 애벌레가 정면을 응시하며 함박웃음을 짓는 포스터를 보며 "아무리 개원애벌레라지만 꼭 이런 디자인의 포스터를 만들어야 했냐."라고 몇몇 조합원에게 타박을 듣기도 했지만.

살림을 막 창립한 2012년, 첫 의료기관을 세울 거라는 설렘으로 가득할 때다. 창립 총회에서 2012년 연내 개원을 목표로 출자금 2억 2000만 원을 모으자는 결의를 다지며 감동의 눈물을 한 바가지 뿌렸지만 뒤돌아서니 막막했다. 도대체 '개원'을 어떻게 해야 하는 건지 싶었다.

의지는 충만했지만 아는 것도 경험도 없었다. 주인이 고작 한둘인 일차의료기관도 개원은 쉽지 않다는데, 조합원 수백 명이 공동 주인인 의료기관은 어떻게 열어야 할까.

일단 어라와 함께 병·의원 개원 컨설팅 콘퍼런스에 참여했다. 입지 선정 및 계약, 자금 대출, 직원 구인, 의료 기기 구매, 개원 허가, 사업자 등록, 홍보 등 중요한 정보를 많이 얻었다. 개인 의료기관을 개원하는 의사는 다 이런 곳에서 정보를 얻는구나. 심지어 이 모든 절차를 도와주는 개원 컨설팅 회사도 있구나.

하지만 협동조합의 의료기관은 개원에 빠삭한 개원 전문 컨설턴트에게도 생소하기만 했다. 게다가 그렇게만 하면 너무 재미가 없을 터였다. 여럿이 함께 만드는 협동조합의 의료기관인데, 더 많은 사람이 생각과 손을 보탤 수 있는 방법은 없을까?

미나미의료생협이 종합병원을 만들 때 주민과 함께 개원 준비 회의를 했다는 이야기가 떠올랐다. 그 회의의 이름은 '천인회'. 1000명의 사람이 모인다는 의미였다. 실제로 100명 이상이 모인 천인회를 40여 차례 이상 열고서야 병상이 300개가 넘는, 7층 규모의 종합병원 미나미생협병원을 만들 수 있었다. 그래, 이거다!

누가 참여해야 하는지, 무슨 안건을 올려야 하는지도 모르는 채 '회의를 하면 병원이 생기는구나!'라고 생각했다. 순진했다. 그렇다면 이제 회의를 하자! 미나미는 천인회를 했으니 우리는 백인회를 할까? 개원을 준비하는 회의라는 걸 이름에서 드러내자. 뭔가 기발한 이름 없어? 그렇게 총 일곱 차례의 개원애벌레가 기획되었다. 아는 게 없어서 용감할 수 있었다.

계산해보니 의료기관 개원에 4억 4000만 원이란 자금이 필요했다. 그리고 개원 자금의 절반인 2억 2000만원은 최소한 스스로 모아야 그 나머지를 은행에서 대출받을 수 있었다. 말이 좋아 절반이지, 2억 2000만 원은 당시 우리에겐 적은 금액이 아니었다. 총회에서는 열띠게 모으자 외쳤지만 만만치 않은 금액이 부담스러웠다.

당시 개원 준비 모임에는 열심히 활동하던 한의사 조합원이 있었다. 나를 포함해 몇 안 되는 의료인이었다. 평소 현대 의학에 불신을 가진 조합원들은 한목소리로 주장했다. "한의원부터 개원하면 어떠냐. 한의학은 치료보다는 예방에 집중하는 의료로, 예방 중심의 의료협동조합과 잘 맞고 심지어 의원의 절반 금액이면 개원할 수 있다."

그래서 첫 번째 개원애벌레에서 의료기관의 진료과목

을 공식적으로 논의하고 결정하기로 했다. 우리에게 지금 가장 필요한 것이 무엇일까. 진지하게 의논한 끝에, 첫 의료기관의 진료과목은 가정의학과나 내과로 결정했다. 참여한 대다수가 가정의학과와 내과를 지지했지만 투표까지 거쳐야 했으니 나름 치열한 경쟁이었다. 지금 돌이켜보면 협동조합의 의사가 뭐 그렇게까지 탐나는 자리라고 투표씩이나 했을까 웃기도 한다.(그때 투표에서 졌어야 했는데!)

개원애벌레에 참여한 조합원들은 각자 역량에 따라 여러 팀으로 나뉘어 일을 진행하기로 했다. 의료인을 중심으로 진료 내용과 의료 장비를 알아보는 사업팀을 꾸렸고, 디자인 감각이 있는 이들은 인테리어를 고민하는 개원팀으로, 또 글을 쓰거나 온라인 홍보에 소질이 있는 이들은 홍보팀으로 역할을 나누어 맡았다. 그러니까 전체가 모이는 큰 회의가 일곱 번의 개원애벌레 회의였던 것이지, 각 팀별로 모이는 작은 회의들까지를 다 헤아리면 족히 수십 번이 넘게 회의를 했던 것이다.

진료과목 이후엔 의원이 들어설 입지를 정해야 했다. 휠체어 이용자도 편히 드나들 수 있는 장애인용 엘리베이터가 있으면 가산점, 역세권이면 또 가산점……. 점수표를 겸한 체크리스트를 함께 만들고, 지금껏 돌아봤던 수십 개의 입지 중 가장 가능성이 높은 세 군데를 다시 찾아갔다.

그리고 그곳의 유동 인구를 분석했다. 대단한 방법이 있는 건 아니었다. 같은 날 같은 시간 동안 그곳을 지나가는 행인의 수를 세고 그들의 나이대를 확인했다.(유동 인구의 나이대는 의원 입지를 정하는 데 무척 중요하다.) 의원의 성패는 첫째로 입지요, 둘째로 목이요, 셋째는 유동 인구라는 말이 있다. 그게 그거인데, 결국 입지가 시작이자 끝이라는 거다. 협동조합의 의료기관도 살아남으려면 좋은 입지에 들어서야 했다.

두 번째 개원애벌레에서는 출자금 모금 전략을 세웠다. 말이 모금 전략이지, 실은 모금 교육이었다. "모금 교육을 열심히 받은 이들이 열심히 모금 운동을 한다"는 게 전략이었던 것 맞다. 교육을 시작하며 어라가 띄운 첫 화면에는 이렇게 쓰여 있었다.

모금은 연대를 제안하는 것.
모금은 마음을 조직하는 것.
모금은 내 활동을 알리는 것.

모금의 성공 여부는 우리가 누군가에게 모금을 해달라

고 요청했음에 달려 있지, 그 사람이 실제로 돈을 냈는지와는 관계없다고. 그가 당장 모금에 참여하지 않는다고 해서 우리의 제안이 실패한 건 아니라고. 모금 제안을 거절당하고 너무 마음이 위축되어 그에게 다른 것(이를테면 활동 참여 등)을 제안하기 힘들게 되거나, 그다음 사람에게 모금을 제안하기 어려워질 수 있으니 '실패가 아니야.'라고 마음을 다지자고 했다. 적어도 제안이라도 했으니 실패가 아니야.

한 사람을 오래 생각한다. 그의 지금을, 그에게 살림이 갖는 의미를, 미래에 그에게는 살림이 어떤 곳일지를 생각하다 보면 그에게 제안하고 싶은 출자금의 액수가 머리에 떠오른다. 출자금은 같이 모으는 공동의 자본이니 사라지는 돈이 아니다. 써서 없어지는 돈이 아니라 우리의 종잣돈이다. 살림을 탈퇴할 때 되찾아가는 돈이다. 없어지는 돈이 아니니 조금 규모가 커도 좋다. 구체적인 액수로 출자를 제안한다.

"100만 원을 출자해줄 수 있어?"

그리고 아무 말도 하지 않는다. 어라는 이것을 여러 차례 강조했다. 아무 말도 하지 않고 그 사람의 눈을 똑바로 쳐다보라고. 괜히 이어지는 침묵을 견디기가 힘들어서 먼저 설레발치며 "100만 원이 너무 부담스럽다면 50만 원은 어때?" 같은 말은 하지 말라는 거다. 제안까지가 우리의 시간이었다면 이제는 그의 시간이다. 눈을 마주 보며 그가 마음을 정리하고 입을 열 때까지 기다린다. 언제까지? 언제까지고! 그는 우리의 제안을 일부만 혹은 전부 받아들일 수도 있고 거절할 수도 있다. 그가 거절한다면 우리는 또 물어볼 수 있다.

"지금은 힘들다면 언제 출자해줄 수 있어?"
"혹시 100만 원이 너무 부담스럽다면 70만 원은?"
"살림에 대한 정보가 더 필요해?"
"살림이 어떤 활동을 더 한다면 출자할 마음이 생길 것 같아? 너에게 필요한 병원은 어떤 거야?"

결국 그가 거절하더라도, 그는 우리의 존재를 거절한 것이 아니다. 아직 살림을 잘 몰라서일 수도 있고 살림이 당장 필요하지 않아서일 수도 있다. 나중에는 또 생각이 바뀔 수도 있다. 부리부리하고 형형한 눈빛의 어라가 눈을 부릅뜨며 설명했다.

몇몇은 이건 모금 교육이 아니라 정신교육이라며 아우성쳤지만, 왠지 마음에 위안이 되었다. 그래, 내 존재가 거절당한 것이 아니야. 그저 내 제안이 아직은 받아들여지지 않았을 뿐이야.

그리고 실습. 옆에 앉은 서로의 눈을 마주 보며 모금을 제안하고 침묵이 가시길 기다렸다. 눈을 마주하고 묵묵히 있자니 웃음이 터지지 않을 수 없었다. 민망하면서도 유쾌한 웃음이 회의 공간을 가득 채웠다. 이날 회의 자리에서만도 이미 상당한 출자금이 모이리라 집계되었다. 조금 더 배포를 키우며 두 번째 개원애벌레를 마쳤다.

세 번째 개원애벌레에서는 의원 대기실의 디자인 콘셉트를 정했다. 실용적이면서도 환자의 안전과 건강을 고려한 여러 아이디어가 나왔는데, 꼭 훌륭한 것만 나오지는 않았다. 대기실에 인공 암벽을 설치하자는 의견도 있었다. 모델로 삼고 있던 미나미의료생협이 '병원다운 병원, 병원답지 않은 병원'을 콘셉트로 병원을 만든 것이 너무 좋았다며, 아픈 사람만이 아니라 건강한 이들도 오고 싶은 의료기관이 되자는 감동적인 말이었다. 하지만 의도가 좋다고 주장이 꼭 좋은 건 아니잖아. 인공 암벽이 있다고 건강한 사람도 오고 싶은 건 아니지. 물론 채택되지는 않았다. 집단 지성의 힘이었다.

이어지는 회의를 통해 인테리어 업체도 선정했고 내부 설계도 결정했다. 의원의 이름과 캐치프레이즈도 온라인 투표를 통해 함께 정했다. 열정을 가지고 모든 회의마다 참여하는 조합원도 있었고 관심 있는 주제의 회의만은 안 빠지려 노력하는 이들도 있었지만, 회의가 거듭될수록 모두가 함께 만드는 의원의 상에는 확실히 가까워졌다.

마지막으로 열린 일곱 번째 개원애벌레는 조합원 대토론회로, 예방접종이나 초음파, 영양수액제와 같은 비보험 항목의 가격도 결정하는 자리였다. 실제 의약품의 원가, 검사를 하는 데 필요한 인력의 투입 시간, 의료 장비 구매 비용, 다른 의료기관의 평균 가격 등 자료를 준비해서 함께 의논했다.

회의 초반에는 "이걸 우리가 결정해도 될까?" 하며 어리둥절해하던 조합원들이, 의료기관의 이용자로서 '내가 기꺼이 지불할 수 있는 금액'이라는 기준점을 제시하기도 하고, 협동조합의 소유자로서 의원의 지속성을 고민하는 '사장'의 입장에 서기도 하면서 합리적인 가격을 함께 도출했다. 이처럼 사장과 고객, 직원과 조합원이라는 정체성이 꼭 대립항이 아니라는 것이 협동조합의 매력이다. 한 사람 안에 여러 정체성이 혼재되어 있다는 걸 인정하고, 그걸 바탕으로 공동의 이해관계를 따져가며 함께 의사 결정을 했다.

그렇게 2012년 8월 살림의원이 문을 열었고, 2016년에는 살림치과 개원을 위해 일곱 차례에 걸쳐 개원애벌레가 열렸다. 이때는 의료 전문가가 결정할 사안과 조합원이 결정할 사안을 구분할 수 있었고, 마지막 개원애벌레는 진료에 대한 피드백을 주고받기 위해 치과를 개원한 뒤에 실시하는 묘수도 둘 수 있었다.

    두 번째라 수월할 줄 알았지만 역시 아니었다. 치과를 세우는 일이라 자금도 더 많이 필요했고, 의원과 치과, 운동센터 다짐을 한 건물로 이사하는 계획이기도 했다. 무엇보다 조합원이 더 늘어 있었다. 즉 회의에 참여해야 할 이들이 더욱 많아지고 다양해졌다. 출자금을 모으는 데 힘을 보태자고 연락해야 하는 사람이 많아졌다는 뜻이다. 협동조합은 더 많은 이들의 힘과 지혜를 모아야만 커갈 수 있다. 그런데 규모가 커질수록 만나야 하는 사람의 수도 점점 더 늘어난다. '이제는 좀 할 만하다.'라고 느끼는 때는 결코 오지 않는 게 아닐까.

불법 의료생협들과의 악연

(유요원·주왜인)

남미를 6개월 동안 여행하면서 의료협동조합에 대한 꿈을 키워갔던 우리는 한국에 도착하자마자 한국의료생협연대에 연락했다. 한국의료생협연대는 전국의 의료생협이 교류하고 협력하기 위해 만든 연대체다. 무영은 의과대학 4학년 때 이곳에서 주관하는 한일의대생교류회에 참여하면서 일본의 의료생협에 연수를 다녀온 적이 있었다. 어차피 의료협동조합을 만들고 나면 한국의료생협연대에 가입도 할 참이니, 인사부터 드리고 창립에 대해 알아봐야지 싶었다.

우리는 부푼 꿈을 안고 한국의료생협연대 사무국에 전화했다. 따리리리. 신호음이 울리고 잠시 후 누군가 전화를 받았다.

"네. 한국의료생협연대입니다."

"안녕하세요? 저희는 의료생협을 만들고 싶은 사람들

입니다."

"왜 의료생협을 만들고 싶으시죠?"

응? 격렬한 환영까지 바란 것은 아니었지만, 상대편의 목소리는 분명 빠르게 날카로워져 있었다.

"시민들이 직접 소유하고 운영하는 의료기관이 필요하다고 생각해서요."

"그건 맞는데, 왜 굳이 의료생협이냐구요?"

뭐지? 만들지 말라는 말인가? 안 되겠다. 정체를 밝히자.

"아, 저는 추혜인이라고 하고 현재 의사입니다. 제가 의대 4학년 때 한국의료생협연대와 함께 일본의 의료생협에 방문한 적이 있었어요. 그때 큰 감동을 받아서……."

소개가 채 끝나기도 전에 격한 환영의 인사가 날아왔다. 이 급격한 태세 전환에는 다 이유가 있었다. 바로 며칠 전 방송에 의료생협이 소개된 것이다. 주민과 의료인이 협동해 만든 의료생협의 주치의제와 마을건강사업을 홍보하는 내용이었다. 의료생협을 널리 알릴 수 있는 좋은 취지였으나, 결과는 그렇지 않았다. 범법을 저질러서라도 돈을 벌고 싶은 사람에겐 '주민이 함께 만드는 협동조합의 의료기관'이 '의사가 아니어도 소유할 수 있는 의료기관'으로 비쳤던 모양이다.

전국에서 한국의료생협연대로 전화가 빗발쳤다. 비의료인이 의료인을 고용해 불법으로 운영하는 사무장 병원이 의료생협으로 간판을 갈아치우는 일이 속출하면서, 실제로는 주민들이 참여해 운영하지도 않는 가짜 의료생협이 전국적으로 700개 넘게 생기던 중이었다. 하필 그때 우리가 전화를 했으니 '또 어디서 불법 의료생협을 만들려는 작자들이 정보를 캐내려는 속셈이구나!' 하는 생각에 말이 곱게 안 나왔던 것이다.

살림은 꼬꼬마 시절부터 이 가짜 의료생협, 불법 사무장 의료기관과 실랑이를 할 수밖에 없는 운명이었다. 살림을 준비하던 때 열성적으로 회의에 드나들던 이들이 있었다. 권력욕을 교묘히 숨기는 사람들을 알아차리는 데 있어서는 누구보다 눈치가 비상한 어라는, 이들이 불법 사무장 병원을 만드는 작자라는 걸 눈치 챘다. 아마도 준비 모임의 주축이 젊은 여자들이니 만만하게 여겨 조직을 잡아먹으려 들어왔을 거라고. 그런데 이미 의사에 치과의사에 한의사까지 준비 모임에 나오고 있네? 사무장 병원을 차리는 입장에서도 의료인을 구하기란 만만찮은 일인데, 마침 의사까지 준비되어 있으니 좋기도 했을 거고. 그런데 여기는 무슨 회의가 이렇게 많아? 진짜로 주민들이랑 같이하는 곳인가 싶으면서도, 자기들 정도의 (사기꾼적) 역량이라면 젊은 여자들 쯤이야 편하게 상대할 수 있다고 자신하는 상태였을 거다. 그들은 의료협동조합을 숙명처럼 말하면서 등장했는데, 그에 비해선 영 뜨뜻미지근한 활동력을 보여주었고 매사 묘하게 시비를 걸기 일쑤였다.

살림을 창립하기 전에 그들을 정리하자! 어라보다는 상대적으로 순진해 보이는 무영이 나서기로 했다. 무영은 신뢰를 가득 담은 미소를 띠고 상당히 고액의 출자를 제안했다. 협동조합을 잘 아는 이들이 든든히 출자를 하고 그 출자금에 대한 권한을 내세우지 않아야 협동조합이 민주적으로 운영될 수 있다. 그러니 그쪽이 어느 정도 출자해주었으면 좋겠다고. 이 길을 꼭 같이 걸으면 좋겠다고 조곤조곤 말하면서 선량한 눈빛을 담뿍 보냈더니, 그들은 꼬리조차 남기지 않은 채 사라졌다. 엄청 고액을 권한 것도 아니었다. 의료협동조합에 뼈를 묻을 것처럼 얘기하기에 딱 그만큼만 말했을 뿐인데.

다른 불법 의료생협으로부터 여러 차례 전화를 받기도 했다. 한 명당 몇 만원이나 주고 조합원 명단을 샀냐고, 우리가 돈을 줄 테니 지금까지 모은 명단을 공유하자며 거래가 들어왔다. 응? 우리는 조합원이 돈을 냈으면 냈지, 조합원이 되어달라고 준 돈은 한 푼도 없는데? 암만 설명해도 우리가 흥정한다고 생각했는지, 자꾸만 가격 잘 쳐줄 테니 명단을 팔라고 한다. 결국 이들을 상대하기 귀찮아진 어라가 "우리 조합원 명단은 아주 비싸. 한 사람 한 사람 동의서를 일일이 다 받았거든. 그래서 한 사람당 10만 원씩은 쳐야 해. 300명이니까 3000만 원은 줘야 하는데, 너희가 감당할 수 있겠어?"라며 아주 손쉽게 물리쳤다. 역시 돈만 아는 날파리를 물리치는 데는 돈이 최고다. 형형한 눈빛의 어라와 선량한 눈빛의 무영은 콤비로서 꽤 강력했다.

불법 의료생협은 창립 이후로도 계속 우리의 발목을 잡았다. 불법 의료생협에 대한 기사라도 한번 나면 주민들에게 우리와 그들의 차이를 설명해야 했고, 주변 의료인도 우리를 향한 의심의 눈초리를 거두지 않았다. 의료인 사이트에 구인 공고라도 올리면 험한 댓글이 달리거나 아이디가 차단당하곤 했다. 실제 주민들이 운영하는 의료협동조합이 전국에 50개도 채 되지 않는데 불법 의료생협은 700개가 넘어가니, 의료생협이라 하면 불법 사무장 병원이라고 의심부터 하고 보는 분위기였다.

결국 보건복지부가 나섰다. 더 이상 의료생협으로는 설립 허가를 내주지 않았다. 창립 조건도 바뀌었다. 조합원

300명이 3000만 원의 출자금을 모으면 창립할 수 있었는데, 500명이 1억 원을 모으는 조건으로 상향되었다. 3년에 한 번씩 보건복지부의 정기적인 감사를 받아야 하고, 경영 상황을 공시해야 하고, 조합을 해산할 때 자본이 있다면 모두 사회에 환원해야 한다. 이름도 '의료복지사회적협동조합'이어야 한다.

살림도 창립 3년째에 의료복지사회적협동조합으로 전환해야 했다.(갑자기 살림의료복지사회적협동조합이 되었다. 줄여서 살림의료사협. 이게 뭐야, '생협'이었는데 갑자기 '사협'이 되었어! 생협이 주는 생생한 느낌이 모두 죽어버렸어!) 그러려면 보건복지부, 건강보험공단, 건강보험심사평가원의 실사를 넘어서야 하는데, 실사팀은 사무장 병원을 잡아내는 저승사자다. 우리야 결백하다지만, 조직 전환에 필요한 각종 서류들을 다 제출하고 현장 실사를 받는 것은 정말 고되었다.

공공기관이 의심의 눈초리를 거두기 시작한 것은 장애인 건강주치의나 일차의료 방문진료, 재택의료센터 사업 등을 통해서다. 의료기관을 이용하기 힘든 소외된 환자들을 진료하겠다는 의지가 없고서는 쉽게 참여하기 힘든 사업이었는데, 여기에 전국의 의료협동조합이 열심히 참여하는 모습을 보면서 조금씩 태도가 달라졌다.

지금은 불법 의료생협들이 많이 사라져서 해명하는 일도 줄었고 구인 광고도 한결 수월하게 올리지만, 그래도 3년에 한 번씩 보건복지부 감사를 받아야 한다. 이것 끝까지 발목을 잡네.

이름을 정하던 날

(유요원 · 주왜인)

우린 투표를 정말 자주 했다. 첫 사업소의 진료과목만 투표로 정한 게 아니었다. 수면내시경의 수면관찰료를 얼마로 할지, 독감 예방주사는 얼마에 놓을지도 투표로 정했으니, 협동조합 이름과 의원명을 투표로 정하는 건 너무 당연한 수순이었다.

2008년부터 2011년 초까지 협동조합을 준비하며 스스로를 '여성주의의료생협준비모임'으로 칭했다. 여성주의를 전면에 내건 다소 파격적이고 지향이 확실히 드러나는 이름이었지만, 아무리 우리라도 '페미니즘 의원'이라는 이름을 붙일 순 없었다. 우리의 지향을 담으면서도 부르기 쉬운 친근한 이름을 만들어야 했다.

2011년 3월 12일, 첫 번째 발기인대회에서 협동조합의 이름을 정하기로 했다. 오보에 공연과 아파치족 축복의 춤으로 시작된 발기인대회. 점점 열기는 고조되고 드디어 이름 정하기 시간이다. 후보는 세 가지. '움틈', '은평', 그리고 '살림'이었다. 각각의 후보는 그 이름에 걸맞은 지지자를 두고 있었는데, 협동조합의 이름을 투표로 정할 것이라는 소식에 지지자들이 결집했다.

움틈을 지지했던 이들 중에서는 여성주의자가 많았다. 여성을 뜻하는 '움(wom)'에 '틈'을 합친 말로 '여성주의 공간' 혹은 '여성주의가 움트다' 정도의 의미로 제안되었다. 은평을 지지했던 이들은 다수가 은평 지역사회의 주민이었다. 진정한 지역사회 주치의로 자리 잡았으면 하는 마음에서 '은평의료협동조합'을 지지했다. 지역성과 여성주의를 동시에 추구하던 이들은 주로 '살림'을 밀었다. 결국 1차 투표에서 살림이 뽑혔다.

이 결과에는 당시 우리가 의탁하던 공간이 '살림이재단'이었다는 사실도 영향을 미쳤다. 고(故) 박영숙 선생님이 세운 살림이재단은 여성단체나 여성주의 사회적 기업의 인큐베이팅을 지원해줬다. 그 살림이재단이 마침 은평구에 있었던 관계로 우리의 첫 사무실이 은평구에 자리 잡게 된 것이다. 이에 감사한 마음을 담아 '살림'이라는 이름을 지지하는 이들도 있었다. 매번 회의할 때마다 살림이재단을 찾아오니 살림이 이미 익숙해진 것도 이유였고.

 2차 투표에서는 그냥 '살림'이냐, '은평살림'이냐를 정해야 했다. '안성의료생활협동조합', '안산의료생활협동조합', '인천평화의료생활협동조합'과 같은 다른 선배들처럼 우리도 이름에서 위치한 지역을 드러내야 할까 싶었다.

 치열한 지지율 다툼이 있을 줄 알았는데, 의외로 투표 결과는 싱거웠다. 은평의 살림의료협동조합은 이상하진 않은데, 은평살림의료협동조합이라고 이름을 붙이면 왠지 이상했다. 은평을 살려? 은평이 죽었어? 왠지 이렇게 될 것 같아서.

 못내 밀던 결과를 얻지 못한 이들이 살짝 입맛을 다시기도 했으나, 그날의 투표는 너무 즐겁고 떠들썩했다. 은평의 지역 활동가들도, 여성주의자들도, 서로가 '우리 거야!'라고 소리 없이 아우성치는 듯한 느낌. 긴장되면서도 좋았다. 갈등이 아닌 에너지의 표출로 느껴졌다. 여러 색의 충돌이 오히려 좋았다. 그런 충돌과 만남을 통해 새로운 색이 탄생하고 있다는 느낌도 들었고. '이렇게까지 자기 거라고 색을 드러냈으니, 이제 막 만들어질 신생 의료협동조합 다들 잘 부탁해요! 끝까지 자기 거라고 주장해줘요. 그렇게 주인 의식을 가져줘요!'라며 내심 유쾌해졌다. 민주주의는 진짜 주인이 있어야지만 가능한 거니까. 그날 투표 이후로 우리는 살림이 되었다.

이름을 정한 후의 걱정들

(주요인)

이름은 정했지만 솔직히 좀 걱정이었다. '살림'이라니.

물론 너무 좋은 이름이다. 이제 와 밝히자면 나 역시 투표에서 살림에 한 표를 던졌더랬다.(비밀 투표였지만 못 밝힐 것도 없으니.) '생명을 살리다', '사람을 살리다'라는 의미도 좋았고 '살림살이'라는 말도 떠올랐다. 지금까지 주로 여성에게 맡겨진, 그래서 그 가치를 제대로 평가받지 못했던 살림살이, 즉 돌봄노동을 전면에 내거는 이름 같아 마음에 들었다.

문제는 '살림'이 협동조합의 이름으로는 너무 좋지만 의료기관의 이름으로 쓰기에는 좀 부담스럽다는 점이다. '이러다 의료기관까지 살림으로 결정되는 거 아니야?'라는 생각에 걱정은 커져만 갔다. 살림의원이 되면 어떡하지? 그것까지는 괜찮은데 혹시 의원 규모가 커져서 살림병원이 된다면 진짜 어떡하나? (지금 돌이켜보면 괜한 걱정이었다. 협동조합으로 병원을 만드는 건 너무 어려우니까.)

의료 현장에서는 피할 수 없는 사고가 발생할 수 있다. 의료인의 실수나 과오가 원인인 경우도 있지만, 딱히 누군가 잘못하지 않아도, 아무리 잘하려고 애를 써도 의료 사고는 생긴다. 게다가 살리는 게 꼭 능사는 아니다. 환자가 불필요한 연명치료를 하지 않고 존엄한 임종을 맞게 도와야 할 수도 있다. 만약에 살림의원의 규모가 커져서 병원급 의료기관을 만들게 된다고 해도, 살림병원이라는 이름은 절대로 안 된다고 생각했다. 안 그래도 "거기만 살림이야? 우리도 환자 많이 살리는데?"라고 농담 반 진담 반으로 말을 건네는 동료 의사들도 있는데.

이런 걱정에도 불구하고 우리는 '우리 마을 주치의, 살림의원'이라는 거창한 캐치프레이즈까지 걸고 2012년부터 의료기관을 운영하기 시작했다. 물론 의원 이름도, 캐치프레이즈도 모두 조합원 투표로 정했으니 어쩔 수 없었다.

그리고 4년 뒤인 2016년, 치과 개원을 한창 준비하던 중 누군가 "치과 이름은 '이살림치과' 어때?"라고 농담을 던졌다. 그러자 연필은 사색이 되어 "절대 안 돼!"라며 손사래를 쳤다. 치아를 꼭 살려야 할 것 같은 압박을 느끼면서는 치과의사로서 제대로 일하기 힘들다는 것이다. 자연치아를 가급적 살리는 방향으로 치료 전략을 세우는 것과 자연치아 살리기를 최우선 목표로 삼는 것, 이 두 가지는 매우 다른데 '이살림치과'라는 이름은 마치 자연치아 살리기를 좋은 치료의 기준처럼 두는 것 같아 부담스럽다고 했다.

결국 치과의 캐치프레이즈도 '우리 마을 치과 주치의, 살림치과'가 되었다. 살림치과도 부담스럽지만 이살림치과보다는 차라리 낫다는 이유에서였다. "'살림치과'라는 이름이 아무리 부담스러운들 '살림의원'만 할까." 이름을 정하고 연필은 혀를 살짝 내밀며 웃었다.

'살림의료복지사회적협동조합'이니까 의원에도, 치과에도 그냥 '살림'을 그대로 붙여서 쉽게 이름을 지었으리라고 생각할 수도 있겠다. 실제로는 이름을 정할 때마다 매번 진지하게 고민했다. 그런데 하나둘 의료기관이 늘어나면서 다른 이름을 붙이기가 애매해졌다. 솔직히 말하자면, 2021년에 개원한 한의원은 조금 덜 고민하고 '살림한의원'이라 이름 붙였다. 뒤늦게 한의원만 다르게 이름 지으면 특별 대우를 하는 것 같거나 역으로 차별하는 것 같은 느낌이 들 수도 있으니까.

아무튼 살림의원, 살림치과, 살림한의원이라는 아주 부담스러운 이름 뒤에는 이런 사연과 뒷이야기가 숨어 있다.

하지만 누구 탓을 하랴. 우리가 의료기관에 붙이기엔 너무 부담스러운 단어를 협동조합의 이름으로 결정한 것을. 심지어 민주적인 투표를 통해서 말이다. 모쪼록 '살림병원'이라는 이름으로는 가지 않길 바랄 뿐이다.

명물 간호사의 입사 면접

(주왜인)

2012년 개원한 살림의원. 스물두 평의 작은 대기실에는 항상 밝게 인사하던 살림의 첫 간호사가 있었다. 레이였다. 학생 시절 총여학생회 활동을 하다가 졸업 후 모교의 대학병원에서 4년째 일하던 레이는 어라의 연락을 정말 오랜만에 받았다.

어라는 여성단체에서 활동할 때 자원활동을 하러 온 간호대생 레이에게 좋은 느낌을 받았다. 어라가 협동조합을 준비하면서부터는 언제라도 기회가 된다면 같이 일할 수 있지 않을까 하는 마음에, 어느새 간호사가 되었을 레이에게 때때로 의료협동조합 준비 소식을 전했다.

문제는 그 레이가 이 레이가 아니었다는 것이었다. 당시 대학생 여성주의자 커뮤니티에서는 이름 대신 별명을 쓰는 게 유행했는데, 어라가 아는 '레이'가 하필 둘이었다.

간호사 레이와 물리학자 레이. 어라는 이 둘의 연락처를 헷갈렸고, 우주먼지를 연구하던 천체물리학자 레이에게 의료협동조합이 어떻게 준비되고 있는지 시시콜콜 알려오고 있었다. 물론 물리학자 레이도 그 소식을 기쁘게 들었다. 같은 비혼 여성으로서 여성주의 의료협동조합에 관심이 많은 터였다. 하지만 시간이 지날수록 뭔가 이상했다. 결국 어라에게서 "살림의원을 한창 준비하고 있으니 병원 휴무일에 한번 놀러 오지 않을래?"라는 문자를 받고 나서야 어라가 사람을 착각한 게 아니냐고 레이는 답을 보내왔다. 그리고 그때는 살림의원의 간호사를 구하기에는 이미 시간이 빠듯한 시점이었다.

간간이라도 의료협동조합 소식을 전하며 관계를 맺어 왔으면 좋으련만, 서로 이름도 모르고 별명만 알던 터라 동별명이인을 헷갈리고 말아버렸다. 결국 간호사 레이는 정말 오랜만에야 어라의 연락을 받았다.

얼굴이라도 한번 보게 놀러 오라는 어라의 연락을 받고 레이는 '웬일이래.' 생각하면서도 병동 휴일에 가벼운 마음으로 나섰다. 그것이 면접 자리가 되리라는 걸 꿈에도 모르고. 우리가 레이를 면접 본다기보다는, 레이가 의료협동조합을 면접 보는 자리였지만 말이다.

개원애벌레 회의를 통해 살림의 첫 의료기관에서 첫 의사로 일하기로 확정되어 있던 나도 이 자리에 동석했다. 레이는 어라로부터 세 가지 질문을 받았다.

"부모님은 건강하신지? 집안이 어렵거나 생계를 부양해야 하는 상황은 아닌지? 우리가 지금 급여를 많이 줄 형편이 못 된다."

"간호사 일은 충분히 배웠는지? 우리가 누굴 가르칠 수 있는 수준이 아니다."

"이번 주말까지 대답해줄 수 있는지? 우리에게 기다릴 수 있는 시간이 많이 없다."

면접인 줄도 모르고 나온 사람에게 저런 질문을 하다니. 지금 다니는 안정적인 직장을 그만두고 의료협동조합에서 함께 모험하자고 종용하면서 말이다. 너무나 괴이쩍었다. 누가 저런 말도 안 되는 질문을 받고 함께 일하고 싶을까? 어찌 보면 열정페이를 강요하는 것 같은 질문인데?

그런데 레이는 달랐다. 오히려 신선하다고 느꼈다. 이들은 자신의 상황을 객관적으로 파악하고 있구나, 그리고 정직하구나. 좋은 말로 치장하지 않으면서도 같이 일하자고 제안하는 데 주저함이라곤 조금도 없구나. 그리고 곰곰이 생각해보니 그 세 가지 질문에 모두 '그렇다.'라고 답할 수 있구나. 그러면 같이 일해볼까?

레이는 다니던 병원에 사직 의사를 밝혔다. 사직서를 내고도 병동에 새로이 간호사가 배치될 때까지 자리를 지켰고, 그렇게 일하는 와중에도 휴일마다 살림의원에서 필요한 다른 기술(내시경 보조, 전자 차트 프로그램 사용법 등)을 배우러 다니느라 바빴다.

살림의원의 초대 간호사로 연을 맺어 얼마간 시간이 흐른 뒤엔 협동조합의 경영지원팀장으로 일했고, 퇴사한 뒤에는 '소통과참여위원회' 이사로서 활동을 이어가고 있는 레이. 살림에 다시 취직하라는 말만 하지 않으면 자원활동으로 무슨 일이든 다 할 수 있다고 벼른다. 직원이 아닌 채로 직원처럼 일하는 게 더 재미있다나.(그런데 지금은 다시 직원인 상태다.)

그러면서도 가끔씩 자못 심각한 표정으로 묻는다.

"저기, 내 노후는 살림에서 책임져주겠지? 그렇겠지?"

조직도의 변천

(유요환 · 주재인)

조직도만큼 그 조직을 잘 보여주는 것은 없다. 물론 조직도가 현실에서 체계로서 잘 작동하는가는 다른 문제지만. 조직도는 그 조직의 현재를 잘 보여주면서도 미래에 대한 지향을 담고 있어야 한다. 살림의 조직도는 우리가 어떤 구조 속에서 일하고 있는지를 보여주고, 조합원과 지역사회를 바라보는 관점을 드러내고, 앞으로 나아가고자 하는 방향을 나타낸다.

무슨 생각으로 이런 조직도(조직도 1)를 만들었나 싶다. 협동조합이란 조합원이라는 토양에서 피어나는 조직이라고 생각했다. 체계적인 조직도는 만들 짬이 아니지만 조직도는 있어야겠고, 그래서 끄적거린 것이 풀꽃 한 포기였다. 풀꽃처럼 조직이 자랐으면 했다. 조합원이라는 토양에서 은평 지역사회와 여성주의자들, 한국의료생협연대의 광합성을 바

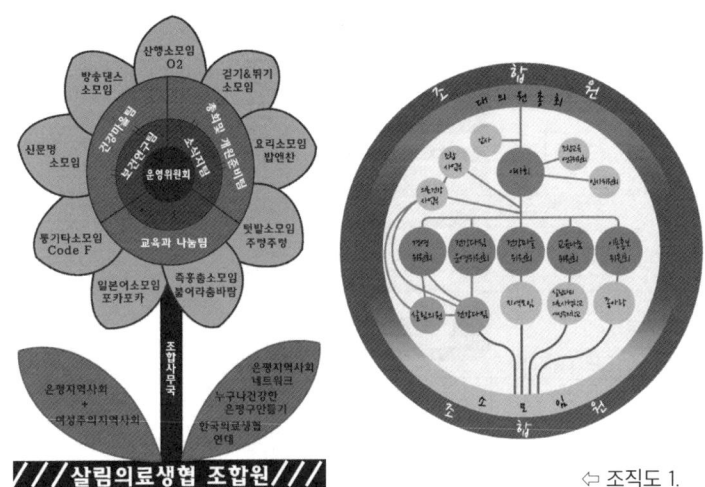

⇐ 조직도 1.
⇨ 조직도 2.

탕으로 무럭무럭 자라, 조합원 모임이 활짝 피어나기를 바라면서. 조직도가 만들어지기 전부터 자생적으로 활발하게 활동하고 있던 건강 소모임들을 꽃잎처럼 둘렀다.

그 뒤에 만들어진 조직도(조직도 2)는 조합원에서 시작해서 조합원에 이르도록 했다. 조합원이 대의원 총회를 구성하고 대의원들이 이사회를 구성하는 대의 민주주의를 표현하고, 조합원들이 자발적으로 운영하는 각종 소모임과 자원활동 모임, 자치 모임 들이 살림의 생태계를 이룬다. 각 단위들이 거미줄처럼 연결되어 있다. 물론 조합원의 바깥으

조직도의 변천

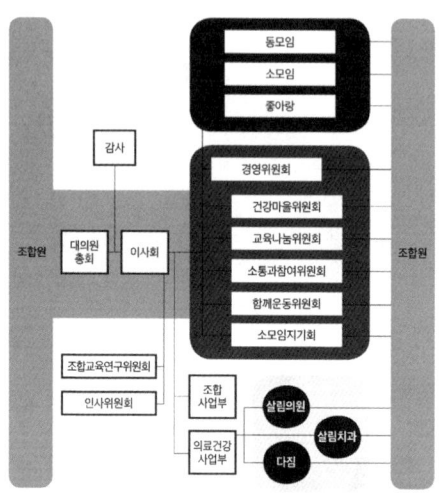

⇧ 조직도 3.
⇩ 조직도 4.

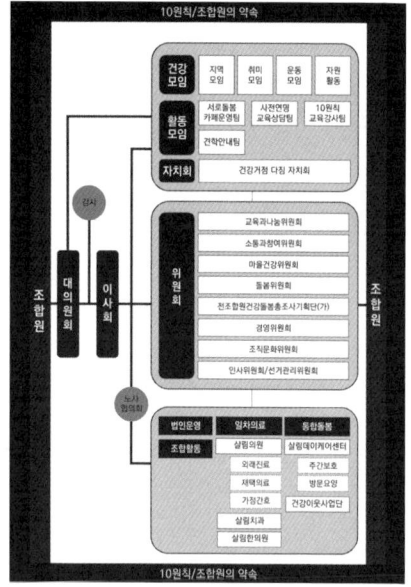

로는 '지역사회'라는 배경이 든든한 뒷배처럼 자리 잡고 있다.(원래는 배경에 지역사회가 그려져 있다.)

조금 더 전형적인 형태의 조직도(조직도 3)는 살림치과가 개원한 후 만들었다. 조합원에서 시작해서 조합원으로 끝나는 수평적인 형태로, 조합원이 직접 참여해 운영하는 부분과 직원들이 주축이 되어 운영하는 사업소 분야가 잘 나뉘어져 있다. 조합원 참여 부분도 조합의 공식 활동 단위인 각종 위원회와 자발적이고 자치적인 건강 소모임인 동모임과 소모임, 자원활동단인 좋아랑으로 잘 구분되어 있다.

마지막은 지금 사용하고 있는 조직도(조직도 4)다. 조합의 운영 원칙인 살림10원칙과 조합원의 약속이 조직 전체와 조합원을 감싸고 있다. 의료기관, 돌봄기관, 조합원 모임 등 유형의 조직뿐만 아니라, 우리의 철학이나 원칙과 같은 무형의 기조까지도 조직도 안에 들어와야 한다고 본 것이다. 더불어 살림의 조직은 우리가 자율적으로 정한 틀인 살림10원칙 안에 있다는 점을 분명히 했다.

살림의 조직도는 거의 매년 달라져왔다. 앞으로도 계속 달라질 것이다. 마치 우리 스스로가 변화해온 것처럼.

6장

협동으로 지속 가능해지는 우리

협동조합을 하는 사람들

(유요원 · 주왜인)

살림의 1기 이사로 활동하던 홍시는 새로운 사람을 만날 때마다, 서울시 은평구 근처에 산다면 살림에 가입하라고 권유했다. 오죽 얘기했으면 지인들로부터 "다단계에서 빠져나오라."라는 조언도 들을 정도였다. '정기 출자는 적금이요, 이자는 건강'이라고 줄기차게 말하고 다니던 홍시는 문득 이런 생각이 들었다. 이 좋은 적금, 나는 왜 지금까지 조금만 붓고 있었지? 나라도 더 넣어야겠다! 홍시는 그날로 정기 출자를 더 증액했다.

홍시 같은 조합원이 살림에는 많다. 월급을 주는 것도 아니고, 출자금을 낸다고 이자나 배당을 주는 것도 아닌데, 어떻게 이렇게 시간도 마음도 돈도 내가며 활동하는 걸까? 조합원들은 이렇게 답했다.

"전 좀 쉽게 감동 받는 사람이라서……."

"가만히 보면 누가 묶어놓은 것도 아닌데, 자기 멱살을 자기가 끌고 가는 것 같아요."

"누가 감동적인 이야기를 하면 수도꼭지를 틀어놓은 것처럼 줄줄이 우는 사람들이라 어디 딴 데는 못 가겠구나 싶어. 그런데 정신을 차려보면 나도 같이 울고 있어."

사회적 기업을 대상으로 한 대출 심사 자리였다. 살림에 온 심사위원들은 그간 사업을 얼마나 알차게 해왔는지, 조합의 출자금은 어떻게 모아왔는지 물어봤다. 출자금 모금에 얽힌 사연이 자연스럽게 나왔다.

"이건 건강 적금이라며 다달이 내주신 분들도 있어요. 적금이라면 이자가 있냐고 물어보시는 분이 있는데, 저희는 그럴 때 '이자는 건강입니다.'라고 당당히 대답합니다. 얼마 전에 미끼라는 조합원이 적금이 만기가 되었다고 500만 원을 조합에 출자하셨어요. 아이를 키우면서 살림에서 '친구야 놀자'라는 육아 소모임에 열심히 참여하던 분이었어요. '아이 대학 등록금으로 쓰려고 모으고 있던 돈인데, 살림에 출자금으로 넣어두었다가 나중에 아이 대학 가면 감좌해서 등록금으로 쓸게요.' 하면서 맡기셨다고 해요. 살림이 내 아이가 커가는 동안에 든든한 둥지가 되어줄 거니, 아이를 함께 키운다는 의미로 맡겨놓고 싶다고 하셨어요."

이 이야기를 듣고 친구야 놀자에서 미끼와 함께 아이를 키우며 활동했던 연필이 먼저 울먹였다. 연필이 울자 너도 나도 따라 울기 시작했고, 급기야 그 자리에 심사를 받으러 나와 있던 살림의 모든 임직원이 훌쩍이는 상황이 되었다. 진지한 대출 심사 자리에서 모두가 울어버리는 민망함을 타개하고자 우리는 눈물을 훔치며 뭐라도 변명하려 애썼다.

"죄송합니다. 저희가 병이 있거든요. 옆 사람이 울면 따라서 우는 병이요."

그런데 한참 우리와 눈을 맞추지 않던 심사위원이 갑자기 고개를 푹 숙이면서 책상에 엎드리는 게 아닌가. 잠시 후 그 심사위원에게서 간신히 울음을 눌러 참은 소리가 새어 나왔다.

"저도, 저도 그 병이 있거든요."

심사위원이 오열하기 시작했다. 아, 심사하러 온 사람과 심사 받으러 기다리던 사람들이 모두 같이 울어버린 협동조합의 대출 심사 자리. 그나저나 우리보다 중증인 분은 처음이었다.

타인의 상황과 내 처지가 완전히 분리된 것이라고 느끼지 않고, 감동을 받으면 그 에너지로 살아가고, 끊임없이 자가 발전하는 사람. 공동의 자본을 형성하는 데 망설임이 없고, 이게 진짜 내 보험이자 적금이라고 여기는 사람. 다른 사람 설득하다가 내 말에 나 스스로가 먼저 설득되는 사람. 누가 울면 따라서 울고, 누가 웃으면 같이 웃는 병. 그 병이 있는 사람들이 협동조합을 하는 것 같다.

이름만 파티?

(윤옥현)

살림에 조합원으로 가입을 한 뒤에 가장 먼저 받는 권유가 하나 있다. 신입조합원을 위한 환영회에 꼭 나오라는 것. 한 달에 한 번, 주중과 주말, 낮과 저녁을 오가며 열리는, 어떤 라이프스타일을 가진 사람일지라도 한 번은 참석하도록 궁리해가며 만든 신입조합원 환영회의 이름은 '살림파티'다. 하지만 정말로 파티를 기대하며 왔다간 사뭇 진지한 분위기에 당황할 수도 있다.

"재미있기는 한데요. 솔직하게 신입조합원 교육이 목적이라고 하시지 그러셨어요? 파티일 것까지야……."

여성주의의료생협준비모임 시절, 우리는 매월 열린회의를 했다. 열린회의를 통해 모든 것을 결정했는데, 발기인대회를 마치고 신입조합원을 본격적으로 모집하면서부터는 열린회의를 신입조합원 환영회로 대체하기로 했다.

회의란 건 어느 정도 정보와 경험을 공유한 사람들이 모여서 논의하고 결정하는 자리인데, 막 가입한 사람들에게까지 열어놓자고? 의료협동조합이 뭔지 궁금하고 우리들과 친해지고 싶어 찾아온 이들에게 모임 운영의 전반을 결정하는 열린회의는 너무 느닷없었겠지만, 뭐 어떤가. 우리는 상당히 용감했다. 누가 올지도 모르고 몇 명이나 올지도 모른다. 각기 다른 이유로 여기에 왔겠지만, 처음 참석한 그 사람들과도 협동조합의 현재와 미래를 같이 나누고 싶은 마음이 굴뚝같았다. 미지의 존재를 환영하는 마음, 누가 와도 같이 회의할 수 있을 것 같다는 자신감, 무엇보다 새로운 경험에 대한 기대가 흘러넘치던 때였다.

협동조합 체계를 갖추면서 살림의 운영은 신입조합원이 참여하기엔 쉽지 않게 되었다. 회의에 참석하기 위해 알아야 할 정보가 너무 많아졌다. 그 뒤로 살림파티는 신입조합원을 위한 환영과 안내의 자리로 정착했다. 하지만 누가 오더라도 환영하는 마음, 누가 오더라도 무언가 함께할 수 있다는 기대만은 그대로다.

살림파티엔 미러볼과 파티 음악은 없지만, 신입조합원 환영회를 주관하는 교육나눔위원회 위원들의 가상한 애씀이 있다. 긴 세월 동안 '파티' 느낌을 내보려고 테이블보도

깔았다가, 화분도 올려놓아보고, 비건 간식도 준비하고, 폴라로이드 사진도 찍었다가…… 물론 미러볼과 파티 음악을 준비했던 적도 있다. 이러다 언젠가는 진짜 춤을 추는 날이 올지도.

한때 살림파티는 직원이 준비했지만, 지금은 교육나눔위원회의 위원, 즉 조합원이 스스로 진행한다. 신입조합원에게 참석하라는 안내도 조합원들이 직접 한다. 어떤 신입조합원은 "대체 살림파티가 뭐기에 이렇게 끈질기게 사람을 오라 하냐. 나도 바쁘다면 바쁜 사람인데 어이구 징글징글하다. 계속 연락에 시달리느니 한 번 참석하고 만다."라는 마음으로 살림파티에 왔다고 스스로를 소개했다. "이 자리가 별로면 나는 오늘 조합원 탈퇴하려고요."라며 무서운 농담을 던진 그는 직원이 아닌 조합원이 준비한 자리라는 걸 알고 깜짝 놀라기도 했다.

교육나눔위원회는 조합 소개 자료도 직접 만드는데, 혹시라도 최신 상황을 제대로 반영하지 못할까 봐 매달 섬세하게 업데이트도 한다. "살림에 와서 처음 만난 우리를 다른 자리에서도 본다면 신입조합원들이 조금 더 살림과 가까워지지 않겠냐."며 이런저런 조합 행사에 한 번이라도 더 나오게끔 애쓰는 이들의 마음이, 살림파티를 더욱 파티답게 만든다.

  20대부터 90대까지 정말로 다양한 사람들이 살림파티에 찾아온다. 처음 만난 사이에도 따뜻하게 안부를 나누면 어색함이 조금씩 걷히고 자기 얘기를 꺼낼 수 있다. 아직은 조금 낯설지만 조합원의 손으로 직접 만들어간다는 두근거림, 좋은 사람들과 느슨하지만 손을 내밀면 닿을 수 있는 거리에서 지낼 수도 있겠다는 안심, 나도 조금 더 건강한 사람이 되고 싶다는 염원을 나눈다. 환영과 초대, 새로운 경험에 대한 유혹이 가득하다. 재미있고 설레면 다 파티 아닐까?

  "제가 뭐라고 처음 본 저를 이렇게 환영해주시는지."

  "뭘 같이 하자는 제안을 한 번에 많이 받은 적은 처음인 것 같아요. 잘 따져보면서 하나씩 다 해보고 싶어요."

  약간은 어리둥절하지만 기분 좋게 상기된 신입조합원들의 표정, 그 표정을 보는 교육나눔위원회 위원들. 계속 웃어주고 환영하느라 살짝 지치고 긴장도 된다. 하지만 모두가 처음에 그랬듯이 환대받고, 같이 일하고, 배워가며 살림을 만들어갈 새로운 협동의 동료들을 만나는 첫 번째 장이 바로 살림파티다.

살림파티는 이름만 파티지 진정한 파티가 아니라며, 파티 플래너 조합원들이 모여서 진짜 파티를 연 적이 있다. 그 파티의 이름은 '살림 진짜 진짜 파티'. 엄청난 파티 음식과 파티 음악으로 떠들썩하고 즐거웠다고 전해지는데, 살림 조합원들은 노는 자리보다는 회의나 공부를 더 좋아하는 바람에 살림 진짜 진짜 파티의 명맥은 유지되지 않았다고 한다. 오죽하면 화창한 5월의 야유회도 '대의원 야유회의'라는 이름으로 열었을까. 대의원 야유회의라는 이름을 붙여놓고 혹 '야유'를 당하지 않을까 염려했건만, 대의원들은 정작 "그냥 야유회면 안 왔을 텐데 야유회의라 참석했다."라는 평을 남겼다고 한다.

선거 투표권을 갖기까지

(유요원·주왜인)

많은 조합원들이 '살림답다'고 기억하는 순간이 있다. 이사 선거가 있던 총회였다. 당시 선거에 출마한 후보가 딱 이사 정수여서 선거관리위원장을 맡은 물빛이 대의원들을 향해 물었다.

"출마한 이사 후보가 선출해야 할 이사 정수에 꼭 맞습니다. 이 경우 각 이사 후보에 대해 대의원들은 찬성과 반대로 투표를 합니다."

"네."

대의원들은 밝게 대답했다.

"정수 이내의 이사 후보가 후보자 등록을 했기 때문에, 반대가 없다면 모든 이사 후보를 박수로 일괄 통과하는 것으로 투표 과정을 대신하려고 합니다. 투표를 생략하고 박수로 일괄 통과를 해도 되겠습니까?"

"네." 하고 다시 대의원들이 대답하면 누군가 제청한 다음 전원 찬성으로 일을 진행하려는 계획이었다. 다뤄야 할 안건은 많고 시간은 별로 없었기 때문이다.

이때 한 대의원이 장갑 낀 손을 들어 올렸다. 살림에서는 초록색 부직포과 붉은색 부직포가 한 면씩 맞붙은 장갑을 매해 총회 때마다 재활용해 사용한다. 초록색은 찬성, 그 뒷면의 붉은색은 반대를 의미한다. 장갑의 붉은색 면을 보이며 그 대의원은 말했다. "반대합니다." 이에 물빛은 서둘러 투표를 진행하려 했고 그사이 다른 대의원이 손을 들고 일어났다.

"일괄 통과에 반대하는 이유를 말씀해주세요."

공손하고 예의 바른 어투였다. 하지만 반대 의사를 표한 대의원이 답하기 앞서 물빛이 단호하게 나섰다.

"투표는 하는 것이 원칙입니다. 단 한 명의 대의원이라도 투표를 해야 한다고 생각하면 하는 겁니다. 투표를 생략하자는 의견에 반대가 있는 경우, 그 이유를 물어볼 필요가 없습니다. 답할 필요도 없고요. 투표하기를 원칙으로 정했으니까, 한 사람이라도 투표해야 한다고 생각하면 투표해야 합니다. 그럼 투표를 시작하겠습니다."

은평구 선거관리위원회로부터 대여한 투표함과 기표소

가 한편에 준비되어 있었다. 물빛의 안내에 따라, 선거관리위원들이 물 흐르듯이 자연스럽고 심지어 빠르게 선거인 명부를 확인한 뒤 투표용지를 배부했다. 채 몇 분도 걸리지 않아 투표는 시작되었다. 후보자 각각에 대해 찬성 혹은 반대를 표했고 결과적으로는 모든 이사 후보가 찬성표를 과반수 넘게 득표해 당선되었다. 그리고 이날의 선거는 사람들의 기억에 오래 남았다. "투표하기를 원칙으로 정했으니까 하는 거다."라는 물빛의 명언은 오래도록 회자되었다.

이 장면은 낄라에게도 인상적이었다. 당시 낄라는 조합원의 가족이자, 축하 공연을 하러 온 '꿈꾸는 합창단'의 멤버로 그 자리에 있었다. 낄라는 가슴이 뛰었다. 이런 투표에 함께하고 싶다! 민주주의의 현장에 참여하고 싶다!

조합원의 가족이라 살림을 이용하며 이미 여러 혜택을 누릴 수 있었지만, 투표에 참여하고 싶었던 낄라는 조합원이 되기로 결심했다. '다음 이사 선거 때는 나도 투표를 해야지.' 하는 생각에 가슴이 두근거렸다. 그러나 이사 투표권은 모든 조합원에게 주어지지 않는다. 대의원이라야 얻을 수 있다. 하지만 낄라는 그해 연말 대의원 선거에도 출마할 수 없었다. 대의원이 되기 위해 조합원으로서 남부럽지 않게 활동했지만, 가입한 지 반년이 지나지 않아 대의원 후보

출마 자격을 얻지 못한 탓이었다. 결국 새로 선출된 대의원의 임기가 모두 끝나고, 그다음 선거가 되어서야 낄라는 대의원으로 당선될 수 있었다.

새로 선출된 대의원으로서 참석하게 된 총회. 드디어 대의원으로 이사 선거 투표에 참여할 수 있겠구나 싶었는데, 이번에는 이사 선거가 열리지 않았다. 그해에도, 그다음 해에도 이사 선거는 없었다. 낄라의 대의원의 임기 중에는 이사 선거가 아예 열리지 않았다. 결국 대의원 임기를 모두 마치고 그다음 대의원으로 다시 선출되어 이사 선거를 하기까지, 낄라가 빛나는 투표권을 얻기까지는 수년은 더 걸렸다는 후문이다. 지금은? 투표에 참여하기 위해 조합원으로서 활발히 활동한 낄라는 살림의 이사가 되었다. 물론 투표로 당당히 선출되었다.

"이사 후보를 박수로 일괄 선출할까요?" 살림에서 더는 이런 말은 누구도 하지 않는다. 아무리 시간이 모자라도 투표는 해야만 한다. 그뿐이랴. 잦은 대여 끝에 아예 구매해버린 선거함, 기표소와 총회 의사봉은 매년 초 총회 시즌이 되면 은평구 곳곳의 협동조합과 시민단체로 대여된다. 은평구의 어떤 협동조합도 박수로 이사를 선출할 수 없게 되었기 때문이다. 그래서 우리는 총회 날짜를 겹치게 잡을 수 없다.

서로 다른 협동조합의 총회에 가야 한다는 이유도 있지만, 의사봉과 투표함, 기표소도 한날한시에 두 공간에 존재할 수 없으니까.

협동조합이 돈을 모으는 방법

〈유요원・주왜인〉

의료기관을 만들기 위해 돈을 모으자고 했을 때, 사람들은 "왜?"라고 반문했다. 시큰둥하지조차 않았다. 도대체, 왜?

"아니, 이미 병원이 이렇게 많은데, 왜 또 병원을 만들자고 해?"

"왜 우리 돈으로 병원을 만들어? 병원은 원래 의사들이 만드는 거 아니야?

"병원에 가면 어차피 돈을 내야 하는데, 왜 미리 돈을 내야 해?"

"그럼 협동조합 조합원은 병원이 생기면 그곳에서 공짜로 진료받을 수 있나?"

"일반인들이 돈을 모아서 병원을 만든다는 게 법적으로 가능하기는 해?

피라미드 조직이냐는 오해도 받았다. 그도 그럴 것이

그때 우리는 가족도, 친구도, 이웃도, 직장 동료도 조합원으로 가입하도록 홍보하고 있었다. 허황되고도 무시무시한 다단계 조직처럼 보일 만도 했다.

살림의 조합원이 되려는 사람은 누구나 5만 원 이상을 출자해야 한다. 5만 원 이상이라는 건, 5만 원을 출자한 사람도 있지만 그보다 많이 출자한 사람도 있다는 뜻이다. 현재 살림의 조합원들은 평균적으로 한 사람당 50만 원 정도를 출자했다. 그런데 이 출자금에는 이자나 배당이 붙지 않는다. 심지어 5만 원을 출자한 사람과 더 많이 출자한 사람 사이에 권한과 혜택의 차이도 없다. 대체 배당도 없고 권한도 다르지 않은데 왜 사람들이 이렇게나 많은 출자금을 내는 것일까. 출자 캠페인을 할 때마다 "이자는 건강과 안심입니다!"라고 말하고 있긴 하지만 말이다.

협동조합의 출자금은 후원금과는 다르다. 공익적 활동을 위해 후원금을 모금하는 단체들이 있다. 후원금은 대개 용처가 명확한 상태로 모금을 시작한다. 어떤 나라의 아이들을 돕는다, 분쟁 지역에 의약품을 공급한다, 성폭력 피해자를 지원한다, 인권 활동가들의 생계와 인권단체의 운영을 위해 쓰인다, 생태 보전을 위한 캠페인에 쓰인다 등.

반면 출자금은 용처가 분명하지 않다. 용처랄 것도 없

다. 쓰는 돈이 아니라 우리 공동의 자본금, 즉 종잣돈인 셈이다. 한국 최초의 의료협동조합인 안성의료복지사회적협동조합에서 1994년 첫 의원을 만들 때 조합원들이 소를 판 목돈으로 출자금을 모으고, 나중에 감좌해 자녀의 대학 학비를 냈다는 이야기를 전해 들으며 우리는 출자금이 어떤 것인지 더 명확히 이해하게 되었다. 출자금으로 사업을 운영해서 잉여를 내야 월세도 내고 직원들 월급도 줄 수 있다. 또 조합원이 탈퇴를 한다면 그가 냈던 출자금만큼을 되돌려줄 수도 있어야 한다. 그러니 협동조합에게 출자금은 공동의 '자본'이기도 하지만, 한편으로는 나중에 조합원이 다시 찾아갈 수도 있는 '빚'이기도 하다.

빚. 보통 의료기관은 은행 빚으로 개원 비용을 마련하니, 진료를 시작하면서부터 빚을 갚아나가야 한다.

만약 의료인과 주민의 협동으로 설립되고 운영되는 협동조합 의료기관이 적어도 은행 빚은 갚지 않아도 되는 근무 환경을 의료인에게 만들어줄 수 있다면 어떨까? 의료인은 은행에 낼 대출 이자를 구할 구석을 궁리하는 대신 좀 더 양심적으로 진료하고 좀 더 충실하게 상담해주지 않을까? 의료인에게 막연히 좋은 의료를 기대하는 게 아니라 의료인이 적정 진료, 질 좋은 진료를 실천할 수 있는 조건을 만들고, 그런 환경을 주민이 같이 책임지는 형태가 되는 것이다. 그것이 협동을 통해 의료기관을 함께 운영한다는 것의 의미이다.

2012년에도 서울 시내에 작은 가정의학과 의원 하나 개원하려면 4~5억씩 되는 돈이 필요했다. 그만큼 빚을 내서 의원을 만들면 쌓여가는 이자만큼 의료인들의 마음에도 부담이 같이 쌓여가게 마련이다. 좋은 진료를 하고 싶어서 협동조합에 취직했으니, 이런 부담으로부터 조금이라도 자유롭게, 진료에 집중할 수 있는 환경을 만들어주자고 주민들을 설득했다. 사려 깊은 의료를 누리고 싶다면, 그것이 가능하도록 하는 조건을 주민들이 함께 만들어가자고. 그게 진짜 의료기관의 주인이 되는 방법이라고.

돌봄사업소도 마찬가지다. 데이케어센터나 방문요양 같은 돌봄 사업은 의료기관보다도 더 잉여율이 낮다. 인간적인 돌봄을 제공하려면 장기요양급여지침에서 정한 돌봄 인력 비율 이상의 직원들이 필요하다. 장기요양보험에서 제시하는 임금은 최저선에 걸쳐 있는데, 어떻게 직원들을 더 고용할 수 있을까. 결론은 우리 건물을 사자는 것이었다. 최소한 월세는 내지 않아도 된다면, 그 돈만큼은 존엄한 돌봄을 위해 투자할 수 있을 것이다. 이런 설득에 하나둘 50만

원, 100만 원 출자금을 내겠다는 이들이 나타났다. 우리는 이것을 '자본의 협동'이라고 부른다.

자본의 협동을 통해 사업소 개소 비용을 다 모금한 살림의 전통은 초창기 조합원들의 열성과 약간의 우연으로 시작되었다. 2012년, 첫 사업소로 의원을 만들기로 하고 출자금을 최대한 많이 모아보자는 목표를 세웠다. 여성주의자들은 의료협동조합이 드디어 창립된다는 기쁨에 적금과 보험을 깨고 집 평수를 줄여가며 생긴 전세금 차액으로 거액을 출자했다. "이제 내 노후는 살림에서 책임지는 거지?"라는 무섭고도 설레는 말도 들을 수 있었다. 취직한 덕에 마이너스 통장을 만들 수 있게 되었는데 "한번 써보고 싶었다."라며 빌린 돈을 출자한 조합원도 있었다. 매달 내는 이자를 살림에 후원한다고 생각하면 큰 부담도 아니라는 조합원의 배포에 조합의 배포도 같이 커졌다. 의사인 무영과 연필은 부모님을 설득했다. 딸내미 일할 병원 만들어주는 셈인데 개인병원 개원보다 훨씬 비용이 적게 드니 목돈을 모쪼록 출자해주십사 하고.

출자 캠페인에 참여하는 조합원은 점점 더 늘어났다. 게다가 본인만 출자하는 데 그치지 않고 옆 사람에게 조합원 가입을 권유했다. 당시 동네 술자리에서 "너 아직 출자

안 했냐? 지금 출자도 안 해놓고 술 마실 돈은 있냐? 술이 넘어가냐?"라는 독촉 끝에 그 자리에서 계좌이체를 하고야 말았다는 에피소드가 전설처럼 전해진다. 결국 살림의원을 개원하기 위한 6주간의 캠페인 동안 300명이 넘는 조합원들이 함께 3억 원의 출자금을 모았다. 그렇게 살림은 한국에서 최초로 빚 없이 조합원의 출자금만으로 의료기관을 개원한 첫 번째 협동조합이 되었다. 이게 시작이었다.

4년 뒤, 살림치과를 개원하면서 따로 있던 살림의원, 운동센터 다짐, 조합원 공간을 모두 한곳으로 모으는 통합 이전을 기획했다.

"우리가 이번에 치과 개원과 통합 이전에 필요한 돈이 6억 원인데요."

"헉! 그렇게나 많이 들어요?"

"그런데 지금까지 조합원들이 매달 정기적으로 출자한 돈과 매년 모아놓은 잉여를 합치면, 3억 원은 이미 있습니다. 그래서 3억 원만 추가로 모으면 됩니다."

"와, 다행이다. 생각보다 적네요!"

다시 시작된 출자 캠페인은 조합원들을 냉탕과 온탕을 오가게 만드는 말로 시작되었다. 그 말의 주인공 역시 조합원들. 치과 개원에 필요한 출자금 3억 원을 모으는 과정도 조합원들이 직접 기획하고 참여했다. 출자하는 사람도 조합원이지만, 그 돈을 왜 모으려는지 설명하고 설득하는 사람도 조합원이었다. 상황이 여의치 않아 출자하지 못하는 사람은 있을 수 있어도, 치과를 우리 힘으로 만든다는 사실을 모르는 조합원은 없게 하자는 모토로, 모든 조합원에게 전화를 걸었다.

조합원 둘씨는 다른 사람에게 돈 달라는 말은 평생 처음 해봐서 너무 긴장한 나머지 전화를 돌리는 첫날 심하게 배탈이 나기도 했다. 하지만 전화를 받은 조합원들이 "소식 알려주셔서 고마워요.", "살림치과가 생긴다니 너무 좋네요. 저도 조금 힘 보탤게요."라고 따뜻하게 말해주어 다시 힘을 낼 수 있었다. 이렇게 살림의 두 번째 출자 캠페인은 당시 전체 조합원의 3분의 1이 특별 출자에 참여하며, 다시 한번 빚 없는 개원의 역사를 써냈다.

협동의 성과는 자신감이 되었다. 다시 4년이 지난 뒤인 2020년, 살림의 조합원들은 드디어 출자금 10억 원을 모아 건물주가 되기로 했다. 조물주 위에 건물주는 야심 찬 꿈을 이루기 위해 이번엔 조합원 캠페인단 70여 명이 모였고, 당시 3000명이 넘는 조합원들 모두에게 일일이 연락하기로 했다.

출자에 참여한 조합원에게 기념품으로 선물할 면 마스크 1000개를 먼저 만들었다. 우리가 건물주가 되는 것을 기념하기 위해 마스크 한편에는 작은 빌딩을 수놓았다. 조합원 공간에서는 날이면 날마다 드르륵 미싱 소리가 가득했고, 빌딩 자수 마스크는 동네의 힙한 패션이 되었다. 이 마스크를 하지 않고 술자리에 앉아 있다간 "지금 출자도 안 하고 술이 넘어가냐?" 질문을 듣기 일쑤였으므로, 기왕 한다면 빨리 출자해서 출자의 압박으로부터 자유로워지자는 사람들이 나타날 지경이었다. 6주 동안 전체 조합원의 3분의 1인 1100여 명이 출자하고 은평두레생협, 태양과바람에너지협동조합 등 여러 협동조합이 참여해 목표였던 10억 원을 넘기는 12억 원의 출자금이 모였다.

과연 10억 원을 모을 수 있을까 걱정하던 마음은 '협동하면 무엇이든 할 수 있구나.' 하는 확신으로 바뀌었다. 우리가 진짜 건물주가 된 것이다.(아직 빚은 많다. 의원과 치과는 빚 없이 개원했지만, 건물은 빚 없이는 살 수 없었다.)

세 번의 출자 캠페인은 살림에게 큰 자산이 되었다. 공동의 자본을 형성해 사업소를 운영한다는, 가장 협동조합다운 방식으로 의료·돌봄기관 운영을 시작할 수 있었고, 출자에 참여한 수천 명의 조합원들이 새로운 사업에 관심과 애정을 가지게 되었다. 또한 모든 조합원에게 일일이 전화를 돌리는 가운데 그들의 진짜 생각과 바람을 들을 수 있었다. 가끔은 평소 살림에 대해 가지고 있던 불만까지도 들을 수 있었는데, 이런 기회가 아니면 언제 그런 이야기를 들을 수 있겠나 싶어 소중히 청취하고 기록했다. 무엇보다 가장 큰 자산은 사람이었다. 캠페인단에 참여해 다른 조합원을 설득하는 데 앞장섰던 이들은, 조합의 여러 활동으로 더 깊이 발을 담그기도 했다.

돈이 가는 데 마음이 간다는 말이 있다. 출자금을 내봐야 조합에 대한 관심과 애정이 더욱 커지고, 그래야 협동도 활성화된다. 우리가 사는 동네에, 어쩌면 사회 전체에도, 협동이 지금보다 더 많아진다면 어떤 모습이 될까? 우리는 무엇을 더 해볼 수 있을까?

사회적 가치와 재무적 가치의 조화

(유요원·주왜인)

조합원, 특히 대의원, 위원, 임원 등 책임과 권한이 큰 역할을 맡았던 사람들이라면 딱지가 앉도록 보고 듣고 상의했던 그래프가 하나 있다. 우리가 원하는 가치를 실현하고 지속하기 위해서는 어떻게 하면 좋을지 머리를 맞댈 때마다 보는 것이기도 하다.

2012년 2월 창립 총회를 마치고 바로 시작된 첫 번째 개원애벌레부터 2023년 12월 대의원 경영회의까지도 줄기차게 등장하는, 아주 간단한 도식이다.

살림의 사업이 그래프 속 네 영역 중에 하나에 속한다고 보면, 우리가 가장 원하는 사업의 영역은 사회적 가치가 있으면서 재무적으로도 가치가 있어 '지속 가능한 영역'이다. 현재 하고 있는 사업들을 어떻게 하면 그 칸으로 옮길 수 있을까. 사회적 가치가 높은데 재무적으로는 손해라면

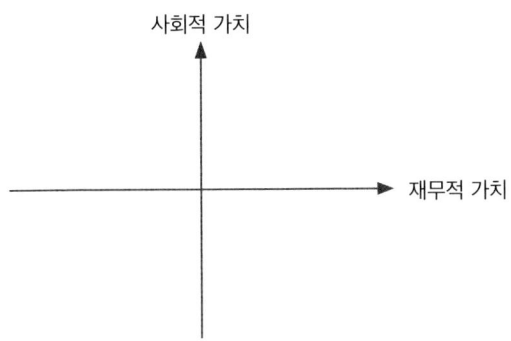

이를 보완할 방법을 찾아보고, 재무적으로는 이익이 나지만 사회적 가치가 높지 않은 일은 어떻게 좀 더 다르게, 더 가치 있게 할 수 있을지 생각해본다.

    예를 들면, 너무 높지 않은 비용으로 개인별 맞춤 운동을 배울 수 있고 건강과 돌봄의 관계망으로도 연결되는 공간을 목적으로 했던 운동센터 다짐은 상당 기간 적자가 날 것으로 예상되었다. 그래서 조합원은 살림비 제도를 통해 해당 사업을 후원하고, 조합에서는 어르신과 장애인을 위한 무료 운동 기금을 따내기도 했다. 살림의원에서는 주치의가 건강검진 결과를 설명할 때 개인별 운동 처방을 해 운동을 독려한다. 조합원이 누구보다 먼저 다짐을 통해 건강해지는 스스로를 보여주는 바이럴 마케팅을 하기도 했다. 다짐은 첫 예상대로 적자를 냈지만, 우리는 이렇게 다짐의 적자를 줄이고 재무적 건전성을 높여왔다.

개원하고 예상보다 더 빠르게 이용자가 늘어난 살림의원의 경우 재무적으로는 충분히 안정적이었다. 하지만 과연 주치의 제도의 장점을 잘 살리고 있을까 하는 의문이 들었다. 이때 쿠바식 주치의 제도를 모델로 가정의학과 의사에 더해 정신건강의학, 산부인과 의사가 함께 팀을 이루어 한 사람의 주민을 더 통합적으로 돌보는 다학제 팀주치의 방식을 도입했다. 비용이 늘어나면 당장의 이익은 줄어들 수 있지만, 길게 보면 살림이 지향하는 주치의 제도의 상에 한 발짝 더 다가갈 수 있는, 사회적 가치를 높이는 일이라고 길게 봤기 때문이다.

사회적 가치가 높은데 재무적 가치도 있는 사업은 협동조합의 조합원, 아니 무릇 사업을 하는 사람이라면 누구라도 꿈꿀 것이다. 현실에서 가능할까 싶지만, 잘 찾아보면 이런 봉황이나 유니콘 같은 영역이 놀랍게도 꽤 있다. 이런 꿀단지 영역을 찾으면 다 같이 달려들어 그 사업을 더욱 강화한다.

살림의원, 살림치과, 살림한의원의 대기실이나 조합원 활동 공간에는 한 살부터 90대까지, 연령도 성별도 생김새와 건강 상태도 각양각색인 사람들이 모인다. 큰 행사를 치른 뒤 자주 듣는 소감 중 하나는 "이렇게 다양한 사람들이 한자리에 모여 즐기고 친해질 수 있다는 게 가장 놀랍고 좋았어요.", "제가 평소에 만나는 사람들이 얼마나 비슷한 사람들이었는지를 생각해보게 됩니다."라는 말들이다.

살림의 사업소는 모두 인권 감수성을 갖춘 진료, 특히 성소수자 친화적인 의료를 제공하려고 노력해왔다.(이런 노력에 관해서는 3장에서 상세히 다루었다.) 장애인, 성소수자 등 사회적 약자가 인권 침해나 혐오에 노출될까 봐 우려되어 사업소 이용을 망설이거나 조합 활동에 참여하기를 꺼리지 않기를 바랐다. 그리고 이것이 지속 가능한 경영에 중요한 요소라는 믿음이 있었다.

사회적으로 필요하니까 적자가 나더라도 그걸 감안해야 한다고 굳게 마음먹고 시작한 방문진료 사업은, 진료 차량을 도입하고 동선과 업무를 효율화한 결과 이제는 적자를 벗어나고 있다. 치과의사 연필은 HIV 감염인 임플란트 수술이 지금보다 더 늘어나기를 손꼽아 기다린다. 사회적 가치가 크다고 여겨 시작하는 사업의 재무적인 가치 또한 높아지도록 하기 위해 우리는 매일 노력한다. 사회적 가치를 지키기 위해서도 지속 가능성은 너무 중요하기 때문이다.

다양성과 인권, 평등·평화·협동이라는 지향은 조직의

지속 가능성과 반대되는 말이 아니다. 사회적 가치와 재무적 가치. 동시에 도달하기 어려워 보이지만, 이런 우리의 꿈을 실현하기 위해서 계속 같이 고민하고 시도하며 경영에 참여하는 사람들이 있는 한!

노동의 협동으로 해석하는 속담

(유요원 · 주왜인)

"오른손이 한 일을 왼손이 모르게 하라."라는 말이 있다. 선한 일을 행해도 나서지 말고 묵묵히 해야 한다는 의미지만, 협동조합에서는 다르다. 오른손이 한 일을 왼손이 당연히 알아야 함은 물론, 오른손이 앞으로 하고자 하는 일도 왼손이 알아야 한다. 그래야 같이하지! 협동조합에서는 같이 해내지 않으면 한 발짝도 앞으로 나가지 않으니까.

협동조합에서는 구체적인 사업을 구상할 때 실제로 구현이 될지, 지속적으로 운영이 가능할지 함께 검토한다. 이런 과정에는 여러 사람의 참여가 필요하다. 좋은 아이디어를 혼자서 간직하지 않고 누구와 어떻게 이 일을 함께 실현할지 기획한다. 같이할 일에 흔쾌히, 때로는 좀 낯설고 부담스럽지만 의리와 애정으로 손과 발을 내밀기도 한다.

손과 발이 덧대어지면 처음의 구상과는 상당히 다른

사업이 되어간다. 하지만 애초와 필요가 바뀌어서라기보다는, 큰 바윗덩어리나 마찬가지인 첫 구상을 무수히 많은 손길이 다양한 조각칼로 조각하면서 선명해지는 과정에 가까운 것 같다.

협동조합의 활동은 한 명의 위대한 예술가가 아닌 수백, 수천 명의 사람이 함께하는 작업이다. 완성으로 끝나는 것이 아니라 계속 변화하는 예술 작품과 같다. 살아 있고 변화하는, 각각 반짝이는 사람들이 모여서 만들어내는 조직인 만큼 그 결과도 자라나고 변화하는 것이 아닐까.

여러 사람이 모여서 협력하는 곳이라면 어디든 비슷한 과정을 거칠 수 있다. 하지만 여성주의를 지향하는 협동조합으로서 살림은, 아이디어를 먼저 내고 기획한 사람이 손도 발도 먼저 많이 보태려고 한다. 결정하는 사람 따로, 실행하는 사람 따로가 아니라 같이 결정하고 함께 실행하는 문화를 소중히 하기 때문이다. 우리는 이것을 '노동의 협동'이라고 부른다.

살림의 웬만한 기자재와 가구는 모두 조합원들이 조립한 것이다. 우편 소식지 발송이 있을 때면 다들 모여 소식지 봉투에 주소 라벨을 붙이고, 심지어 소식지를 손에서 손으로 직접 배달하기도 한다. 1년에 한 번 동네에 홍보용 달력

(음력과 손 없는 날이 표시된 레트로한 디자인의 달력. '큰 글씨 달력'이라고 부른다.)을 배포할 땐 가장 저렴하게 인쇄한 달력을 손수 주변 상가에 나눠드리러 나간다. 달력을 말아서 봉지에 넣는 포장을 직접해 인건비를 줄이는 건 당연하다. 의원과 치과, 한의원의 대청소는 우리가 하는 게 더 깨끗하다며 두 팔을 걷어붙인다. 매달 조합원들이 냉난방기를 열어 필터까지 세척을 하다 보니, 전문 업체에 맡겼을 때도 딱히 청소할 게 없었다. 노출 천장에 달린 에어컨의 필터를 청소해야 하는 일이라 사다리 꼭대기까지 올라가야 하는데, 노하우를 터득한 조합원들이 특공대처럼 따로 움직일 정도다.

밖으로는 보이지 않는 마음을 보태는 것 또한 협동이다. 살림의원을 개원할 때의 일이다. 고사상에 올릴 북어를 사러 간 조합원이 도통 돌아오질 않았다. 전화를 드려보니 눈이 맑고 단정하게 생긴 북어를 구하고 싶어 가게를 세 곳째 돌았다고. 살림의원의 미래가 맑았으면, 건강하고 좋은 관계를 맺어가는 곳이 되었으면 하는 마음으로 지금까지 본 북어 중 가장 잘생긴 북어와 명주실을 들고 돌아온 조합원 물빛의 빛나는 얼굴이 기억난다. (기후위기와 동물권에 대한 조합원들의 인식이 점점 높아지면서, 최근 살림 고사상엔 귀여운 돼지 인형과 정성스럽게 깎은 나무 북어를 올린다.)

살림의 첫 건물을 사려고 출자금을 모금하고 있을 때였다. 주소가 역촌동 50-50번지라고 하자 "자본 50 노동 50 이라서 주소가 50-50이 아닐까요? 삽질이든 벽돌 나르기든 페인트칠이든 일하는 인력 식사나 새참 준비든 뭐든 하겠습니다!"라고 카페에 올려준 조합원 신양도 있었다. 건물을 사려면 당연히 돈도 필요하지만, 손도 발도 필요하다는 것을 이미 너무 잘 알고 있는 것이다.

한정된 자원을 최대로 활용하는 묘안을 끊임없이 만들어내는 것이 바로 협동조합의 조합원이다. 협동조합은 경기가 좋을 때 영리기업만큼 돈을 많이 벌지는 못하지만, 경기가 어려울 때도 잘 망하지는 않는다는 말이 괜히 나온 것이 아닐 테다. 잘 나갈 때도 그렇지 않을 때도 협동조합에는 사람이 필요하다.

"사공이 많으면 배가 산으로 간다."라는 말이 있다. 여러 사람이 말을 얹는 것을 좋지 않게 보는 속담인데, 우리는 다르게 해석한다. 사공이 많으면 배가 산으로도 갈 수 있다. 얼마나 대단한가. 같이 간다면, 우리는 어디든 갈 수 있다!

자기방어 자경단

(주왜인)

겨울 눈꽃 산행에 참여한 40대 여성 조합원 쿠로(가명). 살림의 등산 소모임은 처음이었다. 마른 나뭇가지에 예쁘게 핀 눈꽃을 보러 간 산행에서 쿠로의 시선을 빼앗은 것은 따로 있었다. 중년의 남성 조합원이 젊은 여성 조합원에게 유난히 말을 많이 거는 모습이었다.(살림의 소모임에서는 나이를 서로 묻지 않는다. 쿠로 역시 그저 보이는 연식으로 짐작했다.) 잠시 쉬는 도중에도 굳이 그 젊은 여성 옆에 가 있는 중년 남성을 보면서 쿠로는 걱정이 되기 시작했다.

혹시 저 여성이 불편해하지는 않을까? 곁에 오지 말라고 말하기에는 애매해서 참고 있는 것은 아닐까? 여성이 불편한 기색을 조금이라도 비치면 얼른 옆에서 힘이 되어주어야겠다, 혹은 불편한 기색을 드러낼 수 있는 분위기를 만들어줘야겠다고 속으로 다짐하며 쿠로는 산행 내내 그 둘 옆을 지켰다.

산을 점점 오르다 보니 두 사람이 생각보다 친해 보였다. 쿠로의 고민은 깊어졌다. 내가 두 사람을 감시하듯 지켜봐도 되나. 괜히 저 남성 조합원을 의심하고 있는 건 아닐까. 그리고 왜 다른 사람들은 아무렇지도 않고 평안한 거지? 이 상황이 불편하지 않은 걸까? 그런데 가만…… 저 여성이 도와달라는 신호를 보인 것도 아닌데 내가 이럴 필요가 있을까. 나는 누가 시키지도 않았는데 왜 이렇게 피곤하게 살고 있을까.

아름다운 눈꽃은 눈에 들어오지도 않고 산행의 즐거움도 희석되려는 그때, 정상을 찍고 내려오는 길에서야 쿠로는 드디어 두 사람의 관계를 알아차렸다.

아버지와 딸이었다. 각자의 집에서 따로 생활하고 있지만 사이좋은 부녀지간이었다! 참으로 미안했는데 실제 죄송할 일은 아무것도 하지 않았으니, 말은 못 하고 마음으로만 백배사죄를 했다. 그래서 모두가 평안했구나. 나 말고는 모두가 저들이 가족임을 알고 있었구나.

쿠로의 경계는 결국 해프닝으로 끝났지만, 살림에는 비슷한 이들이 꽤 있다. 불편을 느끼면서도 그조차 말하지 못하는 사람들이 있을까 봐 미리 알아채려 노력하는, 누가 임명한 적도 없는 자경단이 여기저기서 활약 중이다. 이들 자경단의 활동은 드러날 때도 있고 드러나지 않을 때도 있다.

살림에서는 조합원을 대상으로 여러 차례 '자기방어훈련' 워크숍을 진행했다. 자기방어훈련은 호신술이 아니다.(호신술을 일부 포함할 수도 있지만.) 소리 지르기, 시선 끌기, 시선 돌리기, 화제 전환하기, 진정시키기, 도주하기, 심지어 숨기까지! 자신의 안전이 우선이지 항상 상대와 맞서야 하는 것은 아니다. 이 훈련의 목표는 싸워 이기는 것이 아니라 어떤 상황에서도 대응력을 높여 좀 더 안전한 위치를 고수하는 것에 가깝다.

이를테면 고속버스를 타고 가던 중 옆 사람이 내 허벅지에 손을 올린다. '이 사람이 지금 나를 성추행했나? 아니면 잠결에 실수했나?'를 고민하느라 시간을 끌기보단 일단 옆 사람의 손을 내 허벅지에서 치우는 편이 낫다. 대처가 빠를수록 옆 사람의 의도를 헤아리느라 기분이 나쁠 틈도 없고(성추행인지를 고민하는 자체만으로 불쾌해진다.) 혹여 그가 의도를 가지고 손을 올렸더라도 그 의도 자체를 무산시키기에도 좋다. 그가 진짜 나쁜 의도를 품었다면 내가 고민하는 동안 그는 자기 의도를 실현해도 좋다고 판단할지도 모른다. 물론 그가 어떠한 의도도 없이 잠결에 그랬다면 손을 치우는 순간 모든 상황은 종결된다. 빠르게 행동하기 위해서는 자신의 영역을 침범당했음을 바로 파악하고, 재빨리 상황을 정리할 수 있도록 '훈련'되어 있어야 한다는 것이 자기방어훈련의 요지이다.

살림의 첫 번째 자기방어훈련 워크숍의 제목은 '후달렸던 나, 후련해지다. 자기방어훈련 후후'였다. 나에게 닥칠 상황에 대비해 자신을 방어하는 훈련을 하자는 의미였다. 그다음 해의 제목은 '시민의 용기, 조합원의 행동'. 나뿐만 아니라 다른 사람에게 가해지는 폭력과 억압에도 개입하는 훈련이었다. 지하철에서 성추행 순간을 목격한다면? 직장에서 다른 직원에게 가해지는 부당한 일을 알게 된다면? 상황을 가정하고 훈련하며 나에게도 닥칠 수 있는 부당하고 폭력적인 일에 대응할 힘을 키우는 목적이었다. 훈련이 거듭될수록 나의 안전뿐만 아니라 모두의 안전을 지키는 이들이 늘어났다.

살림의 분위기가 좋다고 말하는 사람이 있다면 그건 자경단이 암약하고 있기 때문이다. 자경단의 활약 속에 살림은 살림다운 분위기를 지켜올 수 있었다. 창립을 준비할 때 "살림에는 남자가 별로 없어 보이는데 이사장은 남자가 해야 할 것 같으니 초대 이사장을 맡아주러 왔다"던 이를 조용히 물러가게 하는 데에도 자경단의 활약이 있었다.

분위기를 일순간에 깨는 것은 너무 쉽지만, 따뜻하고 환대받는 분위기를 유지하면서도 조화롭고 평등한 관계를 쌓아가는 것은 진짜 무지 어렵다. 흡사 외줄타기와도 같다. 편안하면서도 평등한 분위기를 위해 팽팽한 장력을 유지하는 보이지 않는 손들에게 감사!

직원들의 자기방어훈련

(주왜은)

살림의원의 초창기, 어떤 어린이 환자의 할아버지가 직원들에게 전화로 심한 욕, 못된 욕을 했다. 자신과 손주가 지금 출발하니까 미리 접수를 해놓으라는 내용이었다. 당시 살림의원은 꽤 대기 시간이 길었고 아주 응급한 환자가 아니면 접수 순서대로 진료를 봤다. 전화 접수를 받으면 의원에 도착해 접수하는 환자보다 진료를 빨리 받을 수 있다. 이건 불공정하다. 그렇기에 직원은 전화 접수는 받기 힘들다고 응대했지만, 할아버지는 바로 그 불공정함을 원했다. 자신과 가족만 특별하게 대해달라는 것이었다.

    통화는 길어졌다. 직원은 안 된다고 통화할 시간에 얼른 의원으로 오시라고 했지만, 할아버지는 해달라며 흥분해서 급기야 욕을 하기 시작했다. 애초부터 존댓말을 쓰지도 않았지만 인신공격에 육두문자까지 나오고 난리였다.

"이 ××야, 너 이름이 뭐야? 너 내가 어떤 사람인지 알아? 내가 지금 가니까 딱 기다려. 내가 너 당장 자르라고 원장한테 단단히 얘기할 거니까. 너 이 개 같은 ×야, 각오해!"

전화기에 대고 직원에게 모욕감을 줘놓고 살림의원으로 찾아와서는 당당했다. "원장 나오라고 해. 당장 나오라고 해!" 대기실에서 소리 지르는 게 들렸지만 나는 모른 척했다. 직원에게 방금 전 통화 내용을 미리 듣고, 운동센터 다짐의 운동처방사였던 데조로에게 혹시 모를 상황에 대비해 의원으로 와달라고 요청까지 해놓은 터였다.

할아버지는 결국 공정한 절차에 따라 의원에 도착한 뒤에 접수했고, 자기 순서가 되어서야 진료실에 들어올 수 있었다. 나는 할아버지가 뭐라고 따지기 전에 재빨리 선수를 쳤다.

"우리 직원에게 사과하세요. 전화로 말씀하신 바는 다 전해 들었습니다. 진료 접수 순서를 부당하게 당겨달라고 요구하셨다고요? 우리는 그렇게 하지 않는다고 충분히 설명해드렸습니다만 욕을 하셨다면서요. 욕설하고 인신공격한 것에 대해서 직원에게 사과하세요. 그리고 진료 접수 순서가 불만이라면 그건 원장인 저에게 따지세요."

원장이 이런 태도로 나올 거라고는 상상조차 하지 못

했는지 어안이 벙벙한 표정으로 할아버지가 당황해하고 있을 때, 때마침 운동처방사 데조로까지 진료실 안으로 들어왔다. 부러 벌컥 문손잡이를 열고 낮게 깔린 목소리로 이야기하는 듯했다.

"무슨 상황입니까? 원장님, 도와드려요?"

범접하지 못할 아우라가 서려 있었다. 국제합기도대회 여자 성인부 금상 수상에 빛나는 아우라.

할아버지는 뭘 상상했을까. 원장이 직원을 불러 어르신께 예의 바르게 대하라며 야단이라도 치길 바랐을까. 할아버지는 조용히 넋 나간 표정이 되었고 뒤늦게 진료실에 따라 들어온 손주의 진료가 시작되었다. 나는 아무 일도 없었던 것처럼 차분히 진료했고, 진료실을 나서는 할아버지를 향해 다시 한번 직원에게 사과하시라고 못 박았다.

마지못해 데스크에서 사과하고 가셨다는데, 꽤 큰 상심이 되었던 걸까. 그 뒤로 한동안 살림의원에 발길을 않던 할아버지는 두세 달쯤 지나서 다시 찾아오기 시작했다. 그때의 난리는 마치 기억하지 못하는 사람처럼, 아무 일도 없었던 것처럼. 할아버지와 갈등을 겪었던 직원은 살림의원을 퇴사했는데(할아버지와의 갈등 때문에 그만둔 것은 아니다.) 할아버지는 계속 살림의원에 다닌다. 참 재미있다.

이 사건이 있고 나서 우리는 데조로와 함께 직원을 위한 자기방어훈련을 기획했다. 전 직원이 모인 워크숍에서 소리 지르기, 주먹을 움켜쥐기, 빠져나가기를 비롯한 간단한 호신술을 연습했다.

비명을 지르기와 고함을 지르기는 엄연히 다르다. 비명을 지를 때는 몸의 경계가 축소된다. 목소리는 높아지고 팔다리는 몸의 중심부로 붙으면서 나의 공간이 줄어든다. 하지만 고함을 지를 때는 다르다. 고함을 지르기 위해서는 발을 단단히 땅에 붙여야 한다. 기마 자세로 서서 뱃심을 두둑이 두르고 팔을 벌리고 아랫배에 힘을 주어야 한다. 몸의 경계를 더 확장하고 부풀리는 것이다. 쉽게 무시하지 못하게. 손목이 잡혔을 때 주먹만 쥐어도 빠져나가기 수월하다는 것도 배웠다. 소리만 잘 질러도 상황을 악화시키지 않을 수 있다는 것을 열여섯 살의 내가 배웠어야 했는데!

우리는 이 뒤로 여자 청소년을 위한 자기방어훈련 프로그램을 개발해 은평구의 여러 학교로 특강을 나갔다. 학생들의 폭발적인 반응은 말할 것도 없었다.

아가씨라 불리기 싫다

(주요인)

살림의 직원은 자기방어훈련을 여러 차례 받았다. 리디아와 함께 '비폭력 대화 워크숍'을 진행한 적도 있고, 데조로에게서 '호신술을 겸한 자기방어훈련'을 받기도 했다. 미정으로부터 '의료기관 종사자를 위한 자기방어'를 배우기도 했다. 비폭력 대화를 통해 공격성을 표출하는 상대방의 아픔을 읽어내는 방법을 배웠고, 자기방어훈련을 통해 신체를 단련함으로써 마음을 단단히 하는 법을 배웠다.

의료기관에서 일하는 이들은 학교나 직장 혹은 길거리에서와는 다른 양상의 갈등에 놓일 수밖에 없고, 그 대처 역시 다를 수밖에 없다. 왜냐하면 우리는 의료인이고, 의료기관에는 우리의 도움을 받으러 환자나 보호자가 오기 때문이다. 의료기관의 직원은 스스로를 보호함으로써 자신이 돌보고 있거나 앞으로 돌보게 될 환자를 간접적으로 보호할 수 있어야 하고, 무엇보다 갈등 상황에서 마주하는 상대방까지도 보호할 수 있어야 한다. 의료기관에서의 갈등은 주로 직원과 환자, 직원과 보호자 사이에서 생기기 마련이니 상황을 적대적으로만 여길 수도 없고 상대를 대립하는 위치에 놓을 수도 없다. 어쨌거나 의료인과 환자, 보호자의 목표는 당연히 같으니까! 더 건강해지는 것!

살림치과에서 한 치과위생사가 '아가씨'라고 불린 일이 있었다.

"아가씨, 스케일링을 안 아프고 꼼꼼하게 잘하네. 참 예쁘네."

감사한 마음을 담은 칭찬이었지만 듣는 사람은 썩 기분 좋지 않았다. 아가씨라는 호칭부터 불편했고 예쁘다는 칭찬도 고맙지 않았다! 칭찬에 굳이 외모를 들먹일 것까지야. 게다가 반말. 하지만 그 직원은 대단한 자기방어를 실천했다. 약간의 정색, 가볍지도 무겁지도 않게, 하지만 뼈 있게 답했다.

"스케일링에 협조도 잘해주시고 칭찬해주셔서 감사합니다. 하지만 저는 예쁘다는 말보다는 실력 있다는 칭찬이 더 좋습니다. 그리고 아가씨라는 호칭은 조금 불편해요."

"아이고, 그래요? 앞으로는 실력 있다고 칭찬해드릴게

요. 그리고 아가씨가 불편하면 뭐라고 부르면 되지요?"

"○○○ 위생사라고 이름으로 불러주세요. 아니면 선생님이라고 부르셔도 되고요. 저도 환자 분을 △△△ 님으로 불러드리니까요."

직원의 정중한 정색에 할아버지의 어투도 반말에서 존댓말로 바뀌었음은 물론이다. 그 직원이 원래 그런 성정이었을 수도 있지만, 그간 살림에서 꾸준히 진행해온 자기방어훈련의 영향도 무시할 수 없을 것이다. 자기방어훈련을 꼭 직접 받지 못했더라도, 그런 문화가 자리 잡은 직장이라면 직원은 자신감을 가지고 단호하게 대처할 수 있다.

살림에 실습을 나왔던 한 간호대 학생은 이런 소감을 남겼다.

"병원 실습을 하면서 '아가씨'라고 많이 불리는데, 그럴 때면 기분이 썩 좋지는 않지만 결국에는 '네.' 하고 대답하고 가서 도와드렸어요. 앞으로는 호칭에 대해서도 말씀드려야겠다는 생각을 하게 되었습니다."

병원에서 젊은 여성 직원은 '아가씨'로 불리기 너무 쉽다. 같은 직종의 젊은 남성 직원은 절대 '아저씨'나 '총각'으로 불리지 않는데도 말이다. 나도 학생이나 인턴 때 종종 아가씨로 불렸다. "아가씨!"라는 저 다급한 외침이 나를 향하는 줄 너무 알면서도 외면하고 싶은 적도 있고, 아가씨라 불리기 싫어 부득불 수술복 위에 의사 가운을 걸쳐 입고 나서기도 했고, 아가씨라 부르지 말라고 주의를 줘보기도 했다. 여러 가지로 대응해보았으나 살림치과의 치과위생사 직원처럼 속 시원하게 대처한 적은 없는 것 같다.

아가씨라는 호칭은 여성의 전문성을 인정하지 않는 호칭인데다, 직원과 환자, 직원과 보호자 사이의 건강한 관계 형성을 방해한다는 점에서 문제적이다. 병원에서 일하는 많은 여성은 돌보는 자로서의 책무를 다하기 위해 묵묵히 견디고 마는 일이 허다하다. '아가씨' 혹은 '아줌마'라는 호칭에 자괴감을 느끼면서도 말이다. 자괴감을 느끼지 않고 당당히 일할 수 있도록 내 마음을 지켜내는 것도 자기방어에 다름 아니다.

간호대 학생이 살림치과의 아가씨 에피소드를 알 리가 없다. 하지만 어떤 문화가 조직 안에서 관리되고 있을 때 직원들은 정말 빠르게 느낀다. 고작 일주일 실습을 나온 학생이라도 말이다. 우리는 '아가씨'라고 불리기 싫다!

명랑하게 안녕

(고요한)

"시간과 에너지를 내기 어려울 때는 양해를 구하고 명랑하게 다음을 기약합니다."

살림조합원의 열네 가지 약속 중 일곱 번째, '책임감 있게 행동합니다'의 예시 중 하나다. 우리 사이에서 줄여서 '명랑하게 안녕'이라고 불리는 이 말이 공식적으로 등장한 것은 2017년 '위원회의 날'이었다. 협동조합인 살림에는 직원도 있고, 임원도 있지만, 각종 위원회에서 활동하는 많은 조합원들이 있다. 여러 위원회는 각자 집중 분야와 목표를 갖고 사업을 추진하는데, 조합과 조합원의 필요에 따라 새로 생기기도 하고 이름을 바꾸거나 활동을 종료하기도 한다. 조합원들의 활동이 필요한 곳이면 어김없이 위원회가 등장하는데, 모든 위원회는 직원과 조합원이 함께 꾸려나가고 있다. 이를테면 치과를 만들자고 하면 '치과개원준비위원회'

가 등장하는 식이다.

　많은 조합원들이 간증한다. 위원회 활동에 열심히 참여할수록 조합에 대한 이해가 커지고, 살림이 꿈꾸는 비전이 눈앞에 선해지고, 살림이 가리키는 그 길을 함께 걸어가고 있다는 것을 느낄 수 있다고. 무엇보다 같이 활동하는 위원회 멤버들과 돈독한 관계를 맺으며 신뢰와 안정감을 느끼고, 함께 해내며 스스로 성장하고 있다는 기쁨도 크다고.

　위원회 활동으로 뿌듯함과 든든함을 얻는 와중에도, 때로는 지치거나 상황이 여의치 않을 때가 생기기도 한다. 이럴 때 우리는 어떻게 하면 좋을까?

　모두 그런 경험이 있다. 재미있게 활동하던 그룹에서 빠지고 싶지 않은 아쉬움, 나도 하고 싶어서 신나게 같이 판을 벌였는데 내가 빠지면 다른 멤버들이 너무 힘들지 않을까 싶은 미안함. 한편 이런 마음들도 있다. 곁에서 보기에 힘들어 보이는데 계속 참여하려고 노력하는 모습을 볼 수밖에 없는 안쓰러움과 고마움, 너무 좋은 저 사람을 놓치고 싶지 않은 마음.

　살림에는 열심히 참여하는 조합원들이 항상 있어왔다. 직장을 옮기는 사이의 갭이어를 활용해 폭발적으로 참여한 이도 있었고, 은은하게 오래오래 활동하며 든든한 안정감을 주는 이도 있었다. 무슨 주기라도 있는 것처럼 4~5년마다 1년씩 쉬었다 돌아오는 이도 있다.

잠시 활동을 멈추고 헤어질 때, 떠나는 사람도 보내는 사람도 명랑하게 안녕할 수 있으려면 나와 내 상황을 이해하고 응원해주는 관계, 언제든 또 돌아오면 재미있게 활동할 거리와 함께할 사람들이 있을 거라는 믿음이 필요하다. 그리고 이런 믿음은 든든하게 버티는 조직이 있어야만 가능하다.

그러니 즐겁고 멋지게 활동하다가 피치 못하게 활동을 중단해야 하는 상황이 되었을 때 죄책감이나 미안함을 느끼기보다는 그동안의 시간에 대해 함께 기뻐하고 감사하며 헤어지면 좋겠다는 마음이 '명랑하게 안녕'이 등장한 맥락이었다. 모두의 격한 동의 속에 명랑하게 안녕하는 활동 종료 방법은 위원회 공통의 약속으로 당당히 지정되었다. 연락 없이 회의를 빠지면 안 된다거나, 위원회 활동을 하고 싶다면 신입조합원 환영 행사인 살림파티에 꼭 참석해야 한다는 나름 엄격한(?) 규칙들과 함께 말이다.

살림조합원의 여덟 번째 약속인 '협동이 계속 이어지도록, 할 수 있는 일을 합니다'의 예시에는 "활동을 그만두는 사람도 남는 사람도, 다시 만날 수 있음을 기억합니다."라는 문구가 들어 있다. 환대할 준비와 함께, 또 잠시 헤어지는 마음도 기꺼이. 살림은 언제나 다시 만날 날을 기다리고 있다고요! 잘 쉬고 돌아오세요!

직원들도 명랑하게 안녕

(주요인)

살림의 직원은 크게 두 그룹으로 나뉜다. 여기가 협동조합이라서(혹은 살림이라서) 일하는 직원도 있지만, 입사하고 보니 여기가 협동조합이었다는 사실을 알게 된 이들도 있다. 이 두 그룹의 차이가 클 것 같지만 실은 그렇지 않다. 살림은 시민·사회단체가 아니라 의료기관이자 사회적 '기업'이기 때문이다. 협동조합에 대한 청운의 꿈을 품고 들어왔든 아이를 키우며 다니기에 적당히 집과 가까워서 들어왔든, 입사한 뒤의 합이 더 중요하다.

그래서 다양한 직원들이 섞여 있을 수밖에 없다. 어떤 직원은 입사 전부터 조합원이었고, 어떤 직원은 몇 년 동안 살림에서 일했지만 아직 조합원이 아니기도 하다. 아무래도 조합원으로 가입한 직원들의 근속률이 좀 더 높기에 오래 신뢰하며 일을 같이해온 직원들에게는 조합원 가입을 독려하지만 말이다.

　재미있게도 꽤 많은 직원이 퇴사를 앞두고 조합원으로 가입한다. 퇴사와 동시에 조합원 가입이라니, 의외로 이런 직원이 꽤 많다. 그간 살림의 여러 의료기관에서 직원으로서 누려온 할인 혜택을 퇴사한 뒤에도 조합원으로서나마 유지하고자 하는 경우이다. 혹은 직원으로 일하면서 인생에서 처음으로 '주치의'를 가져본 이들이, 퇴사하고도 주치의와의 관계를 지속하기 위해서이기도 하다.

　하지만 무엇보다 살림을 통해 맺어온 모든 관계가 퇴사로 단절되는 것이 아쉬워서 다른 방식으로라도 관계를 이어가고자 하는 마음이 크다. 단순히 일하고 돈을 버는 직장에서 그치지 않고 내 삶을 연결해주는 큰 공동체라고 느끼는 것이다. 건강한 지역 공동체에 접속하는 차원으로 조합원이 된다. 때로는 그러면서 뼈 있는 한마디를 남기기도 한다. "사실 살림은 직원으로서 일할 때보다 조합원으로서 이용할 때가 더 좋기는 하지요." 이 이야기를 조합원 가입을 망설이는 모든 환자가 들어야 하는데!

　얼마 전 한 직원도 육아 문제로 어쩔 수 없이 퇴사했다. 그러면서 그간 망설여온 조합원 가입을 하기로 했다.

　"은평구로 이사 오면 가입하려고 했는데, 당분간은 시

댁으로부터 육아 도움을 받아야 해서 그러기 힘들 것 같아요. 오히려 더 멀리 이사해야 하는 상황이라 살림에서 일하기도 힘들고요. 그러니 지금이라도 미루지 말고 조합원으로 가입부터 해야겠다는 생각이 들었어요."

퇴사 소식에 마음이 쓰리면서도, 우리의 관계가 '직장'에 머무르지는 않는다는 깨달음에 찡하기도 했다.

이러한 연유로 퇴사한 직원들이 살림 여기저기서 발견된다. 의료기관에서 진료를 받는 환자로, 조합원 자치 모임에서 활동하는 주민으로 다시 만난다. 심지어는 그렇게 활동하다가 직원으로 돌아오기도 한다. 또 당장 돌아올 생각은 없지만 떠나고 나니 재직 중일 때 느낀 것보다 더 좋은 직장이었다는 평가를 남기기도 한다.

물론 모든 평가가 긍정적인 것만은 아니다. 어떤 직원은 퇴사하며 이런 말을 남겼다.

"저는 선생님들처럼 그렇게 헌신적으로 일할 수는 없어요. 제게 그런 기대는 마세요."

마음 아프지만, 맞는 말이다. 우리처럼 일하는 사람만 일할 수 있다면 그게 무슨 직장인가. 결사 조직이지. 하지만 우리처럼 일하는 사람이 하나도 없다면, 그 기업은 대체 어떻게 유지될 수 있을까. 과연 살아남을 수나 있을까.

그러니 쉽지 않지만 직원들에게도 '명랑하게 안녕'은 필요하다. 직원으로서 협동하며 가능한 범위 안에서 일하되, 그러기 힘든 때에는 다시 만날 날을 기약한다. 지금까지와는 다른 관계로 끊어질 듯 이어지는 것이다.

접으려고 해도 힘이 필요해

(주왜인)

　살림의원의 아주 초창기, 힘든 일과를 마치고 어라, 레이와 같이 퇴근하면서 가끔 농담을 했다. 살림의원 접을 거면 빨리 접어야 한다고. 아직 작을 때, 너무 커지기 전에, 접는다고 큰 민폐를 끼치지 않을 때. 그런 때는 언제야? 바로 지금이지!

　당시는 살림의원만 있던 상태였다. 살림의원을 내가 양도 양수하는 조건으로 개인 의원으로 바꾸어서, 진료 기록을 그대로 이어받아 조합원과 환자들을 계속 살핀다. 의원을 매도한 돈으로는 조합원들의 출자금을 환급해주고, 직원 고용은 그대로 승계하고, 살림의 조합 사업은 다른 시민단체를 만들어서 이월하고, 조합원을 설득해 협동조합 해산 총회를 하고, 어쩌고저쩌고.

　"후후, 개인 의원으로 바꾸면 우리 간호실장님 월급 더 올려드려야죠."

"토요일 진료는 하지 말까요? 인간적으로 주 6일 진료는 좀 너무하잖아?"

"여름휴가 2주 가버리고 그럴까 봐요."

직장인의 단꿈인 '확 때려치울까?' 공상을 우리도 했더랬다. 그런데, 아이고. 이제 막 창립한 협동조합을 해산하자고 어떻게 조합원들을 설득해? 협동조합 의료기관의 장점을 그렇게 부르짖어왔는데 이제 와 살림의원을 내 개인 의원으로 돌리겠다고 어떻게 이야기해? 이미 조합원 숫자가 1000명이 넘어가는 터라 해산 총회라도 하자면 500명이 한날한시에 한자리에 모여야 하는데, 가능할까? 결국은 일이 너무 많아서 당장은 그만두기 힘들겠다는 결론에 도달했다. 다 같이 달콤한 상상을 깨뜨리며 와르르 웃곤 했다.

살림치과를 만들고 난 직후에도 혼이 쏙 빠져나간 연필을 보면서 위로랍시고 "접고 싶으면 빨리 말해야 해. 지금 아니면 기회가 다시는 없어!"라는 말을 건네곤 했다. 말마따나 이제 기회는 사라져버렸다. 우리가 아무리 창립자여도, 우리 몇몇이 살림을 어떻게 할 수 있다는 기획 따윈 가능하지 않게 된 지 오래다.

어라가 항상 하는 말이 있다.

"조직을 접으려고 해도 힘이 필요해. 사업을 접을 때도 마찬가지고."

하다 하다 정말 끝까지 해보다가 더는 도저히 어찌할 수 없는 상태가 되어서야 사업을 접으면 안 된다고. 이런 게 다 무슨 소용이냐고 소리 지르게 될 때까지 사업을 접지 않고 있으면 그게 더 문제라고. 그렇게 진저리치며 포기하게 되면 다시는 그런 기획을 할 수가 없다고.

아직 사업을 정리할 힘이 남아 있을 때, 사업의 가치에 진심으로 동의할 때, 그 사업은 접더라도 우리 공동의 가치를 다른 방식으로 실현할 수 있을 때, 지금은 안 되지만 힘이 생기면 다시 시도해보겠다는 패기라도 남아 있을 때, 적어도 그럴 때 접어야 한다고.

협동조합은 만드는 것도 쉽지 않지만 망하는 것은 더 어렵다는 선배들의 말씀이 하나도 틀린 게 없다. 망해도 해산 총회를 해야 한다니, 그 여력이 어디 있으려고? 그러니 '명랑하게 안녕'만큼 무서운 것도 없는 셈이다.

나가며

아…… 희망차고 즐겁게 책을 마무리해야 하는데, 어쩌다 보니 활동도 그만두고 사업도 정리하는 이야기로 끝내고 말았다. 책도 닫는 마당에 이 일을 어떻게 하나.

그런데 곰곰이 따져보면 당연하기도 하다. 우리는 젊은 나이부터 '노후'를 준비하기 위해 협동조합을 만들어온 사람들이니까. 삶을 닫는 이야기에서부터 우리의 협동은 시작되었다.

처음 살림을 시작하던 때에는 겁도 없이 살림이 100년, 300년 가는 기업이 되기를 바랐다. 이제는 그렇게 생각하지 않는다. 사람의 인연에도 헤어짐이 있으니 조직도 접을 수 있다는 것을 안다. 살림에도 그런 날이 올 수 있겠지. 하지만 처음과 또 다르게, 끝이 있을 수 있다는 점이 우리에게 실패를 의미하거나 좌절을 안겨주지는 않는다.

올해 살림은 5000명이 넘는 조합원의 건강 상태와 돌봄의 필요를 대대적으로 조사하고 있다. '오천 조합원의 필요와 가능성을 새롭게 발견하는 2025년'이라는 슬로건을 연초에 일찌감치 잡아놓고, 아직 5000명이 채 되지 않은 살림의 조합원 수를 5000명까지 늘렸다. 그래야 '오천 조합원 총조사'를 할 수 있으니까.

누구는 실소했고, 누구는 무모하다 했다. 정작 우리는 조합원들에게 연락을 해나가면서 서로가 연결되어가는 느낌을 받았다. 누군들 나이 들고 아플 미래가 두렵지 않을까. 나도 너도 누구나 다 그런 두려움을 가지고 있다면, 지금 여기에서부터, 할 수 있는 것부터 조금씩 함께 해보는 거지.

누구나 할 수 있어야 협동조합이라고 한다. 하지만 아무나 할 수는 없는 일이다. 조금씩 서로를 닮은 평범한 우리들의 지지고 볶는 기록들이 살림을 만들어왔다.

나이 들고 싶은 동네

1판 1쇄 펴냄 2025년 10월 17일
1판 2쇄 펴냄 2025년 12월 11일

지은이	유여원·추혜인
편집	최예원 박아름 최고은
미술	김낙훈 한나은 김혜수
전자책	이미화
마케팅	정대용 허진호 김채훈 홍수현 이지원 이지혜 이호정
홍보	이시윤 김유경
저작권	한문숙 송지영
제작	임지헌 김한수 임수아 권순택
관리	박경희 김지현 박성민
펴낸이	박상준
펴낸곳	반비

출판등록 1997. 3. 24.(제16-1444호)
(06027) 서울시 강남구 도산대로1길 62 강남출판문화센터
대표전화 515-2000 팩시밀리 515-2007
편집부 517-4263 팩시밀리 514-2329

글 ⓒ 유여원·추혜인, 2025. Printed in Korea.
사진 ⓒ 살림의료복지사회적협동조합, 2025. Printed in Korea.

ISBN 979-11-94087-92-2 (03330)
반비는 민음사출판그룹의 인문·교양 브랜드입니다.

만든 사람들
책임편집   최고은·최예원
디자인   한나은
조판   순순아빠